## 심령과학 시리즈 18

# 윤회체험(輪廻體驗)

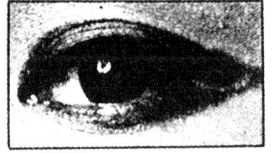

A. 로버트 스미즈 / 저
안 동 민 / 역

瑞音出版社

# 이 책을 읽기 전에

A 로버트 스미스
(〈벤처 인워드〉지(誌) 편집장)

미국인의 세계관에서도 매우 주목할 만한 변화가 진행되고 있다. 그것은 사생관(死生觀)의 변화이고, 서구적인 의식의 변화인 것이다. 현재 우리들은 윤회전생(輪廻轉生)에 대한 확신이 높은 파도처럼 점차로 확산되기를 기대하고 있는데, 이것이야말로 이같은 우리 의식(意識) 변화의 가장 큰 원인이 되기때문이다.

영혼이 몇번 전생(轉生)한다는 사고방식이 미국에서는 최근까지도 생소한 이야기에 불과했고, 비기독교 신자가 많은 동양에서만 믿고 있는 것으로 알려져 왔다. 또 일부 서양의 종교 단체에서는 이같은 윤회사상이 반기독교적이라고 까지하며 철저하게 비난을 받아 왔다.

그럼에도 불구하고 오늘날 여론조사에서 미국인 4명중 1명은 자기에게 전생이 있었고, 다른 육체를 통해 살아온 바가 있었으며, 또 다른 인생에서는 완전성(完全性)을 얻기 위한 또다른 기회를 갖게 될 것이라고 믿고 있다는 결과가 발표되고 있다.

무엇보다도 일반 사람들이 윤회전생에 흥미를 갖고 있다는 사실을 가장 잘 나타내고 있는 것은 미국 영화이다.《유령(幽靈)》이라는 영화는, 죽은 뒤에도 여자 친구를 사랑하고

있는 남자의 영혼과 통신할 수 있는 초능력자의 이야기이고,
《스위치》란 영화에서는 전생에서 플레이보이로 악행이 많았
으므로, 그 죄값으로 죽은 뒤에 여성으로 재생된 남성의 이
야기가 묘사되고 있는데, 할리우드 제작자들은 이같은 오락
영화에 관객의 인기가 많다는 것을 알게 되었다.

미국에서 독립전쟁에 의해 개인의 자유라고 하는 사상이
도입된 이래, 이와같이 서구사회가 급속도로 받아들인 위대
한 철학사상은 유래를 찾아 볼 수 없었다. 개인의 자유라는
사상과 윤회전생의 사상 사이에는 당연히 연관성이 있다고
나는 생각한다.

윤회전생은 미국의 권리선언(개인의 권리 및 자유의 보증
에 관한 선언)에 있어서 자유가 보증되고 있는 것과 영적(靈
的)으로 필적하는 것이다. 이것은 하나님을 두려워하는 기독
교 신자에 대해 케이시가 말한 전체적인 생명관——이같은
사고방식은 최근에 와서야 의학분야에서 인정되고 수용되기
시작했다——을 예전부터 높이 평가해 왔다.

본서의 윤회관련 글 중에서 가장 특이한 것은, 유대인의
랍비(유대교의 종교적 지도자)인 요나산 게루슘의〈나치스에
게 학살당한 영혼들은 어디로 갔는가?〉일 것이다.

유대교 신비주의의 전통에서는 윤회를 인정하고 있지만,
일반 유대교 신자들은 이것을 인정하지 않는다. 그런데도 게
루슘사(師)는, 자기가 나치스 지배하의 독일에서 태어났고
강제수용소에서 죽었다고 믿고 있는 놀랄만큼 많은 젊은 유
대계 미국인들을 상봉해 왔다.

자기가 전생에서 왕이었다거나 왕녀였다고 상상하는 경우
는 있어도 소작인이나 도둑이었다고 상상하는 사람은 없으
며, 윤회전생을 믿는다는 것이 감상적인 것에 불과하다고 해

서 여기에 불신감을 품고있는 사람들이 많은 것이다. 그러나 나치스의 대학살을 기억하고 있는 사람들은 허망한 공상적 (空想的)인 세계를 헤매고 있는 것이 아니다.여기에 게재된 게루슘사(師)의 글은 나에게도 가장 설득력 있는 내용이었다.

〈패튼장군〉도 매우 흥미깊은 기사였다. 패튼장군은 전생에서 자기가 나폴레옹과 함께 전투한 일이 있다고 믿고 있었지만, 몇사람의 전기(傳記) 작가들은 이것을 무시해 왔었는데, 패튼장군이 그렇게 생각할 수 있는 증거가 풍부하게 존재하고 있었다는 것을 필자인 홀렌밧하씨는 충분히 설명하고 있다. 〈예수 그리스도의 전생〉은 주로 기독교 신앙의 기초를 만든 이 인물에 대하여 에드가 케이시가 언급한 내용을 가지고 설명하고 있지만, 저자는 그 밖에도 나사렛 예수가 많은 전생을 거쳐 영적(靈的)으로 발달함으로써 놀랄만한 인격을 지니게 됐다는 사실을 밝히면서 성경을 비롯한 많은 문헌(文獻)에 대해 명확하게 해석하고 있다.

케이시가 보여주는 또 하나의 주요한 사상은, 우리들은 운명의 장난에 항복하는 희생자가 아니라 영혼의 보다 높은 성장을 위해 자기가 체험하는 인생을 혼의 수준에서 선택할 수가 있다는 것이다. 그리고 〈혹성(惑星)을 여행하는 사후의 혼(魂)〉은, 이같은 선택을 하게 되는 이승과 환생 사이에서 여행하는 영혼의 이야기이다.

〈의지(意志)의 신비력〉은, 의지의 작용을 통해 우리들이 행사하는 능력과 연관되는 순수한 케이시 사상이고, 우리들이 운명의 장난감이라는 잘못된 사고방식과 정반대되는 것이다.

본서는 매우 적절하게 서구사회에서 매우 존경받고 있는

달라이 라마의 〈우주 존재가 모두 가족〉으로 끝맺고 있다.
보다 공격적이고 탐욕적인 경향의 서양 사람들에게 있어서
평화와 사랑과 선(善)의 상징인 그에게서 많은 점을 배우게
될 것이다. 이와 마찬가지로, 만일 동양이 에드가 케이시로
부터 배울점이 있다면 아마도 이것은 타당하고 합리적인 교
류가 될 것이며, 동서(東西)를 영적, 사상적으로 더욱 결속
시켜 우리들이 하나가 되는 그날을 향해 더욱 성장, 발전되
는 것이 되리라고 생각한다.

# 윤회체험 • 차례

머리말 —————————————————— 5

## 제1장 전생요법(前生療法)의 실제

나를 변하게 한 두가지 체험 ————————— 16
윤회사상에 기초를 둔 새로운 심리요법 ————— 19
최면요법과 그 역사 ———————————— 21
전생요법(前生療法)의 실제 ———————— 23
어둠의 기억 ——————————————— 25
두통의 원인 ——————————————— 28
또 다시 공주(公主)의 전생을 조사한다 ———— 33
집단최면의 효과 ————————————— 37
나의 신념 ———————————————— 43

## 제2장 나치스에게 학살당한
## 영혼들은 어디로 갔는가?

눈 내리는 밤의 방문자 —————————— 48
되돌아 온 영혼과 베이비 붐 세대 —————— 51
비바리의 경우 —————————————— 54
다시 되찾은 기억 ———————————— 57
유대인의 카르마란 무엇일까? ———————— 6c
히틀러와 '아말렉'의 혈통 ————————— 64
세계의 가나리아─독재자 출현의 전조(前兆)——— 66

인류의 의식혁명 뒤에 ——————————————— 68

## 제3장 윤회전생을 믿은 최후의 기독교도—
## 카다리파(派)

13세기의 먼 기억 ——————————————— 72
불길 속에서—스미스 부인의 기록 중에서———— 74
초기 그리스도교의 회복을 꾀한 카다리파(派) —— 77
참극은 은폐되었다———————————————— 78
기록의 검증(檢證) ——————————————— 80
입증된 정보 —————————————————— 83

## 제4장 우주로 부터의 귀환—임사체험자
## (臨死體驗者)의 증언

구급차 속에서 ————————————————— 86
우주 음악에 포위되어서 ———————————— 89
지구가 고동치고 있다 ————————————— 92
우주의 꼭대기에서—최고로 행복했다 ————— 95
지구에 U턴 —————————————————— 97
내가 배운것 — 예지능력 ——————————— 101
큰 재해를 예지하다 —————————————— 103
상처입은 혹성은 경고한다 —————————— 105
지하 핵실험은 천재(天災)를 불러온다 ———— 108

## 제5장 혹성을 여행하는 사후의 영혼

케이시의 영사(靈查) ————————————— 112
신(神)과의 일체화(一體化)를 원하는 영혼 —— 115
여러 혹성들에 있는 영혼들 —————————— 117
슈타이너의 증언 ——————————————— 120

카마로카기(期) —— 지구에서 달 세계로 ———— 122
금성→수성→태양 —— 그리스도 체험 ———— 124
화성→목성→토성 —— 우주 에너지를 받는다 ——— 127
환생을 되풀이 하는 우주 시민 ———————— 129

## 제6장 그리스도의 전생(前生) —— 매장된 윤회 사상

확인된 예수의 여러가지 전생(前生) ————— 134
기독교에 있어서의 윤회전생의 신앙 —————— 136
성경에 있는 사례 ———————————— 139
초기의 그리스도교도 ————————————— 143
영사에 나타난 예수 그리스도의 30번의 생애 —— 146
구노오시스파에 전해지는 예수의 가르침 ———— 149
너희들은 신(神)이로다 —————————— 152

## 제7장 패튼장군 —— 생사(生死)를 되풀이 하는 전사(戰士)

전생을 믿었던 2차대전의 명사령관 ————— 160
타고난 전사(戰士) ———————————— 162
보이지 않는 세계를 믿으며…… ——————— 165
시공(時空)을 초월한 역전의 용사 —————— 167

## 제8장 꿈의 실험 —— 또 하나의 현실을 구하여

뚜렷한 꿈이란? ——————————————— 172
꿈의 실험 —— 과거의 꿈을 재현시켜서 뚜렷한
꿈을 만들어 낸다 —————————————— 174

실험 순서와 평가법 ———————————— 175
숫적으로 증가된 '뚜렷한 꿈' ———————— 179
꿈의 체험과 그 효용 ———————————— 181

## 제9장 불가사의한 '우연의 일치' —— 공시성을 알 것

자주 반복되는 우연한 일치 ————————— 186
뜻이 있는 일치 ——————————————— 188
점성술(占星術)과 역(易)의 공시성(共時性) —— 190
현대 물리학이 보여 주는 우주의 일체성 ———— 192
공시성 체험을 조사한다 ——————————— 194
지침을 읽는다 —————————————— 197

## 제10장 의지의 신비력 —— 윤회를 초월하기 위해

의지력을 상실한 현대인 ——————————— 204
자유의지(自由意志)는 인간의 본성(本性)
   —— 슈타이너의 이론 ———————————— 206
사고(思考)·감정·의지의 관계 ——————— 209
어렸을 때 형성되는 의지력 ————————— 212
지금부터라도 늦지는 않다 —————————— 214

## 제11장 차네링 – 미래생을 안내하는 사람

차네링의 모습 —————————————— 218
갑자기 들려온 기묘한 목소리 ————————— 220
가족의 반응 ——————————————— 222
어째서 지금이 차네링의 시대인가? —————— 224

라자리스란 누군가? ———————————— 226
해답은 모든 사람의 마음 속에 있다 ———————— 228
인류는 미래를 선택할 수 있다 ————————— 230
차네링의 정보는 어디에서 오는가? ——————— 231
차네러는 이렇게 선정된다 ———————————— 232
당신들은 '우주의 쓰레기'가 아닙니다 ————— 233
1990년대, 인류는 이 혹성의 미래를 결정한다 — 235
혼(魂)의 자립 ——————————————— 238


## 제12장 괴로움의 의미 —— 깨달음에의 길

사람은 누구나 무의미하게 살 수는 없다 ———— 242
자기 자신에의 탐구가 목적의 발견과 연결된다 — 244
삶의 권태 ———————————————— 246
고독한 현대인 ————————————— 249
공포가 만들어 내는 폭력 ———————————— 251
고뇌의 자각 —————————————— 254
윤회의 수레바퀴 ———————————— 257
에고에의 집착과 괴로움 ————————————— 259
악(惡) —— 그 에너지를 플러스로 바꾼다 ———— 262
성스러운 노여움과 그 노여움의 올바른 방향 전환 - 264
선(善)과 악의 통합을 교육하는 비교(秘敎)의 전통 267
카르마 · 윤회 —— 이것을 어떻게 해석하는가? 269
깨달음, 죽음 그리고 탄생 ———————————— 271

## 제13장 우주 존재 모두가 가족이다 —— 달라이 라마의 말씀

딜라이라마와의 회견 ———————————— 276

세계 평화에의 길 ──────────────── 280
티베트 불교가 주장하는 사랑과 남을 아끼는 마음 ──── 283
모든 종교는 근본적으로 일치한다 ──────── 286
후 기 ──────────────────── 289

# 제1장
# 전생요법의 실제

전생요법이란 1980년대에 들어와서 미국을 중심으로
급속하게 보급되기 시작한 최신의 심리요법이다.
풍부한 체험을 바탕으로 공개되는 그 놀라운 치료 예를
설명한다.

> Garrett Oppenheim : *Who Were You Before You Were You?*(*Venture Inward* vol. 3, no. 3, 1987)
> 필자인 겔렛트 오펜하임은 의료 저술가를 거쳐 심리학 학위를 획득한 후, 최면요법가로서 현재 미국 뉴욕에서 개업중이다.

## 나를 변하게 한 두가지 체험

'전생요법(前生療法)'이란 정말 가능한 것일까?

몹시 의심스럽게 여겼던 내가 이 문제에 대하여 흥미를 갖게 된것은, 하나의 취미로서 퇴행최면(退行催眠)〔최면을 걸어서 피실험자로 하여금 과거나 전생으로 되돌아 가게 함으로써 잊었던 기억을 되찾는 최면기법 – 역자 주〕을 취급하고 있는 친구의 덕분이었다.

1979년, 어떤 발표회에 참석했을 때의 일이었다. 나의 친구인 젤다 사프리가 나를 실험 대상으로 삼아 퇴행최면을 걸게 할 수 없겠느냐고 제안했던 것이었다.

최면이 되자, 곧 나는 내 자신이 늪 위에 떠 있음을 느끼게 되었다. 도대체 공중에서 내 자신이 무엇을 하고 있는지 의심스럽기만 했다.

"나는 죽은 것일까? 아니면 젤다의 환심을 사려고 이런 터무니 없는 상상을 하고 있는 것일까?"

하고 나는 자문자답(自問自答) 했다.

나는 마른 땅 위로 흘러가고 있는 것 같았다. 늪 기슭에는 긴 터널과 같은 모양의 원시적인 집이 보였고, 입구가 이쪽을 향해 열려 있었다.

주위는 어두워지기 시작하고 있었고, 입구로 부터는 밝은 불빛이 바깥으로 새어나오고 있었다. 야릇한 생각이 스치고 지나갔다.

"저것이 전등불빛이라면 좀 이상하다. 눈속임수가 아닐까?……"

밑으로 내려가서 조사해 보기로 했다.

이윽고 나는 터널의 내부에 떠 있었다.

그곳은 집 모습과는 달리, 촛불인지 호롱불을 킨 것인지 분명치가 않았다. 그런 것보다도 내 눈길은, 눈 밑에 누워있는 아름다운 젊은 여인의 모습에 끌려 있었기 때문이었다. 처녀는 죽어 있었고, 공주의 표시인 왕관을 쓴채, 천으로 덮은 나무판자 위에 누워 있었다.

도대체 누구일까? 생각해 보니 마음 속에 대답이 저절로 떠올랐다. 이 여자는 내 자신인 것이 분명하다는 느낌이었다. 밑을 내려가 보니까 주위에는 아무도 없고 집 바깥은 어둠이 깔려 있을 뿐, 시체는 상여꾼들이 돌아간 뒤, 여기에 안치되었음이 분명했다. 이번에는 새로운 생각이 떠올랐다. 내가 이 아름다운 시체 속으로 들어가 일어나 보면 어떻게 될 것인가? 하는 생각이었다.

나는 아주 쉽게 공주의 몸 속에 들어간 다음, 그녀의 발을 널판 위로 움직이게 하여 몸을 일으켰다. 이때 갑자기 누군가가 지켜보고 있다는 느낌이 들었고, 지금 하고 있는 일은 절대로 용서받을 수 없는 일이라고 느꼈다.

발을 제 위치에 돌아가게 한 뒤 또다시 드러눕고, 재빨리 몸에서 빠져 나왔다.

제르다가 1979년으로 돌아오라는 암시를 건 순간, 나는 후──하고 안도의 숨을 몰아쉬고 제 정신으로 돌아왔다.

이 때는 내 자신이 공주였었다는 것이 믿기 어려웠지만, 이 고귀한 처녀의 모습은 그뒤 여러 해 동안, 내 마음 속에 뚜렷하게 남아 있었다. 공주가 누구며, 어째서 그와같이 젊은 나이에 죽어야 했던가. 그리고 오늘날의 나의 인생에 있어서 그녀는 무엇을 뜻하는 것인지, 꼭 알아내야겠다고 진지하게 생각하지 않을 수 없을 정도로 그것은 설득력을 지니고 있었다.

그러나 겨우 그 대답을 얻게 된 것은 7년 뒤의 일이었다.

이런 체험을 겪은 지 얼마 뒤였다.

나는 좌절감과 억압감 때문에 고통을 받고 있는 어떤 환자를 치료하고 있었다. 최면 당한 환자에게, 그와 같은 감정이 강하게 나타난 최근의 장면을 회상하도록 했다. 그러고 난 뒤, 이와같은 느낌을 처음으로 맛보게 된 시간으로 퇴행(退行)시키려고 했는데, 그에게 암시를 걸 때, '이 인생에서'라는 말을 실수로 빼먹고 말았다.

그러나 놀랍게도 다음 순간, 환자는 무장한 고대(古代) 로마시대의 보병군단(步兵軍團) 대열이 적군에 대항하여 달려가는 싸움터의 광경을 이야기하기 시작한 것이었다. 이윽고 나에게 이야기하고 있는 상대는 하니발 장군이 이끄는 갈타고군의 사령관임을 알 수 있게 되었다.

그는 여지껏 연전연승(連戰連勝)해오기는 했으나, 이번 싸움이 적군인 로마군의 승리로 끝나리라는 절망감에 사로잡혀 있었다.

이 최면술에 의한 퇴행요법이 과연 믿을만한 것인지, 아니면 무엇인가를 상징하는 한낱 환상에 지나지 않는지를, 여기서 곰곰이 따져 볼 입장은 아니지만, 어쨌든 이 한번의 시술로서 환자가 느껴 온 억압감이 깨끗이 사라져서, 문제의 해명에 굉장히 도움이 되었기 때문에 나는 계속해서 전생요법을 시험해 보기로 했다.

상대방을 선정하고, 사전에 승낙을 얻은 뒤에, 신중하게 이런 방법을 쓰기 시작했고, 한편 이 방면의 연구도 계속 진행해 나갔던 것이었다.

그리하여 요즘은 환자에게 언제나 이렇게 묻기로 하고 있다.

"당신은 전생에서 누구였을까요?"

## 윤회사상에 기초를 둔 새로운 심리요법

전생요법(前生療法)이란, 윤회전생 사상, 즉 영혼은 불멸의 존재이며 완전을 향하여, 성장을 계속하기 위하여 몇번이고 다시 태어나게 된다는 가르침에 기초를 둔 것이라고 생각하면 된다. 이 가르침은, 종교 그 자체와 마찬가지로 아주 오랜 역사를 갖고 있음에도 불구하고 미국에서는 에드가 케이시의 리딩[케이시가 투시능력을 써서 얻은 정보, 그는 일생동안에 14,000건 이상의 리딩 기록을 남겼다. ―역자 주]에 의하여 알려지게 되기 전까지 진지하게 취급되지는 않았던 것으로 생각된다. 케이시는 자기최면에 걸린 트란스 상태[오감(五感)을 통한 감각이 줄어들고, 다른 차원과의 교신이 가능해지는 의식의 변성상태(變成狀態), 케이시의 경우는 깊은 최면상태에 빠진 것과 흡사한 상태였다. ―주]에 들어가서, 타인의 전생 생활에 대해 아주 자세히 이야기하고, 그때에 일어난 일들이 그 사람의 현재의 인생에 어떤 영향을 끼치고 있는가를 이야기할 수 있었던 것이었다.

카르마(業)[불교에서 말하는 업, 산스크리트어로 행위를 뜻한다-역자 주]의 법칙은 윤회사상의 기본이 되는 생각인데, 행동의 결과는 현생(現生)을 넘어서 다음 세상까지 영향을 끼친다고 가르치고 있다. 케이시는 인과응보라고 하기 보다는, 이번 생애에서 과거의 잘못된 생각을 바로 잡아 올바르게 성장해야 된다고 카르마의 법칙을 해석한 것 같다.

전생(前生)으로의 퇴행(退行)이, 정신요법이라는 형태로 활용될 수 있다고 생각된 것은 비교적 최근인데, 하나의 조류(潮流)라고 생각될 만큼 큰 운동이 된것은 10년 안팎의 일이라고 할 수 있다. 오늘날에 와서 전생요법은, 환자가 안고 있는 문제의 핵심을 찾아내는 가장 빠르고 직접적인 방법이라고 많은 심리요법사들이 주장하게 되었고, 나도 동감하고 있다.

전생을 알 수 있는 방법에는 여러가지가 있겠으나, 아마도 가장 일반적인 것은 '전에 본것 같다는 느낌'을 갖는 현상이라고 할 수 있다. 이것은 전에 와 본일도 없고 이야기도 들은 일이 없는 장소에 왔을 때 느껴지는 현상으로써, 지금 눈앞에 보고 있는 것 뿐만 아니라, 그 모퉁이를 돌면 무엇이 있다는 것 까지도 알고 있는 그런 느낌을 뜻한다. 그리고 이런 예감은 거의 전부가 정확한 것이다.

많은 사람들에게 있어서 이런 현상은, 또다른 전생에서 여기에 온 일이 있다는 것으로 밖에 설명되지 않는다. 또 하나는 과거에 겪었던 기억이 저절로 생각나는 현상으로써 어린이들이 흔히 경험하는 일이기도 하다. 동양이나 남미(南美)에서는 아이들이 그러한 기억을 생각해 내어도 일소에 붙이는 일은 없다. 세번째 방법은 꿈에 의한 것이다. 전생에서의 환경이 아주 세밀하게 재현되는 일이 흔히 있지만 대체로 현재의 인생에 있어서 하나의 비유로 밖에 해석할 수 없는 일이 많은 것이다.

에드가 케이시는, 자기 자신의 전생이나 그에게 상담차 찾아온 사람들의 전생을 깊은 최면상태에서 지적(판단)하곤 했는데, 오늘날 이런 방법은 널리 보급되어 있다.

그러나 초능력자를 찾아가 전생에 대해 물어보아도, 그것을 자기 자신이 직접 체험할 수는 없는 일이고, 심리요법을 행하여도 마음속 깊이 느껴지는 감동을 완전히 얻을 수 있는 것도 아니다. 치료를 목적으로 할 경우, 가장 믿을 수 있고 조절할 수 있는 전생을 알아내는 방법은 최면에 의한 것이라고 할 수 있다. 그리고 이것만이 거의 대부분의 심리치료가들이 활용하고 있는 방법인 것이다.

## 최면요법과 그 역사

최면요법은 유사 이전부터 쓰여져 왔음에도 불구하고 그 실체가 무엇인지는 분명히 밝혀져 있지 않다. 다만 말할수 있는 것은, 최면이란 의식의 변성상태(變成狀態)이며 매몰되었던 기억이 떠올라와 심신(心身)을 정상화 하는 암시가 순식간에 효과를 나타내는 현상이다.

부족사회 시대에는 주문(呪文) 치료사나 주술의(呪術醫)가 최면을 했으며, 고대문명 사회에서도 승려와 신관(神官)이 이런 최면술을 활용했던 것이다. 고대 애굽이나 희랍에서는 환자나 마음을 앓고 있는 사람들이 '치료의 신전(神殿)'을 순례했다고 한다.

신전에서 신관이 환자를 최면상태로 몰아넣으면 대부분의 경우, 깨어났을때 괴로움이 사라지고 병이 완쾌되곤 했다는 이야기이다.

오늘날 프랑스 메스멜(1734~1815)이 최면술의 창시자라는 것은 모든 사람들이 인정하는 터이고, 메스메리즘(최면술)이라는 말도 그의 이름에서 연유된 것이다.

메스멜은 자기와 같이 특별한 능력을 지닌 사람의 몸을 통해 흘러 들어갈 수 있는 우주유체(宇宙流體)〔또는 동물자기(動物磁氣)라고도 불렸다-역자 주〕라는 것이 존재하며, 이것이 환자의 병을 치유시킨다고 믿었었다.

그러나 메스멜의 치료를 조사한 프랑스의 한 위원회는 이것이 터무니없는 엉터리라고 결론을 내렸고, 체면을 잃게된 그는 실의 끝에 파리를 떠나야만 했었다.

다음 세기에 들어가자, 두사람의 스코틀랜드 외과의사가 환자에게 최면을 걸어 성공을 거두게 되었다. 그 가운데 한 사람인 제임스 브레드는 희랍어의 '잠잔다'는 뜻에서 히프노티즘(최면)이라는 말을 만들어 냈다.

그후 1, 2차에 걸친 세계대전이 일어나자, 전선(前線)에서의 응급치료 필요성때문에 더 한층 연구가 발전되어 마취와 무통 분만을 위한 최면의 새로운 응용법도 발견되기에 이르렀다.

1950년에 이르자, 영미(英美)의 의사회는 최면술의 사용을 공식 허가했고, 뛰어난 정신과 의사였던 밀튼·H·에릭슨의 연구에 의하여, 최면은 새롭게 권위있는 방법으로 인정받게 되었다.

에릭슨은 환자에게 그럴듯한 비유를 써서 이야기했다. 결국 환자가 안고 있는 문제와는 직접 관계가 없는, 환자의 인생에 대한 비유를 들려주곤 했던 것이다. 에릭슨은 자주 환자를 치유하기 위한 의도를 교묘하게 짜넣은 간접적인 암시 따위를 매우 능숙하게 활용했기 때문에 대부분의 환자들은 어떻게 해서 그가 치료를 한 것인지 짐작조차 할 수 없었다. 권위를 휘두르는 일이 없이 상대편을 존중한 다정한 그의 대응방법은 최면의 기법에 새로운 바람을 불어 넣었다.

오늘날, 내 자신도 그중의 한 사람이지만, 거의 대부분의 최면술사들은 그 유파(流派)가 어디에 속하든 에릭슨의 기법을 응용하고 있는 것이 확실하다.

## 전생요법(前生療法)의 실제

전문가들 사이에서 최면요법을 받아들이는 사람들이 증가하고 있음에도 불구하고 환자들의 대부분은 처음에 겁을 집어먹고 최면을 받으러 찾아온다.

소설이나 영화, 최면 쇼 등이 전해주고 있는 최면에 대한 '신화(神話)'를 지우기 위하여 나는 최초의 면접 때 상당히 많은 시간을 들여서 이렇게 설명하곤 한다——마음속 까지는 지배받지 않는다는 것, 의식의 일부는 항상 무슨 일이 일어나고 있음을 알고 있으므로, 최면에 걸려 있는 동안에도 계속하여 나와 잘 접촉을 계속할 수 있다는 것, 하고 싶지 않은 일은 비록 의사라고 해도 강제로 시킬 수 없다는 것, 원한다면 언제든지 눈을 뜨고 이야기할 수 있으며, 방 밖으로 나갈 수 있다는 것, 최면상태에서 깨어나도 그동안에 일어난 일들을 아마 전부 기억할 수 있으며, 끝나는 순간에는 기분이 아주 상쾌하리라는 이야기들을 들려주는 것이다.

전생(前生)으로의 퇴행(退行)을 환자에게 제안하기로 확정해도, 최면에 의한 퇴행이 글자 그대로 꼭 믿을 수 있는 것이라고 주장하는 것은 아님을 나는 언제나 강조한다.

그러나 반드시 환자가 무슨 종교를 믿고 있는가 물어서,

만일 상대가 엄격한 종교 교육을 받은 사람이라면, 신약성경이라든가, 구약성경 속에 윤회(輪廻)사상이 광범하게 미치고 있는 적지 않은 증거가 있음을 지적한다.

그리고 마지막으로, 이런 종류의 치료를 받음에 있어서 윤회를 꼭 믿을 필요는 없습니다, 라고 환자를 안심시킨다.

그리고는 자신이 안고 있는 문제에 주의를 집중시키도록 암시를 걸면서 최면으로 유도하는 것이다.

특별히 지시하지 않는다면, 환자가 전생의 어느 싯점에 도달할지는 완전히 우연적인 문제이다. 소녀가 형제들과 마당에서 놀고 있다든가, 양치기가 양(羊)들을 돌보고 있는 일상생활의 표정인지도 모른다. 또는 절망과 공포의 표정이 동반된 비행기의 추락이나, 숲 속에서 늑대에게 습격을 당하여 비참한 죽음을 맞는 장면일 수도 있는 것이다.

이런 경우에는 곧 환자를, 이보다 훨씬 전의 보다 행복했던 장면으로 돌아가게 한 다음, 거기서부터 시작하는 것이다.

환자는 어떤 때의 경우, 자기 자신을 방관자의 입장에서 바라다 볼 수도 있고, 그런가 하면 전생의 자기 몸 속에 들어가 있을 수도 있다. 맨처음에는 관찰자인 경우가 많지만, 차차 당사자로 변하게 되어 장면을 직접 체험하게 된다. 이름이나 나이 등이 생각나지 않는 경우가 가끔 있는데, 그럴 때에는 숫자를 계산하는 것이 좋다. '내가 셋을 말하면 이름이 머리에 떠오릅니다'라든가, '곧 어머니나 바깥 어른이 당신의 이름을 부를테니까, 지금 떠오른 이름을 되풀이해 주세요'라고 나는 말하곤 한다.

환자를 시간 속으로 퇴행(退行)시키게 하는 방법으로서는 어린 시절로 일단 돌아가게 한 뒤에, 천천이 죽는 순간까지

시간을 진행시키는 방법을 써왔으나, 요즘에 와서는 죽는 장면을 먼저 경험하게 하는게 좋다고 생각하게 되었다. 이렇게 하면 환자가 몇살 때 죽었는지를 알수가 있고, 그 인생에서 더 이상 살고 있지 않은 나이에 까지 진행시키는 실수는 범하지 않아도 되는 것이다.

죽는 장면에서, 나는 환자에게 그 인생에서의 중요했던 시간——가장 행복했던 순간, 가장 마음에 상처를 입은 순간, 최악의 경우, 가장 큰 잘못을 범한 경우, 가장 큰 공적을 올렸을 때——를 회상하게 한다.

죽는 순간까지 포함해 그 장면에서의 고통이 너무도 심하다는 것을 알았을 경우에는 환자에게 몸 바깥으로 빠져나가서 괴로운 감정이나 고통을 느끼지 않고 냉정하게 사태를 관찰하라고 이르곤 한다.

환자는 죽는 장면이 끝나면, 대개는 그곳에 머무르고 흥미를 잃게 마련인데, 여기서 나는 끝내려고 하는 생애를 왼쪽으로 내려다 보게 하고, 오른쪽에는 현재의 인생이 펼쳐져 있는 모습을 바라다 볼 수 있는 산 꼭대기로 환자를 안내한다. 두개의 인생을 내려다보고 있는 환자에게, 한쪽의 생애와 또 하나의 생애가 연결된 관계임을 가르쳐 준다.

환자는 두 생애의 관계가 중요함을 깨달을 수도 있고, 깨닫지 않아도 어쩔 수가 없다. 그 의미는 얼마 후 환자 자신의 무의식층에서 떠오르게 될 것이기 때문이다.

마지막으로, 지금까지 체험해 온 사실들을 이해시키기 위하여는 잠시 시간 여유를 준 뒤에 상쾌한 기분으로 깨어나도록 암시를 준다.


## 어둠의 기억

전생요법은, 내가 생각하기에 이것 아닌 다른 치료법으로 잘 되지 않았을 경우, 특히 효과를 얻는 일이 많다고 본다. 치료된 예 가운데 확실한 것으로, 국내를 순회(巡廻)하는 서커스단과 함께 트레일러 속에서 생활하는 어떤 여자 광대의 경우가 있다. 페니는 심한 공포증때문에 몹시 시달림을 받고 있었고, 그 탓으로 어두운 곳에 혼자 있을 경우에는 어김없이 큰 비명을 올릴 정도의 공포상태에 빠지는 것이었다. 지방 공연중, 이런 상태에 빠지는 일은 매우 흔했는데, 공포상태는 20초에서 한시간, 때로는 이틀동안 계속되는 경우도 있었다.

페니는 서커스의 다음 이동시간까지 세번 밖에 치료할 시간이 없었기 때문에, 우리들은 곧 치료에 착수하지 않으면 안되었다.

공포증은 최면 상상법만으로도 신속하게 완쾌되는 일이 많다는 것을 알고 있었기 때문에, 다른 환자들에게서 효과를 거둔바 있는 탈감작법(脫感作法)이나 해리법(解離法) 등, 온갖 방법을 활용해 보았다. 페니는 뛰어난 피시술자였음에도 불구하고 두번에 걸친 치료는 전혀 효과가 없었다.

페니에게 세번째 시술을 받게 하였을 때, 전생(前生)으로 거슬러 올라갈 생각이 없느냐고 물어보았다. 그녀는 윤회사상이 자기가 갖고 있는 종교적 신념과는 반대되는 것이라고 하였으나, 이때는 다른 방법이 없었으므로 지푸라기라도 잡고 싶은 심정이었다.

그래서 나는 그녀를 '마법의 숲' 속으로 데리고 갔는데, 그곳에서 페니는 차차 작아져서 어린애로 되돌아 갔다.

그리고는, 멀리서 들려오는 서커스단에서 연주하는 음악

소리에 귀를 기울이게 하면서, 소리가 들려오는 쪽으로 걸어 가도록 암시를 걸었다. 우리들은 숲을 지나서, 광대와 회전 목마며 솜사탕 등 무엇이든지 갖추고 있는 커다란 서커스단 이 자리잡고 있는 넓은 장소로 나갔다. 한동안 여기 저기 걸 어다니면서 주위의 경치며 음악을 즐긴 뒤, '거울 집'으로 들 어간다. 페니는 거울 속에 비춘 자기의 우스꽝스러운 모습을 보고 낄낄거리며 웃었고, 이윽고 전생(前生)의 모습을 비추 는 거울 앞에 이르렀다. 여기서 그녀는 갑자기 심하게 흥분 하기 시작했다.

"쓰레기통 속에 갇혔어요!"

"놈들이 내 몸 위에 장작과 종이뭉치를 쌓아올리고 있어요 ······ 어두워요······ 숨을 쉴수가 없어요······ 나를 불로 태울 생각이예요."

나는 재빨리 그녀를 이것과는 달리 인생의 행복한 장면으 로 되돌아 가게 했다.

그러자 페니는 자기 집에 모여든 남군(南軍)의 병사들을 위하여 파이를 굽는 어머니를 거들고 있었다. 열 두살된 자 기 자신으로 돌아가 있었다. 그리고 병사들에게 파이를 갖다 주고, 칭찬을 듣자 그녀는 아주 기분이 좋아져 있었다. 이야 기하는 페니의 얼굴에는 신바람난 웃음이 떠올라 있었다.

시간을 진행시켜 가니까, 페니는 열 아홉살된 처녀로 집안 에 있는 장면이 되었다.

옆방에서는 집안으로 쳐들어 온 쿠우·크락스·쿠란의 사 나이들 한떼가 페니의 흑인 친구들을 막 때려죽이고 있는 중 이었다. 그녀는 공포에 사로잡혀 그 자리에 꼼짝 못하고 서 있을 뿐이었다.

살육이 끝나자, 사나이들은 페니 쪽으로 달려들어 주위를 둘러싸고 작대기로 마구 때렸다. 그리고는 그녀를 바깥으로 끌고 나가 축 늘어진 그녀의 몸을 쓰레기통 속에 쑤셔 넣었다. 그녀의 몸 위에는 나무가지와 종이뭉치가 수북히 쌓여지고 마침내 눈 앞이 캄캄해졌다. 이어서 몸을 태우는 심한 고통과 연기때문에 숨이 막히는 괴로운 장면이 엄습했다. 그리고는 다시 조용해졌다.

페니는 일종의 저승과 이승 사이에 있는 장소로 이동했고 나는 그곳에서 그녀를 이번 생애의 태어나는 장면으로 유도했다.

이윽고, 그녀는 아버지의 팔에 안겨 있었다.

"아버지는 내가 마음에 드신 모양이에요. 아, 기분이 좋아요!"

페니를 최면상태에서 깨어나게 하자, 나는 곧 웹스터의 고유명사 사전을 끄집어 냈다. 쿠우·크락스·쿠란이 그렇게 오랜 역사에 등장한다는 것에 의문을 느꼈기 때문이었다. 허나 이 비밀결사는 '아메리카 남부의 백인 주권을 주장하기 위하여 남북전쟁 뒤에 결성되었다'고 기록된 것을 찾아내었다.

페니도 나 자신도, 이와같은 자세한 역사를 설마 기억하고 있지는 않았던 것이다.

이 치료가 끝난 뒤, 1년 이상 지났는데 그 뒤로 한번도 페니는 공포에 사로잡힌 일이 없다고 한다. 공포는 사라진 것이었다.

## 두통의 원인

많은 사람들은, 페니와 같이 공포라고 하는 무거운 짐을 짊어지고 이승으로 태어나는 것 같은데, 한편으로는 노여움이라는 무거운 짐을 지고 태어나는 사람도 많다. 크리스라고 하는 33세의 보호 감찰관은 자주 화를 내는 사람이었다.

크리스는 2년 이상 일이 손에 잡히지 않을 정도의 집요한 두통때문에 고통받고 있었다. 처음에는 두통이 직장과 관계되는 것이 아닌가 생각되었다.

퇴근하면 두통이 사라지기 때문이었다. 원인을 하나 하나 체크하면서 알아본 결과, 직장에서 1마일 가량 떨어진 곳에 있는 두개의 TV안테나로 부터의 방사(放射)가 나쁘게 아닌가 하는 생각을 하게 되었다. 사무실의 벽을 납으로 뒤덮은 뒤에 일시적으로 조금 편해지기는 했으나. 증상은 급속하게 진행되어, 전화의 안테나나, TV 라디오의 전자기계가 근처에 있기만 해도 왼쪽 머리 꼭대기에 심한 두통이 생기곤 했다.

크리스는 몇 사람의 의사를 찾아가서 바이오 피드백을 활용하는 신경과 의사의 치료도 받았으나 두통은 심해질 뿐이었다.

투시능력을 가진 어떤 초능력자가 받은 인상에 의하면 그의 바로 전생(前生)——아마도 뉴멕시코에서의——에 그 원인이 있는 것 같다는 것이었다. 크리스는 전생에서 우라늄에 노출되고 그 원인때문에 뇌에 종양이 생겨 방사능(放射能)을 많이 쪼인게 사망 원인이 됐다고 했다.

1년 동안 고민한 끝에, 그는 나에게 전생요법의 치료를 받으러 온 것이었다.

사건의 전모는 간단하게 판명되었다. 어머니와 선생과 친구들 외에, 뉴멕시코에 있던 집과 학교 이름도 알아낼 수 있었다. 열 두살때 마이켈(그 당시, 그의 이름)은 두통에 시달리게 되었고 점점 악화되었다.

종양이라는 진단을 받았으나 수술은 불가능 했다. 의사는 마이켈의 어머니에게, 그 무렵 막 개발되기 시작한 위험도가 매우 높은 방사선 치료 이외에는 살 수 있는 가능성이 없다고 말했다.

위험한 치료를 받느냐, 죽음을 기다리느냐 하는 선택을 해야 될 입장에 놓인 마이켈의 어머니는 위험을 각오하고 치료를 받기로 했다.

크리스와 나는 병원에서 벌어지는 장면을 몇번 체험했고, 그때마다 장면은 생생하게 되살아 나서 자세한 내용을 알게 되었다.

마이켈은 방사선 치료실의 금속제 침대 위에 혼자 누워 가느다란 희망에 매어달린채 고독을 견디어야만 했다. 치료가 시작되면 두통이 심해져서 불로 지지는 것과 같은 고통이 엄습하곤 했다. 그 아픔을 더 이상 견디지 못하게 되자, 그의 영혼은 몸 바깥으로 빠져 나갔다. 이때, 자기 머리 꼭대기의 검게 탄것과 같은 상처를 위에서 내려다 볼 수가 있었으나 도움을 요청하여 소리칠 수도 없었다. 정신없이 그의 영혼은 자기 몸으로 되돌아 가려고 애썼으나 그때마다 더 심한 고통 때문에 몸 바깥으로 쫓겨나곤 했다.

격렬한 노여움을 느낌과 동시에 그는 겨우 자기가 죽었다는 사실을 깨닫게 되었다——14세 어린 나이에 행복해야 할 인생이 단절된 것이었다.

이번 생애에서 두통이 다시 시작된 것도 이 노여움이 원인이었던 것이었다.

우리들은 이 노여움을 진정시키는 노력을 계속해야만 했다. 크리스는 방사선 치료실을 나올 때마다 이 서투른 방사선 치료 기사(技師)를 조금씩 이해하게 되었다.

제1장 전생요법의 실제  31

이와 동시에 두통은 상당히 가벼워지기 시작했다. 그래서
그는 대형 전기제품 상점을 찾아가 벽면에 진열된 TV의 화
면을 10분 정도 보았다. 이윽고 그는 흑백 TV 화면에서 부
터 천연색 TV 화면을 시간을 서서히 연장하면서 TV프로를
전부 편하게 볼 수 있을 정도까지 되었다. 하지만 두통은 완
전히 없어지지 않았다. 이 문제를 완전히 해결하기 위해서는
어떤 종류의 적극적인 대결이 필요하다고 느낀 또다른 투시
능력을 가진 그의 친구가 종양 그 자체의 원인을 알아내도록
크리스에게 조언(助言)해 주었다.

그리하여 크리스는 계속 최면치료를 받기 위해 나를 찾아
오게 되었던 것이다.

다음의 퇴행최면(退行催眠)에서 12살이 된 마이켈은 손위
친구와 함께 광석을 찾고 있었다. 둘이서 광석을 찾아내었는
데 그것은 우라늄광이었다. 모닥불 옆에서 저녁식사를 하면
서 마이켈은 콩에서 이상한 금속 냄새가 나는 것을 알았다.
얼마후 알게 된 사실인데, 마이켈의 친구는 광석을 혼자 독
차지하려고 광석을 약간 마이켈의 음식 접시에 넣었던 것이
었다. 시간이 지나자, 마이켈은 발열(發熱)했고 헛소리하기
시작했다.

집에 돌아오자, 어머니는 단골 의사에게 아들을 데려갔는
데, 전술한 바와 같이 의사는 오진했던 것이다. 그 뒤에 일어
난 일들은 앞서 이야기한 그대로다.

자기를 죽게 만든 사나이가 아직 살아있다면 현재 쉰다섯
살 쯤 되리라고 크리스는 판단했다. 그의 요구에 따라, 나는
크리스에게 최면을 걸어 그 사나이의 집 거실로 데리고 갔
다.

그 거실에는 아주 풍채 좋은 '미결수(未決囚)'가 안락의자

에 앉아서 텔레비젼을 보고 있었다. 크리스 옆에는, 메사츄세츠주 레녹스라는 주소가 쓰여진 이 사나이에게 보내온 편지 봉투가 놓여 있었다. 편지를 보낸 사람의 이름은 잘 보이지 않았는데, 크리스가 불안한듯이 떨기 시작했으므로 나는 그를 편안하게 만들어 최면에서 깨어나게 했다.

사나이의 이름은 특히 흔한 이름도 드문 이름도 아니었지만, 실제로 레녹스의 전화번호부에 주소와 함께 실려 있었다.

크리스는 치료받는 중간에, 위험을 무릅쓰고라도 실제로 방문해 보려고 결심했다.

메사츄세츠주에 가는 도중, 그의 기분은 좋지가 않았다. 주소를 확인하기 위해 레녹스에 도착할 무렵, 그의 기분은 매우 나빠져 도저히 사나이와 대면할 수 없는 상태였으므로 그는 되돌아 올 수 밖에 없었다.

다음 최면치료를 받는 자리에서, 나는 그 사나이와 정면으로 대결하기 보다는 차라리 그의 잘못을 용서해 주도록 애쓰는 편이 치료에 도움이 되지 않겠느냐고 이야기를 나눈 뒤에, 그는 나의 충고를 받아 들였다.

여기서 나는 그를 최면상태로 유도하여, 지난 전생의 소년 시대에 그를 배신한 사나이의 집을 다시 한번 찾아가도록 암시를 걸었다.

이번의 사나이는 긴 의자 위에서 편안하게 쉬고 있었으며, 크리스가 방 안으로 들어오자, 이 사나이는 자리에서 일어서서 이 낯선 젊은 사나이와 악수했다.

여기서 크리스는 자기가 누구며 왜 여기 왔는가를 설명했다. 우라늄 사건의 이야기를 하니까 사나이는 입을 딱 벌리고 두눈을 둥그렇게 뜬 채, 크리스의 괴롭게 죽어간 이야기를 들었다. 눈에는 눈물이 글썽해지면서 본심으로 한 것은 아니었노라고 중얼거렸다. 마침내 그는 이 나이어린 사나이의 용서를 비는 요청을 받아 들였다.

크리스는 자기가 미워한 것도 용서해 달라고 하자, '소년시대에 내가 저지른 고약한 짓이 더 문제인 것을……'하면서 옛날 친구는 정답게 이야기했다. 그리고 나서 두 사람은 이 사건의 마무리를 위해 함께 기도를 올렸다.

크리스와 나는 아직도 치료를 계속하고 있다.

이승에서 아직 해결짓지 못한 문제가 있기 때문이다. 아직도 얼마간 두통이 남아있기는 하지만, 최면 상태에서 그 만남이 있은 뒤로 크리스는 창백하고 무기력했던 사나이에서 정력적이고 건강한 사나이로 변신되었다. 우리들은 다같이, 완전히 두통이 없어지는 것은 시간 문제라고 굳게 믿고 있다.

## 또 다시 공주(公主)의 전생을 조사한다

다른 사람들의 전생을 조사하고 있는 동안, 나는 점차 자기 자신의 전생——특히 저 옛날의 아름다웠던 공주(公主)——에 대하여 흥미를 느끼게 된 것도 무리가 아니었다. 친구이며 동료이기도 한, 앤 란다만 여사가 나의 호기심을 만족시키는데 협조해 주었다.

그녀의 진료실에서 간단한 최면 유도를 받은 뒤, 나는 태어나기 전 옛날의 섬으로 되돌아 갔다. 아름다운 치마와 브라우스를 몸에 걸친 다음, 머리에는 왕관과 같은 것을 쓰고 맨발에 샌들을 신고 목과 팔목에는 보석을 장식하고 있었다. 나는 피부가 새하얗고 매끄러운 살결의 젊은 여성으로서 깊은 황혼 속의 숲속에서 누군가를 기다리고 있는 중이었다.

"당신은 누굽니까?"

앤이 물었다.

나는 내자신이 오른쪽에 보이는 흙집에 사는 섬사람들의 지배자라고 설명했다.

아버지가 이 섬의 왕이었는데, 그가 죽은 뒤에 왕위(王位)를 계승한 것이었다.

그리고 지금 나는 애인을 기다리고 있었다.

"하지만 어째서 여왕님이 혼자서 그런 곳에 있는 것입니까?"

앤이 질문한다.

나는 섬사람들이 나의 애인을 미워하고 있다고 설명했다. 나의 애인은 다른 부족에 속하는 사나이이기 때문에 섬사람들은 두 사람이 사랑하는 사이를 이해하지 않고 있는 것이었다.

나의 애인과 다른 두 사나이는 작은 배가 고장을 일으켜 코오스가 빗나갔으므로 이 섬에 상륙하게 되었다. 그와 눈길이 마주친 순간, 나는 곧 사랑에 빠지고 말았다. 그러나, 섬사람들이 그를 미워한다는 것을 알게 된 뒤로는 그의 신변이 위험해질 것을 염려해 우리들은 몰래 만나고 있는 것이었다. 머지않아 그의 두 친구들은 조바심이 나서 배를 수리하고 이 섬을 떠나고 말았다.

앤과 이야기를 나누고 있는 동안, 애인이 숲에서 나오는 것을 본 나는 그에게로 달려갔다. 우리들은 서로 얼싸안으면서 리아나와 홋도라는 이름을 부르면서 인사를 나누었다. (나중에 나는 진짜 내 이름은 '리아나'라고 앤에게 이야기했다.) 홋도는 숨을 가쁘게 몰아쉬면서 오늘 밤 섬을 떠나겠다고 설명했다. 섬사람들이 그를 죽일 계획을 하고 있음을 알았기 때문이다.

섬의 건너편 바닷가에는 그가 급작스럽게 만든 나룻배가 기다리고 있다고 했다.

나는 함께 배가 숨겨진 곳까지 걸어 가겠노라고 그에게 말했다. 황혼은 짙은 어둠으로 변했고, 우리들은 숲을 통과하는 길로 접어들었다.

배를 숨겨놓은 곳까지 가는 거리는 멀었고 길을 더듬어가는 나의 마음은 몹시 혼란을 거듭하고 있었다. 홋도와 함께 그 배에 몸을 싣고, 운명을 하늘에 맡기고 싶었지만, 그렇게 되면 섬사람들 사이에는 피비린내 나는 싸움이 일어날게 너무나 분명했다.

적어도 두 사람의 유력한 지도자가 나의 권좌(權座)를 노리고 있었고, 그들 뒤에는 기회만 있으면 곧 싸움을 벌이려고 하는 지원자들이 기다리고 있었다. 한편으로, 홋도가 없는 생활은 쓸쓸하기 그지없이 느껴지는 것이었다. 그런 생활은 도저히 견딜수 없다는 느낌이 들었다. 나룻배에 도달하기까지 내 마음은 결정되어 있었다.

함께 떠나겠다고 나는 홋도에게 이야기했다.

나룻배가 둘이 타기에는 너무 적다고 홋도는 반대했다. 자기 혼자 떠나는 것도 위험한데 나까지 데려가고 싶지가 않은 것이었다. 나룻배가 움직이기 시작하자, 홋도는 나를 기슭으로 떠다밀고 힘차게 저어갔으므로 수영이 능숙한 나도 따라갈 수가 없었다.

비탄에 빠진 나는 방향이 어딘지 갈피도 잡지 못한채 숲속으로 뛰어들었다.

어렸을 때 부터 늘 다니던 샛길도 잃어버리고 캄캄한 어둠속에서 길을 찾아내기조차 어려웠다. 사실은 그런 의욕조차도 없었다.

온몸이 타오르는 것과 같은 감각이 열병처럼 엄습했다. 이윽고 머리가 펄펄 끓게 되고 발은 힘을 잃어 나는 그 자리에 쓸어지고 말았다.

나는 죽는다——아니 죽고 싶다……라고 느끼면서.

"당신은 죽으려고 결심한 것인가요?"

앤이 물었다.

"그렇습니다."

하고 나는 대답했다.

새벽녘이 되자, 내 영혼은 몸에서 빠져나와 사방을 살펴보고 있었다.

얼마가 지나자——어느 정도 시간이 지났는지 알 수 없으나——나를 찾아서 숲 속을 헤매는 사람들 모습이 보였다.

움직이지 않게 된 나의 시체 앞까지 수색대가 도착하는데는 오랜 시간이 필요하지 않았다.

2,3일이 지난 뒤, 앤과 나는 다른 환자의 경우라고 생각하고 이 이야기를 재구성(再構成)하여 현재의 나의 인생과 비교 검토해 보기로 했다.

"당신의 죽음이란 것은, 원망하는 행위가 아니었을까요? 자기의 행동에 의해 섬사람들에게, '내가 원하는 것을 손에 넣지 못하게 하니까 모두가 서로 살생해도 좋다'고 말하고 있는 셈이군요."

하고 앤은 말했다.

"분명히 나는 내가 원하는 대로 하고 싶어하는 성미가 분명해요. 지금 인생에서도 내가 원하는 것이 손에 들어오지 않을 경우, 끝까지 애쓰지 않고 도중에서 포기해 버린 일이 여러 번이었죠."

나는 앤의 의견을 인정하지 않을 수 없었다.

"이 문제는 좀 더 신중히 다루어 봐야겠어요."

하고 앤은 고개를 끄덕였다.

현재, 나는 이 문제를 실제로 검토하고 있는 중이다.

## 집단 최면의 효과

내가 일하는 가운데 가장 즐거운 시간은 집단으로 퇴행최면(退行催眠)을 할때다.

흔히 회원들 끼리는 지난 생애에서도 친구였음이 밝혀지는 경우가 있다. 이같은 즐거운 사실을 통해 모두 백년전, 천년전의 옛 우정을 새롭게 할 때가 많다.

내가 담당한 젊은 여성 두 사람도, 같은 치료집단에 참가했을 때, 자기들이 몇 세대 전 미국 인디안의 같은 부족에 속하는 동지였음을 알게 되었다. 이것을 알게 되자, 흔한 친지에 지나지 않았던 여인들이 따뜻한 우정을 꽃피우게 되고, 둘이서 초심리학(超心理學)의 연구를 계속하는 멋진 계획을 세우는 데까지 발전되었다.

집단 최면의 어려운 점은 진행 중, 각자에게 반복 최면을 유도할 수 없기 때문에 저마다의 요구에 응한 방법을 세울 수 없다는 점이다. 결점은 있기 마련인데, 집단 최면에는 속효성(速効性)이 있어 아주 극적인 결과를 낳을 가능성이 있는 것이다. 어떤 젊은 여성 —— 가령 도리스라고 이름짓기로 하자 —— 은 집단최면에서 17세기의 농가 딸이었던 인생으로 되돌아 갔다.

어느 날 돼지에게 먹이를 주고 있을 때, 그녀는 낯선 4명의 사나이들에게 습격당했다. 사나이들은 그녀를 돼지우리 속에 처박고 사정없이 때려 눕히더니 공포에 떠는 누이동생이 보는 앞에서 차례로 강간했다. 욕망을 채운 사나이들은 그녀를 진흙과 퇴비속에 처박아 숨이 막혀 죽게 했다. 과거 생애에의 여행이 무엇인가 지금의 당신에게 도움이 되었느냐고 묻자, 그녀는 한순간의 주저함도 없이 대답했다.

"이제는 남편과 성교(性交)하는게 무섭지 않습니다."

나중에 확인된 이야기인데 처음에는 웃기만 하던 남편도, 결국 그 크라스에서의 체험은 대단히 치료 효과가 있었다고 진심으로 부터 부인에게 동의할 수 밖에 없었다고 한다.

집단의 구성에 따라서는 기묘한 관계가 판명되는 경우도 흔히 있다. 어느날 밤, 젊은 애기 엄마인 쟈닌에게 퇴행최면을 걸었을 때의 일이다. 어디에 있느냐고 내가 물었더니, 그녀는 힘없는 어린아이의 목소리로 흐느껴 울면서,

"눈이 보이지 않아요……"

하고 대답했다. 그녀는 처음부터 장님이어서, 그 일생을 아침부터 밤까지 악취를 풍기는 방의 침대 위에서 지냈노라고 했다. 이름은 메어리였고 당시 네살이었다.

그림자가 움직이는 것이라든가, 문이 열리고 닫히는 모습, 근처에 서서 이쪽을 지켜보는 여성의 희미한 모습이 보일 뿐, 그 이상은 식별할 수가 없었다.

"음식은 날라다 주던가요?"

"네, 가끔요."

자기에게 정답게 대해 주는 사람은 아무도 없었다고 그녀는 이야기했다. 유일한 장난감──그리고 유일한 친구──곰 인형이어서 그것을 품에 안고 말을 속삭이곤 했다는 것이었다. 가끔 찾아와서는 문 곁에 선채 뚫어지게 바라보기만 하는 어머니에게는 정말 화가 치밀어 견딜 수가 없었다고 했

다.

"어머니 따위는 어디론지 사라져 버리는게 좋겠어!"

그렇게 말하고 메어리는 나를 보자, 이상하다는 듯이 따지려 들었다.

"어째서 당신은 여기 있죠?"

"당신을 돕고 싶기 때문에 여기에 있는 거예요."

이에 대해 그녀는,

"생각해 봐야겠네요."

하고 대답했다.

열 일곱살 때, 그녀는 사뭇 지친듯이 한숨을 몰아쉬면서 죽을 수 있어서 기쁘다고 말했다.

육체를 떠나서 시력(視力)을 회복한 그녀는 아래 쪽에 누워있는, 일찌기 자기 자신이었던 소녀의 시체를 내려다 볼 수 있음을 알았다. 불구자였지만 귀엽게 생긴 소녀였노라고 했다. 어머니는 험상궂은 인상인 깡마른 사람으로서 다른 몇 사람의 가족들과 함께 시체 곁에 서 있었다.

주위에는 아버지의 모습이 보이지 않았고, 그녀에게는 아버지에 대한 기억조차 없었다.

자기의 일생에서 가장 나빴던 것은 숨을 거두는 날까지, 모든 것을 거부하기만한 일이었다고 그녀는 말했다. 장님인 것과 지능이 낮았던 것보다도 더 나빴던 것은 마음의 문을 굳게 닫고 사람들과 마음을 통하려고 하지 않았던 일이었노라고 했다.

"말할 수가 없었기 때문에 아무도 나를 알아주지 않았어요. 그럴 수 밖에 없었지만……"

이렇게 말하자 갑자기 흥분하여 그녀는 고함을 질렀다.

"또 모두가 밉다. 누구나 할 것 없이!"

나는 메어리를 산 꼭대기로 유도한 다음 그곳에서 왼쪽편의 저 불행한 인생과, 오른쪽 편에 있는 현재의 인생을 보여주어 구경시킨 뒤에, 두개의 인생에 무엇인가 연결점이 없느냐고 물어보았다. 오랜 침묵 뒤에 그녀는 입을 열었다.

"그 사람들은 지금도 여기 있습니다. 이번 생애에서도……"

지난 생애에서의 아들이 지금은 어머니가 되었고, 지난 생애에서의 어머니는 지금의 아들이 되어 있다고 그녀는 설명했다.

그리고는 이야기를 계속했다.

"그래서 지금도 두 사람을 미워하고 있는 것이죠. 아직도 복수하고 싶다고 생각하기 때문이죠."

그러면 전생의 여동생은 어떻게 됐는가?

"그 애는 내가 보살펴 주었어요"

어두운 표정으로 쟈닌이 말했다.

쟈닌이 아직 최면상태에 놓여 있을때, 나는 그녀에게 과거는 이미 끝난 일이며, 이번에는 어머니와 아들이 과거 세상에서 당신을 이해하지 못했던 것을 용서해 줄 때가 되었음을 깨닫게 하려고 했다.

"당신의 가까운 사람을 미워하면서 인생을 보낸다는 것은 자기 자신을 미워하는 인생을 보내는 것과 같은 것입니다."

하고 암시를 걸었다.

"말씀하시는 것이 진실인 것을 잘 알고 있습니다."

하고 그녀는 이야기했다.

"하지만 오래 된 감정을 버리기가 정말 힘들군요. 기억하고 있는 것은, 만지거나 안아주거나 다정하게 대해 주기를 바랬던 것, 단지 그것 뿐입니다."

제1장 전생요법의 실제  41

쟈닌의 남편인 돈도 같은 날 밤에 퇴행최면을 받았다.

그는 어둠 침침한 방에서, 나이 먹은 대머리진 모습의 자기가 낡은 옷을 몸에 걸친채, 동양철학에 관한 책을 연구하고 있는 모습을 보았다. 그의 말에 의하면, 그 책은 그가 사랑하는 사람들의 손에 의해 쓰여진 것이라고 했다.

"나는 여기서 혼자 살고 있다. 여기가 내가 사는 곳이다."

라고 그는 이야기했다. 언제였느냐고 물으니까 그는 이렇게 대답했다.

"이곳에는 시간이라는 것이 없다. 시간이란 하나의 허깨비에 지나지 않는다."

책을 읽는 것 이외에 무엇으로 시간을 보내고 있는 것일까? 돈은 이야기한다.

"나는 하나님과 이야기를 나누고 있다. 하나님은 내 말을 들어주시고 나에게 이야기도 걸어주신다."

그렇다면 하나님은 어디 계신 것일까?

"하나님은 어디에도 계신다. 하나님이란 모든 것의 전부이다."

그는 책을 읽고, 하나님과 이야기를 나누면서 매일 매일 지냈다는 것이었다.

그는 때때로, 자기가 살고 있는 산꼭대기에 올라가 신선한 공기를 마시고 기운을 회복하여 천지만물과의 일체감을 느끼곤 했다는 것이었다.

"당신의 인생 목적은?"

하고 나는 물었다.

"'하나인 존재'를 통해 만물에 봉사하는 것"

그리고, 그를 필요로 하는 사람은 도움을 얻기 위하여 그에게 찾아올 수가 있었다고 덧붙였다.

"나는 하나님의 에너지를 그들에게 준다——'하나인 존재'를 자기들 속에서 느끼게 될 때까지."

그의 마지막 장면으로 이동했다. 그는 아주 노쇠했고, 또다시 산꼭대기 위에 있었다.

"나는 이제 되돌아 가지 않을 생각이다. 이곳은 영혼이 육체와 작별하는 곳이다."

그의 인생에서 가장 훌륭했던 것은 무엇이었을까?

"남에게 봉사하는 일은 마음을 굳게 해주고, 또한 마음을 기쁘게 해주었다."

죽은 직후의 싯점에 이동하자 그는 이렇게 이야기했다.

"아무 곳에도 사람은 없다…… 오직 광대하고 공허한 공간만이 가득차 있을 뿐이다."

나는 그에게 물어보았다.

"또 다른 육체에 살게 된다면 어떤 인생을 보내고 싶습니까?"

그는 조용히 대답했다.

"이번에는 사람들과 함께 살고 싶다. 따뜻하게 마음을 접촉하고 싶다."

우리들은 양쪽 인생과 그 연결점을 바라다 볼 수 있는 산꼭대기로 장면을 바꾸었다.

"내가 사람들과 함께 있는게 보인다."

그는 나에게 이렇게 이야기했다.

"나는 마음이 서로 접촉하는 따뜻한 원조를 주고 있다. 그행위는 사람을 돕고, 내 자신에게도 도움이 되고 있다. 멋진 일이라고 생각한다……"

방 건너편에서 쟈닌은 조용히 울고 있었다. 돈이 최면상태에서 깨어나자, 그녀는 그의 두팔 안에 안겨 있었다.

"이제는 편안한 마음으로 아들을 용서해 줄 수 있을 것 같아요, 그리고 어머니두요……"

그녀의 등을 남편인 돈은 다정하게 두드렸다.

"얼마나 멋진 일인가?"

그는 정다운 목소리로 반복하는 것이었다.

## 나의 신념

내가 윤회전생(輪廻前生)에 대하여 이야기할 때는 언제나 사람들은 내가 어떤 관점에 서 있으며, 어떤 신념을 갖고 있는가를 당연히 알고 싶어하는 것이다.

나는 상당한 의심을 지닌채 이 분야(分野)에 발을 들여 놓았던 것이었다. 처음에는 제르다 사프리에게 퇴행최면을 걸었을 때도, 꿈과 아주 비슷한 재미있는 비유 정도로 밖에 생각하지 않았었다. 그러나 그뒤 몇년이 지나도 이때 겪은 일들이 마음에서 떠나지 않아, 결국 나도 이 문제를 좀 더 진지하게 받아들이 시작하게 되었던 것이다.

전생요법(前生療法)을 행하게 된 뒤로, 나의 일이 차차 마음속에 뿌리를 내린 확고한 신념에 근거를 둔 것이라는 사실을 실감하게 되었다. 그중 몇가지 예를 소개하여 볼까 한다.

1. 윤회전생의 개념을 받아들임으로써 인생에 하늘의 은총과 삶의 뜻을 알게 된다.

윤회전생이라는 개념에 의해 우리들은 죽음에 의해 없어지는 존재가 아님을 확신하게 될뿐만 아니라, 불운 또는 행운이 영원히 계속된다는 공포에서도 해방되는 것이다. 이 개념은 비가 나무에게 필요한 수분을 베풀어 주듯이, 인간이라고 하는 생물의 필요성을 채워주는 것이라고 생각되는 것이다. 분명히 자연은, 온갖 생물의 필요성을 충족시켜 주는 것이다.

따라서 이 땅 위에 살고 있는 생물들 가운데 가장 멋지고 정묘한 존재인 인간을, 자연이 저버릴 까닭은 없지 않겠는가.

2. 카르마(업장)는 윤회의 논리(論理)이다.

이번에 우리가 누리는 인생(人生)은 과거에 저지른 잘못을 바로잡는 기회이거나, 또는 보다 중요한 것은 무엇보다도 전생에서 못다한 일을 완성시키는 기회가 아닌가 한다. 나는 환자, 두 사람에게 다음과 같은 이야기를 통해 자살하려는 것을 막아준 일이 있다.

"자살을 해도 또 맨처음부터 다시 시작하게 될 뿐입니다. 이번 생애에서 자기가 안고 있는 문제를 분명히 해결해 버리고, 다음 인생에서는 출발을 유리한 것을 만들도록 하세요."

3. 잘못이나 실패에 마땅히 감사해야 한다.

잘못을 범하거나 실패의 경험은 카르마에서 볼때 무엇인가를 배울 좋은 기회이다. 후회를 하기 보다는, 잘못된 일을 자세히 검토하여 보다 좋은 방법을 모색해 끊임없이 탐구해야 할 것이다. 나는 환자에게——그리고 내 자신에게도——언제나 잘못을 두려워하지 않도록 일깨워 주곤 한다. 이번 생애에서 시정을 하지 못하더라도 또다시 기회가 있을 것이기 때문이다.

4. 성공에 대한 공포는 실패에 대한 공포보다 강하게 마련이다.

큰 부자가 되면 도적의 표적이 되고, 유명해지면 비평가와 경쟁상대로 부터 공격대상이 되는 것과 같이, 위로 올라가게 되면 그만큼 고생이 따르게 마련이다. 새로운 사고방식을 신봉하게 되면, 우리들은 미지(未知)의 영역에 발을 들여놓게 되는 것과 같다. 나는 환자에 대하여——또 내 자신에 대해서도——걱정 따위는 웃어넘기라고 말하곤 한다. 성공의 대가(代價)는 비쌀지 모르나, 그 가치는 더욱 높다고 생각되기 때문이다. 그것은 이번 생애에 행복을 가져다 줄 뿐만 아니라, 또한 나아가서 우리들을 보다 높은 위치로 끌어 올려주기 때문이다.

5. 상처를 입어도 계속 남을 사랑한다.

타인을 진심으로부터 깊이 사랑한다는 것은, 당신에게 행복을 가져다 줄 뿐만 아니라, 당신에게 상처를 줄 수 있는 힘을 상대편에게 맡기는 것도 된다. 그러나 사랑하는것 외에, 금생(今生)에서나, 다른 인생에 있어서나, 당신의 신념이 옳다는 것을 확인할 수 있는 이 이상의 훌륭한 방법은 없다고 생각된다.

윤회전생의 문제에서 결론이 나올 수 없다는 것은 이해할 수 있는데——결론이 나온다면 현재의 우리들 생각은 치졸하고 단순한 것으로 취급될 것이다. 나는 다음과 같이 믿고 있다.

나는 이 육체에 깃들이기 훨씬 전부터 존재해 왔으며, 육체를 떠난 뒤에도 오래 존재할 것이 분명하다고.

# 제 2 장
# 나치스에게 학살당한 영혼들은
# 어디로 갔는가?

한 사람의 랍비[유대(Judea)교의 율법사 존칭]의 앞
에, 전세(前世)에서 대학살에 의하여 살해당했다고 믿
어지는 사람들이 차례로 나타난다. 그들의 대부분은 어
찌된 셈인지, 베비붐 세대에 집중되어 있었다. 나치스
에 의해 학살된 수많은 영혼의 행방은 어디일까?

> Yonassan Gershom : *Are Holocaust Victims Return-ing?*(*Venture Inward* Vol.3, No.6, 1987)
> 필자인 랍비(유대교 율법사) 요나산 게루슘은 미국 미네소타주에서 유대교의 전통적 의식(儀式)과 뉴우 에이지 의식(意識) 등을 가르치고 있는 영적인 지도 자의 한사람이다.

## 눈 내리는 밤의 방문객

카바라[구전(口傳)에 의해 몰래 전해진 유대(Judea)교의 밀교적인 성경 해석]나 유대 신비주의에 대하여 강연하는 장소에서 그녀의 모습은 여러 번 본 일이 있었다.

이 금발의 젊디젊은 노르웨이 여성이 그토록 심각하게 유대교의 신비주의에 도취되어 있다고는 그 당시의 나로서는 매우 뜻밖이었다. 그녀의 흥미가 얼마만큼 심각했었는지 내가 그 깊이를 알 까닭이 없었기 때문이다.

그 눈 내리던 날 밤, 우리 집에서 열기로 했던 토론회는 이미 취소했던 터였다.

그런데 그녀는 중지되었다는 연락을 받지 못했으므로 악천후를 무릅쓰고 우리 집을 찾아왔던 것이다.

"참 딱하게 되었네요. 모처럼 어려운 길을 오셨는데 추운 곳에 서 계시지 말고 들어오셔서 따뜻한 커피라도 들고 가세요."

하고 나는 말했다.

그녀는 내 제안을 받아 주었다. 커피를 든 뒤에, 분명 카바라에 대한 질문을 할 것으로 생각한 나는, 무엇인가 이야기하고 싶은게 있느냐고 물었다. 그런데 그녀가 이야기하고 싶어한 것은 카바라가 아니라, 나치스의 유대인 학살에 관한 이야기였다.

그녀는 어렸을 때 부터 대학살의 이야기를 듣게 되면 까닭 모를 공포에 사로잡히곤 한다는 이야기였다. 현재 그녀의 언니가 강제수용소에 대한 연구논문을 쓰고 있어서 자료정리 하는 것을 도와달라고 부탁을 받았는데도 그녀는 그 일에 손댈 엄두도 나지 않는다는 이야기였다.

그렇게 말하는 그녀의 깊은 청색 눈동자에는 공포의 빛이 깃들어 있었다. 그때, 갑자기 나는 내 자신의 의식이 이상하게 변한 상태에 빠졌음을 느꼈다.

그녀의 아름다운 얼굴에 바싹 여윈 다른 얼굴들이 겹쳐 보이고, 오랜 하시디즘[카바라를 믿는 유대교의 일파 – 역자 주]의 곡을 노래하는 음악이 내 귓가에 들려 왔다. 그러나 그녀는 나에게 어떤 일이 일어났는지 전혀 모르고 있는 눈치였다.

"잠깐 시험해 볼게 있는데…… 어떤 곡을 노래할터이니, 전에 들어본 일이 있거든 그렇다고 해주세요."

내가 방금 전에 환청(幻聽)으로 들은 노래를 콧노래로 흥얼거리기 시작하자, 그녀는 무서운듯이 두 눈을 크게 떴다. 그리고는 그 자리에 쓰러져 울음을 터뜨리면서, 저는 유대인들 대학살때 죽었어요, 하고 흐느끼면서 울부짖었다. 그 곡의 이름은 〈아니 · 마아민〉(나는 믿노라)이었고 몇천명의 유대인들이 가스실로 끌려 들어가면서 흥얼거린 유대교의 찬송가였다. 그녀는 이번 생애에서 이 노래를 들어본 일은 한 번도 없었던 것이었다.

이것은 지금으로 부터 5년 전에 있었던 일이었다.

그뒤, 나는 자기 자신이 대학살 때 죽었다고 믿고 있는 사람들을 백명 이상[1990년 7월 현재, 이 수효는 300명 가깝다 — 원저자 주] 만나본바 있다. 그리고 또한 그렇게 믿는 사람들이 매일같이 나를 찾아왔던 것이다.

이런 현상은 도대체 왜 일어나는 것일까?

대학살은 이미 인류 고통의 보편적인 원형(元型 : 인간의 정신속에 선조로 부터 인수받아 남아있는 무의식적 관념 — 역자 주)이 되어버린 것일까? 그뿐 아니라 이들 사람들은 참으로 그 희생자들의 전생(轉生)인가?

이 현상을 자주 보고 느끼면서도 나는 이런 사실들을 입밖에 내지는 않았다. 교사로서의 신용을 상실하는게 두려웠기 때문이다.

나치스에 의한 대학살은 유대인 사회에서는 미묘한 문제여서, 그와 같은 커다란 비극을 가볍게 취급해 사람들로 부터 비난받기는 싫었기 때문이다.

그래서 그로부터 3년 동안, 공개적인 장소에서는 이 문제에 대해 별로 이야기하지 않았지만, 작은 단체의 토론에서는 대학살 된 사람들의 재생(再生) 가능성을 내 자신이 받아들이고 있음을 은근이 암시하곤 했었다. 한 사람, 또 한 사람씩 면회를 요구하는 전화가 걸려 왔고, 모두 조심스럽게 전화로 탐색한 뒤 얼마후 한참만에 사실은 자기도 나치스의 대학살에서 죽었다는 사실을 믿고 있노라고 털어놓는 것이었다.

거의 전부는 나에게 처음으로 고백한다는 사람들 뿐이었다. 초상현상(超常現象)에 관심을 갖고 있는 유대교의 지도자로 알려져 있는 나였기 때문에, 아마 이야기를 털어놓아도 괜찮겠지 하고 생각한듯 싶었다.

소문이 확대됨에 따라 제3자를 통해 확인해 오는 사람들도 나타났다.

그래서 신뢰할 수 있는 소식통——의뢰인 이외에도 나의 의견을 물어오는 목사나 심리요법가들도 많다——으로 부터 간접적으로 들은 이야기도 수집하게 되었다.

요즘에 와서 나는, 이 현상에 대하여 남의 이목을 가리지 않고 공개적으로 이야기하게 되었고, 강연을 들으러 오는 사람들에게 손을 들어보라고 요구하는 경우도 있다. 언제나 반드시 한 두 사람은 손을 들게 마련이고, 때로는 강연이 끝난 뒤에 자기의 체험담을 이야기해 주는 경우도 있는 것이다.

그들이 하는 이야기는 어느 것이나 놀랄만큼 비슷했다. 이 자료는 과학적인 연구가 아님을 밝혀두지만, 여기에서 몇개의 흥미 깊은 패턴(유형)이 떠오른다. 여기에서 그 이야기를 소개하여 그들의 체험을 다른 사람들도 함께 나누는데 하나의 작은 도움이 되었으면 하고 바라는 바이다.

## 되돌아 온 영혼과 베이비 붐 세대

나치스에 의한 유대인 대학살과 관련된 전생의 기억을 지닌 사람들[그 사례 중, 최초는 독일이 폴란드를 침공하여 유대인을 학살한 1939년 9월이고, 최후의 것은 1970년대의 중기(中期), 대다수는 10대 이전에 죽었으며, 그들이 미숙한 상태에서 요절했기에 그 인생을 완결시키기 위해 되돌아 온 것으로 이해된다-원저자 주]은 거의 전부가 1946년에서 1953년 사이에 태어난 사람들 뿐이므로 현재 30대 중반에서 40대에 속하는 사람들임을 알 수 있다. 말할것도 없이 이는 베이비 붐 세대들인데, 뒤에 1960년대가 되어 공민권운동(公民權運動)[인종차별 철폐를 위한 운동, 이 운동 결과 1964년에 민권법(民權法)이 성립

됐다 - 역자 주]에서 활약했고, 평화운동(平和運動)을 처음으로 시작한 것도 바로 이 세대였다. 이들 수백만명의 영혼들은 자기들이 체험한 끔찍스러운 참사가 또다시 되풀이 되는 일이 없게 하기 위해 될 수 있는대로 빨리 다시 태어나게 된 것이라고 생각할 수 있다.

놀라운 일로, 내가 만난 대학살에 대한 전생의 기억을 간직한 사람들 그 대부분은 유대인이 아니었다는 사실이다. 어떤 형태의 심령적인 영향을 받은 사람들이, 그 내용을 나에게 일깨워 주곤 했는데, 그 가운데는 자기 자신이 전생에서 신앙심이 두터운 유대인이었다고 믿고 있는 사람들은 거의 없었다. 오히려 대다수의 사람들에게 있어서 유대교는 어쩌다 알게 된 것에 불과했고, 일상적인 생활의 중심에 자리잡고 있지 않아 모두가 유대인의 핵심 세계와는 거리가 먼것으로 생각되었다.

만일 이것이 사실이라면, 나치스에 의해 유대인임을 공인시켜 주는 노란 별 표시가 강제로 부착되고 온갖 괴로움과 굴욕을 경험한 뒤, 학살된 것이 그들에게 있어서는 처음 유대인으로서의 체험이었음은 상상하기가 어렵지 않다. 유대교에 관련된 즐겁고 멋진 제사와 휴일, 기도와 의식 등을 옛날에 체험한 일이 없다면, 이와같은 영혼들에게 '유대인이라는 것'은 고통 받는다는 말과 같은 뜻으로 잘못 결론지워지는 것이 될 것이다.

그러기에 이번 생애에서는 유대인이 아닌 다른 민족에 속하는 육체를 선택하여 다시 태어나게 된것이 아닌가 생각된다.

이런 추리를 뒷받침해 주는 기묘한 사실은 이밖에도 있다. 이런 사람들 가운데 3분의 2가 금발에 푸른 눈동자 또는 엷은 갈색 눈동자의 주인공들이다. 처음에 나는 이것은 미네소타주에 북구계(北歐系) 사람들이 많기 때문이라고 생각했었는데, 전국을 돌아다녀 본 결과 다른 모집단(母集團)[조사대상이 되는 샘플을 끄집어 낼때 본래의 집단 – 역자 주]에서도 같은 현상을 볼수 있었다. 많은 사람들은 이와같은 머리 색과 눈동자 색을 갖고 있는 것은 자기 가족 중에서 자기 뿐이라고 이야기하고 있다. 나머지 친족들은 머리 색도 눈동자도 검은 편이었다.

유전학적으로 볼 때, 금발도 푸른 눈동자도 열성형질(劣性形質)인데, 몇 대(代)를 건느지 않으면 잘 나타나지 않기 때문에 대학살에서 죽었다고 믿는 사람들 사이에서 이렇게 많이 찾아볼 수 있음은 이상한 일이 아닐수 없다.

주지하는바와 같이, 나치스는 금발벽안(金髮碧眼)의 '아리아인'을 가장 이상적(理想的)으로 생각하는 인종적 우월(優越)의 의사이론(擬似理論)을 높이 평가하고 있었다.

유럽에 살던 유대인의 대다수도(많은 비(非)유대인도 마찬가지지만) 검은 눈동자와 검은색 머리를 가지고 있는데, 이것은 자기네들을 박해(迫害)한 사람들과 같이, 아리아인과 비슷한 용모를 갖고 태어나는 것을 죽은 영혼들이 간절히 소망한 결과라고도 상상할수 있다. 만일 이런 생각이 마음 속에 깊이 박혀 있었다면, 이 이상 박해받지 않아도 된다고 믿은 영혼이 금발의 육체에 집착한 것도 충분히 수긍되는 이야기이다.

물론, 이것은 금생(今生)에서 나타난 심리현상일 수도 있다고 생각된다. 아마도 금발인 사람들 가운데는 대학살에 관한 책을 읽고 죄악감을 느끼는 이들도 있을 것이다. 만일 자기가 나치스 시대의 독일에 태어났었더라면 박해자 쪽에 섰을 것이라고 생각할 수도 있을 것이고, 이런 생각때문에 두려워한 나머지 자기 자신을 유대인 희생자들과 동일시(同一視)하고 싶어져서, 결과적으로 자기들도 수용소에서 죽었다고 믿게 된다는 이야기이다.

틀림없이 이런 경우는 존재한다.

따라서 나를 찾아오는 금발의 사람들이 모두가 실제로 학살된 유대인의 재생(再生)이라고 볼수는 없다고 생각한다. 그러나 그들이 이와같이 믿고 있다는 사실 자체가 흥미 깊은 일인 것이다.

## 비바리의 경우

대학살에 대한 전생 기억을 갖고 있다고 믿어지는 유대인의 대부분은 미국 사회에 동화(同化)된 가정에 태어난 사람들이고, 그중에는 유대인이 아닌 것으로 행세하고 있는 사람들도 있었다. 내가 어느 사회복지 사업소에서 처음으로 만나게 된 미혼모(未婚母)인 비바리의 경우를 예로 들어볼까 한다.

그녀는 아버지가 비(非)유대인이고, 어머니는 유대인이었으나 그것을 비밀에 붙여두었다. 비바리는 어른이 되기까지 자기 자신이 유대인의 피를 이어 받았다는 사실을 몰랐고, 따라서 유대인의 습관이나 신앙에 대한 소양도 갖추고 있지 않았다. 그녀가 유대교의 제사인 하누카제(祭)의 촛불에 불을 붙인 것도 우리 집에서 처음이었다.

그런 일이 있은 뒤, 비바리는 우리 집에서 행하는 유대교의 의식에 몇 번 찾아와서 우리들과 친해졌다. 그녀는 사실상의 문맹이나 다름없었다. 즉 그녀는 그때까지 대학살이나 윤회전생에 대한 책을 읽은 일이 없었던 것이었다.

그럼에도 불구하고, 비바리는 어린 시절 똑같은 내용의 악몽(惡夢)을 반복적으로 꾸었다. 꿈 속에서 그녀는 여덟살 쯤 된 소년으로서 행렬 가운데 어머니와 함께 서 있었고, 이윽고 한 사나이가 앉아 있는 책상 앞까지 왔다.

사나이는 어떤 사람에게는 오른 쪽으로, 어떤 사람에게는 왼쪽으로 가도록 명령하고 있었고, 지시를 받은 소년과 어머니는 문을 통과했다.

장면은 바뀌어서, 두사람은 악취가 풍기는 무서운 곳에 있었다. 그곳에서는 사나이들이 사람을 산채로 불길 속에 집어던지고 있었고, 소년은 불길 속으로 던져졌다. 그는 불을 끄려고 손으로 몸을 때리면서 죽어 갔다.

비바리가 이 꿈의 이야기를 하고 있는 동안, 방안에는 고기가 타는 냄새가 가득 찼다. 바깥에서는 바비큐를 하고 있지도 않았고, 부엌에서 무엇을 태우고 있지도 않았다.

꿈 이야기는 계속되었다. 어린 소년과 어머니는 또다시 긴 행렬 속에 서 있었다. 앞 쪽 높은 곳에는 아름다운 문이 서 있었고, 그곳은 천국이었다. 사나이들은 모두 모자를 쓰고 있었고, 천국에 들어가는데 어째서 모자를 벗지 않는 것일까 하고 이상하게 생각했던 것을 비바리는 기억하고 있었다.

소년은 기다리는데 지쳐서 아래 쪽으로 내려갔다. 그곳에서 그는 '남자 천사'를 만났고, '이렇게 먼 곳까지 내려왔으니까 너는 땅 위로 돌아가지 않으면 안된다'는 이야기를 들었다.

그는 혼자 가는게 싫어서 어머니를 계속 찾았으나, 천사는 또다른 어머니를 찾아주겠노라고 했다. 소년은 그때부터 빛을 보게 됐고, 선을 따라 가서 여자의 자궁 속으로 들어갔다.

그리하여 그는 '비바리'로서 태어나게 되었던 것이다.

이 꿈은 사실이라고 나는 생각했다.

대학살의 꿈이면서도 흔한 패턴과는 달랐다. 비바리는 가스실(室)이나 굶주림에 대하여 이야기하고 있지 않았다. 대학살의 초기에는, 유대교 교회안에 집합시킨 다음, 건물에 자물쇠를 잠근 뒤 방화했으므로 산채로 타죽은 유대인들이 많았다.

가솔린에 타죽은 유대인을 보았다는 목격담도 있다. 그러나 이런 일들은 보통 학살에서 연상되는 이미지는 아니며, 수용소의 '원형적(元型的)'인 꿈에 나타나는 일은 아마 없을 것이다.

하지만, 나에게 있어서 가장 이해할 수 있었던 것은 비바리의 꿈 속에 나오는 사나이들이 모두 모자를 쓰고 있다는 이야기였다.

유대교를 믿는 남자들이 쓰는 야물카라는 모자도 아니고, 차양이 없는 모자가 아닌, 차양이 달린 모자——이것이야말로 하시디즘을 신봉하는 몇백만명의 동유럽에 살던 유대인들이 하나님 앞에 나갈 때, 쓰고 싶다고 생각하는 모자였다.

그러나 어린애였던 비바리가 어째서 이와같은 천국의 이미지를 생각해 내었던 것일까? 더구나 자기 자신이 유대인이라는 것도 몰랐고, 유대인과 접촉한 일도 없는데……. 이 모자는 그녀가 어렸을 때부터 간직하고 있던 유일하게 '선천적으로 지닌' 유대인의 이미지가 될 수도 없는 것이다.

어린 시절, 비바리는 즐겨 빵에 소금을 바르곤 했는데, 이것은 다른 사람들에게는 일반적으로 알려져 있지 않은 유대교의 안식일(安息日) 습관이었다. 그리고 집에서 놀때, 그녀는 흔히 '뱀처럼' 끈을 팔에 감고 있었다——이것은 기도를 올릴 때 유대인 남자들이 팔에 감는 타피린이라고 부르는 끈에 대한 기억에서 비롯된 것이 아니었을까 생각된다.

비바리의 기억은 남다르게 뚜렷했는데, 이와 같은 기억의 단편을 지닌 사람은 그밖에도 얼마든지 있다.

일반적인 것은 공포증인데, 이를테면 농가에서 자란 소녀가 철조망에 대해 까닭없이 공포심을 느낀다거나, 경찰관이나 그 제복에 대하여 공포를 느끼는 사람들도 있다. 그밖에 천식을 비롯하여 육체적인 증상을 나타내는 경우도 있다. 다음에 소개하는 두개의 경우는 유대교의 의식(儀式)과 접촉한 것이 동기가 되어 실제로 천식의 발작이 일어난 경우이다 ── 마치 유대인이기에 가스실에서 숨을 거두게 된 결과가 된 것처럼 말이다.

## 다시 되찾은 기억

프리이다는 유대교로 개종하기 위해 독일에서 찾아왔다. 대학살 이후, 독일의 유대교 지도자인 랍비(rabbi : 율법사의 존칭)는 개종식(改宗式)을 집행하지 않게 되었기 때문이었다. 개종식은 금요일 오후에 행해졌는데 그로부터 잠시 뒤에 그녀는 기분이 나빠졌다. 토요일 밤, 안식일(安息日)을 끝내는 의식인 하브다라 의식에 참석하는 동안에 그녀는 아주 심한 천식의 발작을 일으켜 입원했다.

발작을 일으킨 원인은 하브다라의 의식에 쓰여진 향(香)에 대한 알레르기 반응이라는 진단이었다. 프리이다는 퇴원한 뒤에 곧 독일로 돌아갔다.

몇달이 지난 뒤, 그녀는 어째서 의사의 진단을 받아들이지 않았는가 하는 까닭을 설명한 카세트 테이프를 나에게 보내

왔다.

천식발작의 동기가 된 것은, 그녀의 기분이 나빠지기 시작했을때 묵고 있던 집의 부인이 갖다 준 '강제 수용소의 담요'였다고 그녀는 믿고 있었다. (그것이 진짜로 대학살 때 쓰여진 담요였었는지, 그렇게 보였던 것 뿐인지 나는 모른다) 그 토요일 밤, 병원에 입원한 그녀는 10대의 소년인 자기가 대학살을 체험하는 꿈을 꾸었다.

"집에는 돌아갈 수 없다, 절대로 너는 돌아가지 못한다"

라는 말이 머리속에 계속 들려왔고, 이런 현상은 다음 날까지 줄곧 계속되었다.

비행장에 도착할 때까지 이 말이 계속 들렸지만, 하나님이 지켜보시고 이끌어 주신다고 믿고 있던 그녀는 이런 신념 덕택에 간신히 집에까지 돌아갈 수 있었다는 이야기였다. (독일로 돌아온 뒤 그녀를 돌봐준 의사가 나중에 그녀에게 이야기한바에 의하면, 그녀는 사실상 죽음의 일보 직전까지 갔었다는 이야기였다.)

유대교에의 개종을 생각하고 있었던 대학생인 난시는 처음으로 유대교 교회의 예배에 참가했다. 예배는 헤브라이어로 진행됐는데, 모든 일들이 전에 경험한 적이 있는 것처럼 이상하리만큼 친숙하게 느껴졌다는 것이다.

신도들이 '샤마'의 기도를 하기 시작하자, 숨이 가쁜 속에서 그녀는 '아도나이 에차트'(주님은 유일한 분)의 기도를 처음부터 몇번이고 반복적으로 올렸다.

사람들의 부축을 받아 방에서 나온 지 30분 뒤에야 간신히 기침은 멈추어졌다.

"정말 무서운 악몽이었어요."

그녀는 헐떡거리면서 가스실에서 죽어가던 환상을 보았노

라고 이야기했다.

헤브라이어를 모르는 그녀가 헤브라이말로 기도를 되풀이했다는 사실은 정말 놀랄만한 일이 아닐 수 없다. 하지만, 같은 말이 죽음을 맞이하는 자리에서도 이용되고, 틀림없이 수백만명의 유대인들이 숨을 거둘때도 숨을 가쁘게 몰아쉬면서 이 말을 외웠을게 틀림없다는 사실을 어떻게 그녀가 알수 있었을까?

이 두개의 이야기는 《에드가 케이시의 전생론(轉生論)》(노엘 랑그레이 지음)에 나오는 파트리샤 훼리아의 경우와 아주 비슷하다. 파트리샤는 에드가 케이시가 행한 영사(靈査)에서 전생(前生)을 버지니아주의 푸레데릭스 파아크 근처에서 살았고 그때의 기록이 아직도 남아 있다고 한 것이었다. 그래서 그녀는 증거를 찾을 수 있을지도 모른다고 생각하여 누이동생인 에미리를 데리고 그곳에 가 보았다. 이때, 두 사람은 작은 시골의 호텔에 묵었다. 에미리는 한 밤중에 파트리샤가 가쁘게 숨을 몰아쉬는 소리 때문에 잠을 깨었다. 파트리샤는 깊은 혼수상태에 빠져 있었고, 의사가 달려와서 조치를 취했을 때는 죽기 일보 직전의 상태였다.

그뒤 케이시에게서 받은 영사에서 파트리샤는 전생에서 지하에 있는 야채 창고에서 일하고 있을 때, 머리 위 천정이 무너져 내려 진흙과 야채더미 속에 파묻혀 질식사했음이 밝혀졌다.

현재의 호텔도 같은 대지 안에 있었고, 또는 기억을 불러일으키기에 충분한 아주 가까운 거리에 있었기 때문에, 그녀에게 전생에서의 고통스런 죽음을 다시 경험할 수 있는 원인이 되었던 것이다.

자기 자신이 대학살의 희생자로서 다시 태어난 사람이라

고 믿고 있는 사람들 가운데는, 이번 생애에서 그 현장을 방문한 사람도 있다.

미국의 교환학생으로서 독일에서 살았던 쥬디도 그런 사람들 가운데 한명이었다. 그녀는 독일에서 살고 있는 동안에 강제수용소 자리를 견학하는 여행에 참가했다. 그녀의 말에 의하면, 마치 동시에 두개의 인생을 살고 있는것 같은 느낌이 들었다고 한다. 하나에서 열까지 모든 장면이 놀랄 정도로 기억이 생생했고 가이드가 설명하기도 전에, 모든 건물이 어디에 있고 어떤 용도에 쓰여졌던 것인지 모두 저절로 알 수가 있었다는 이야기였다. 그녀가 죽었을 때 현장이었던 건물은 퍽 오래 전에 헐려져 없었으나, 그녀는 그 건물이 서 있었던 위치를 정확하게 알고 있었고, 또한 자기가 죽는 장면을 생생하게 보았던 것이다.

잘 개인 날이고 도로에는 자갈이 깔려 있었음에도 불구하고 여행하는 동안, 내내 쥬디는 진흙 길을 걷는 것과 같은 느낌을 떨쳐버릴 수가 없었다고 한다. 한편, 1940년대에는 자갈은 깔려 있지 않았고 어디까지나 진흙탕 길이었다고 했다.

견학을 끝내고 돌아온 쥬디가 구두를 벗었더니, 구두바닥은 아무렇지도 않았는데 어찌된 셈인지, 발과 양말은 진흙 투성이였다는 것이었다. 땀이 나서 그랬던 것인가? 아니면 그녀가 정말 전생에 겪었던 일들을 다시 한번 견학한 때문이었을까, 정말 이상한 일이 아닐수 없었다는 것이다.

### 유대인의 카르마란 무엇일까?

이와같은 이야기는 흥미진진한 것인데, 도대체 무엇을 뜻하는 것일까? 내가 믿고 있는 것과 같이 대학살의 희생자나 순교자(殉敎者)가 또다시 우리들 주위에 다시 태어난게 사실이라면 어떤 업장(카르마)이 있기 때문이며, 개인과 집단이라는 수준에서, 마음의 상처를 어떻게 하면 치유할 수 있을 것인가?

이야기를 더 진행시키기 전에 우선, 유대인의 집단으로서의 업장에 대해 꼭 알아야 될것이 있다.

구약 성경의 〈신명기(申命記)〉 제5장 2~3절에는 다음과 같이 기록되어 있다.

"우리 하나님 여호와께서 호렙산[시나이 : 모세가 율법의 기본이 되는 십계(十戒)를 받은 산-주]에서 우리와 언약을 세우셨나니, 이 언약은 여화와께서 우리 열조(列祖)와 세우신 것이 아니요, 오늘날 여기 살아있는 우리 곧 우리와 세우신 것이라"

이 글 다음에 십계명의 문장이 반복적으로 기술되어 있다. 그러나 이 말씀이 있었을 당시, 시나이에서 하나님의 계시를 받은 실제의 증인들 가운데 세사람을 빼놓고는 모두가 광야에서 죽었던 것이다.

그렇다면 어찌하여 '살아 있는 우리들과' 계약을 맺을 수가 있었던 것일까?

합리주의적인 사고방식을 갖고 있는 유대인은 이 글을 해석하기를, 언약에는 이제부터 태어나는 모든 유대인들이 포함되어 있다고 생각한다. 분명히 이것도 이치에 맞는 이야기지만, 유대 신비주의자들 사이에서 이 구절은 거듭 태어나는 것을 뜻하고 있다고 해석되고 있다.

현재 육체를 갖고 태어나는 사람들 뿐만 아니라, 과거에 존재했던 사람들도, 장차 태어나기로 되어 있는 유대인들 모두의 영혼도 **빠**짐없이 그곳에 있었다는 것이다.

또한 시나이에는 유대인계가 아닌 '인종이나 종교가 틀리는 많은 사람들'이 있었고, 그중에는 다른 백성들과 마찬가지로 언약을 받아들인 사람들도 있었다. 또한 시나이에 있었다면 당연히 이 계약을 받아들였을게 분명하고 다른 나라에 있던 하나 하나의 유대인도 마찬가지라고 보아야 된다. 이 사람들의 영혼도 언젠가는 유대교에 귀의될 것으로 여겨지고 있기 때문이다.

이 가르침에 의하면 시나이에 있었던 사람들은 모두가 언약에 의하여 결속되고 '제사(祭司)나 성직자로서의 의무를 다할 국민'으로서 하나님께 봉사하게 되어 있었다.

이것은 다른 민족과 특별히 구별되어 있지 않다는 뜻은 아니다. 나 개인적으로 '우리들의 하나님'은 많은 언약을 맺으셨고, 하나님의 말씀을 전하는 많은 사람들을 지구 위의 모든 민족들에게 파견하신 것이라고 생각한다.

케이시도 공통된 업장(카르마)에 의하여 연결된 민족 집단에 대해 이야기하고 있다.

이 영원한 언약은, 3000년 이상에 걸쳐 유대인들을 일치단결시켜 온 굴레(속박)이다.

오늘날까지 우리들은 '하나님이 유일한 존재'라는 증인이 되는데 찬성했기 때문에 진리를 위하여 살았고, 또한 죽어갔다.

한 사람, 한 사람은 한번이나 그 이상, 다른 문화권에 다시 태어나서 인생을 보낼지 모르지만, 부족으로서 유대인의 영혼인 것은 변함이 없으며, '무리를 떠난' 영혼이 '아마도 책임을 지는데서 잠시 휴가를 얻은 다음' 장차 다시 태어날 때, 되돌아 오는 일은 흔히 있다.

제2장 어디로 갔는가?  63

이런 이야기를 들으면, 기독교도들은 흔히 카르마의 집단으로 되돌아 오기 위해서 이제부터 유대교로 개종해야 마땅한가요? 하는 질문을 하곤 한다. 나는 언제나 그럴 필요가 없고, 지금 믿고 있는 종교를 통해 하나님을 찾아낼 수가 있으니까 라고 대답하곤 한다. 그러나 아마도, 그들은 장차 다시 태어나게 되었을 때, 또다시 유대 사람들과 연결을 갖게 될 것이다.

그리하여 아름다운 노래와 기도, 이야기, 춤, 습관 등을 지닌 유대교의 즐거운 측면을 탐구하기 위해 시간을 보내고, 대학살의 괴로웠던 기억을 묻어버리고, 치욕감을 건전한 자기 자존심으로 바꿀것이 분명하다고 나는 믿는다.

그러나, 현재 유대인이든 아니든 관계없이 대학살의 업장은 우리들 모두에게 영향을 끼친게 사실이다. 대학살이 왜 일어난 것일까요? 라는 질문을 흔히 받곤 하는데,이것은 간단하게 대답할 수 없는 문제라고 생각한다. 그 사건이 일어난 지 아직 오랜 세월이 지나지 않았으므로 우리들에게는 그 의미가 완전히 납득되지 못했기 때문이다. 그렇지만, 깊은 상처를 고쳤거나 그 체험에서 마음에 큰 상처를 입은 사람들——이 세상에 다시 태어나게 된 사람들과 '저승'에 있는 사람들 모두——을 돕는 일에 착수하는 것은 가능하다.

사람들이 이와같은 기억을 나에게 이야기해 줄때, 나는 언제나 수용소에서 죽어간 유대인들은 '벌을 받은 것'이 아니라고 확신을 갖고 말한다. 이것은 매우 중요한 점이라고 생각한다.

어떤 기독교의 일파에서는 몇백년에 걸쳐 유대인들이 겪어온 고통은(아마도) 예수를 죽였기 때문이다, 라고 믿고 있다. 이 잘못된 규탄은 예언과 같이 이번에는 기독교 교회에

의해 유대인의 박해를 정당화 시키는데 이용되게 되는 것이
다.

예수의 생존 시대에 일부 유대인들이 예수의 죽음에 관여
했음은 확실하다. 팔레스티나는 로마의 지배아래 있었고, 다
른 피점령국에 있어서와 마찬가지로 정복자에게 협력한 배
반자들이 있었다. 그러나 사랑과 비폭력을 가르친 예수가,
많은 어린이들을 포함한 죄없는 사람들을 학살함으로써 복
수할 생각이었다고는 여겨지지 않는다. 또한 하나님께서 그
와같은 일을 명령했다고도 생각되지 않는다. 그런데도 하나
님에게 비난을 퍼붓는 것은 완전한 모독이라고 생각된다.

유대의 구전(口傳)에서, 홍해(紅海)에 빠져죽은 애굽 전
차(戰車)의 기사들도 또한 하나님이 만드신 인간이기 때문
에 하나님은 그들을 위해 눈물을 흘리셨다고 가르치고 있다.

만일, 하나님께서 노예를 혹독하게 부리는 애굽인 감독을
위하여 눈물을 흘리셨다면, 다만 유대인이라는 것 외의 아무
런 '죄'도 없는 선량한 노인과 젊은 남녀들을 위해 깊이 슬퍼
하셨을게 틀림없다.

## 히틀러와 '아말렉'의 혈통

하시디즘을 신봉(信奉)하는 유대인들 사이에서, 히틀러는
유대인들을 괴롭혔던 아말렉이 다시 태어난 것으로 믿어지
고 있다.

아말렉은 사악(邪惡)한 '에서'[뒤에 이야기하는 아브라함의
손자-역자 주]의 아들이었던 엘리바스의 자식으로서 에서의
손자에 해당되는 인물을 말함이다.(〈창세기〉36장 10~16절
참조). 아말렉의 자손은 '르비딤'(시나이 반도의 남부-역자

주)에 와서 이스라엘과 싸웠으나(〈출애굽기〉 17장 8절) 여호수아(모세의 후계자—역자 주)에게 패전 당했다.

유대의 전설에서는 성경에 '와서 싸웠다'라고만 적혀 있기 때문에 공격은 도발없이 시작되었다고만 가르치고 있다. 그뿐만 아니라 아말렉의 자손도 애굽 탈출의 전선에서 여호수아의 군대와 정면으로 교전하지 않고 낙오된 여성과 아이들과 노인들이 있는 후방을 습격했다.

이리하여 아말렉은 약하고 무방비한 사람들을 노리는 존재로써 성경에서의 원형이 되었다.

사울왕[유대 초대의 왕—역자 주]도 아말렉인들과 싸웠고, 나중에 예언자 사무엘에 의해 사형(死刑)에 처해진 아각 왕(王)[그도 또한 아말렉의 재생(再生)이었다고 믿어지고 있다]을 남겨 놓고, 적군을 전멸 시켰다. (사무엘 상 : 14~15장). 그러나 아각왕에게는 자손이 있었던듯, 뒤에 기록된 〈에스더〉에서 사악한 하만은 〈아각인〉이었다고 쓰여져 있다(그도 또한 아말렉의 재생으로 생각되고 있다).

하만은 페르시아왕 아하수에로[역사상, 크셀크 세스 1세(世)로서 알려져 있다.—역자 주]를 속여 유대인들을 말살하려고 했으나, 덕이 높은 모르드개를 사형시키기 위해 스스로 만든 교수대에서 일생을 끝냈던 것이었다.

이런 내용으로 볼 때, 성경에 쓰여진 아말렉의 자손들은 몇대에 걸쳐서(또는 몇 번씩이고 거듭 태어나서) 유대인들을 공격하고, 멸종시키려고 애썼음을 알수 있다. 〈출애굽기〉 17장 16절에 〈주님은 대대로 아말렉과 싸우리라〉고 적혀 있다. 이것은 하나님은 박해하는 쪽이 아니라, 박해받는 편에서 있으며, 우리들이 항상 미망인이나 고아와 외로운 사람들——즉, 가장 힘없고 학대받는 사람들——의 주의 주장을 지켜주지 않으면 안된다는 것을 뜻하고 있다고 나는 해석한다.

히틀러가 글자 그대로 아말렉의 재생(再生) 인물이었는지 아닌지는 별도로 하고, 사실상 그는 이 땅 위에서 유대인들을 말살하기 위하여 배반행위를 한 것은 사실이다.

물론, 유대인 말고도 대학살에서 살해된 사람들은 있지만, 그렇다고 해서 나치스의 유대인 증오는 가볍게 보아 넘길 문제는 아니라고 생각한다. 집시나 동성애자(同姓愛者), 사회주의자(社會主義者), 여호와의 증인(證人) 등 다른 집단도 유대인들과 어떤 관계가 있다고 히틀러는 생각했기 때문에 나치스의 '유대인 대학살 계획' 대상에 포함되어 있었다.

그들은 바로 '유사(擬似) 유대인'이었기 때문에 학살당했던 것이었다.[내가 만난 사람들 가운데는 자기의 전생에서의 종교가 확실치 않았던 사람들의 사례 외에, 자기가 강제수용소에서 죽은 기독교도 내지는 집시였었다고 믿고 있는 사람들도 약간 포함되어 있다. ─원저자 주]

## 세계의 가나리아 ── 독재자 출현의 전조(前兆)

그러나 어째서 유대인들이 맨 먼저 공격의 대상이 되었던 것일까? 아마도 그것은 '유일한 하나님'의 계율적인 증인이고, 그때문에 히틀러를 비롯한 신의 계율에 반대하는 모든 인간들의 증오를 받았던 것이라고 생각된다. 고금동서(古今東西)의 역사를 통해, 유대인에 대한 박해는 독재자가 나타나는 전조(前兆)였다.

다음의 경우를 생각해 주기 바란다.

탄광 안에는 흔히 전혀 냄새가 나지 않는 천연가스가 존재하게 마련인데, 근대 기술의 개발 이전에는 탄광부들은 공기의 안정성을 판별하기 위하여 새장에 넣은 가나리아를 데리고 광구 속에 들어가곤 했었다고 한다. 새가 살아 있는 동안은 마음을 놓아도 되지만, 새가 죽으면 숨이 막히거나 폭발이 일어날지도 모르기 때문에 탈출하지 않으면 안되었다.

이와같이, 유대인들은 많은 나라에 있어서의 상처받기 쉬운 이방인(異邦人)이기 때문에 세계의 가나리아가 된것이 아닌가 생각된다. 만일 그렇다면, 지구 위의 어디에선가 반유대주의가 일어난다는 것은, 모든 사람들에게 있어서 인권(人權)의 위기를 나타내는 위험신호임이 분명하다고 생각된다. 불행하게도 세계는 대학살이 진행되고 있는 동안, 그 신호를 알아차리지 못해 결국 큰 화를 면치 못하게 되었던 것이다. 그때 이미 가스는 유대인들 뿐만 아니라, 다른 사람들도 똑같이 죽이고 있었던 것이다.

하나님은 아브라함[유대인의 족장(族長), 이스라엘 사람들은 '선택된 백성이다'라고 그가 하나님으로 부터 들었기 때문에 선민사상(選民思想)이 태어났다ㅡ역자 주]에게 말씀하셨다.

"너를 축복하는 자에게는 내가 복을 내리고 너를 저주하는 자에게는 내가 저주하리니 땅의 모든 족속이 너를 인하여 복을 얻을 것이니라 하신지라"(〈창세기〉 12장 3절)

사랑과 존경으로서 유대인과 그밖의 소수민족을 대우한 나라들은 그렇게 하지 않은 나라들이 사실상 몰락한데 비해 번영을 계속하고 있음을 역사는 말해 주고 있다.

카르마는 반드시 돌고 돌아서 자기 자신에게 돌아오게 마련인 것임을 알아야 한다.

인류가 이 대학살이라는 무서운 교훈에서 무엇인가를 배우고 결코 미래에는 이같은 일이 반복되지 않기를 바란다.

유대인들 뿐만 아니라, 우리들 모두에게 있어서 제2차 세계대전이라는 대사건은 역사의 방향을 바꿔 놓았다.

대학살은 '백번째의 원숭이'같은 효과[어느 섬에서 아흔아홉 마리의 원숭이가 감자를 물로 씻는 것을 배우게 되면, 다른 떨어진 섬에 있는 원숭이들까지도 감자를 물로 씻기 시작한다고 하는 것을 라이알 왓트손이 《생명조류(生命潮流)》에서 소개하고 있다 –역자 주]를 올리기에 충분한 수효의 사람들에게 동시 체험을 주어 원형(元型)으로서, 인류의 집합무의식(集合無意識)을 느끼게 했다고 나는 믿고 있다.

유대인의 애굽 탈출이 온갖 해방운동의 상징이 된것과 같이, 대학살은 테크노로지의 오용(誤用)에 대한 중대한 경고라고 생각한다. 우리들은 개인적으로 용서할 수가 있고 또한 용서해서 마땅한 일이지만, 집합적으로는 절대로 잊을 수는 없는 것이다. 아우슈비츠와 트레브린카[둘 다 폴랜드의 도시. 나치스의 강제수용소가 있었고 많은 사람들이 학살되었다–역자 주]의 공포는 우리들의 기억 속에 깊이 조각되어 있음을 알아야 한다.

## 인류의 의식혁명(意識革命) 뒤에

이같은 집합적 기억에 대해 우리들이 어떻게 대처하여야 하느냐는 매우 중요한 문제라고 생각한다. 제2차 세계대전이 끝난 뒤, 공민권운동(公民權運動)과 평화운동, 여권운동(女權運動) 등, 권리의 평등을 위한 투쟁이 계속적으로 일어난 것은 결코 우연이 아니라고 생각된다.

현재, 어떤 인종(人種)이 다른 인종을 압박할 때는 반드시 대학살의 상징성이 문제되는 것이다. 강제수용소가 보탬을 준게 있다면 이런 일이라고 할수 있다. 인류 가운데, 어떤 집단이 자기네들은 다른 집단들 보다 우수하다고 생각하는 것은 이제 두번 다시 용서받지 못할 것이다.

대학살은 영구히 인류의 의식을 변혁시켰기 때문이다. 이와같은 관점에서 볼 때, 대학살의 '희생자들'은 사실상 진리를 위해 목숨을 바친 순교자(殉敎者)였던 것이다.

대학살의 순교자와 하나님을 찬양하는 찬송가를 노래 부르면서 죽어 간 초기의 기독교도들을 관련시켜 생각하는 사람들의 수효가 너무나 적은데 대해 나는 언제나 아연해지곤 한다.

하시디즘을 신봉하는 유대인들 사이에서는 기독교의 순교자[순교자란, 자기의 신념을 증명하고 싶다는 의식(意識)을 갖고 죽어갔기 때문에 곧 이승으로 되돌아 오지 않고 영혼의 세계에 오래 머무르게 된다. 그러나 일부의 영혼들은 보살과 같이 타인을 돕기 위하여 스스로 자진해서 이승으로 돌아온다—원저자 주]와 똑같이 깊은 신념과 용기와 확신을 갖고 죽어간 성자(聖者)와 같은 랍비의 이야기가 전해지고 있다.

에드가 케이시가 영사한 바에 의하면, 예수의 시대에 살았던 똑같은 영혼이 1930년대와 1940년대에 또다시 이 땅 위에 나타난다고 했다. 이렇게 생각하면, 사람들을 괴롭히고 박해하는 인간들 뿐만 아니라, 수용소에 수용된 많은 사람들이 똑같은 드라마를 연출할 가능성은 큰 것이다. 나치스는 로마인들의 재생인지도 모른다.

만일, 그렇다면 제2차 세계대전은 아마겟돈[히브리어 〈메키도의 산〉의 희랍어, 〈계시록〉 16장 16절에 쓰여진 최후의 대격전지란 뜻이며, 그 뜻이 변하여 종국적 결전을 말한다—역자 주]이며, 우리들은 현재 구세주의 시대[이상(理想)의 시대란 뜻으로 〈계시록〉 20장에 의하면 아마겟돈의 싸움이 끝난 뒤 그리스

도가 재림하여 세계를 통치한다고 한다―역자 주]를 향하여 나
가고 있다는 뜻이 될 수도 있을 것이다.

# 제3장
# 윤회전생을 믿은 최후의 기독교도
## —카다리파(派)

지난 700년 동안, 교회에 의해 교묘하게 억제 되어온 프랑스 이단(異端)심문의 진상(眞相). 전생 체험의 놀랄만한 증언을 통하여 지금 카다리파(派) 전멸의 진상이 밝혀지기 시작했다.

> Harvey Humann : *The Great Heresy*
>
> (*Venture Inward* Vol.3. No.4. 1989)
>
> 필자인 하아비 휴우만은 미국 캔사스주의 실업가였
> 는데, 1990년에 사망했다.

## 13세기의 먼 기억

몇년 전 일인데, 놀랄만한 환생의 이야기가 영국의 한 주
부를 통해 밝혀진 일이 있었다. 그녀의 이름은 스미스 부인
이었고, 영국의 어떤 정신과 의사의 도움으로 윤회전생(輪
廻轉生)을 중심교의(中心敎義)로 삼고 있는 중세(中世) 기
독교의 한 유파를 해명하는 실마리를 풀게 되었다. 이 종파
는 영혼이 환생을 거듭하여 정화된다고 믿었던 것이 큰 문제
가 되어 13세기에 소멸되었는데, 카다리파(派), 또는 알비죠
아파[이 종파는 남 프랑스의 알비라는 고장에서 확산되었기에 그
이름이 붙었다. 알비파라고도 한다 - 역자 주]라고도 부른다.

카다리파는 구노시스파[1~4세기 무렵, 애굽, 시리아, 파
레스티나 일대에서 번성하여 영지(靈知)에 의한 영혼의 각
성, 구제를 믿었다. 제6장 참조 - 역자 주]나 엣세네파[기원
전 2세기 부터 2세기까지 파레스티나에 있었던 유대교의 한 파
제6장 참조 - 역자 주]와 비슷한 종파로서 그 근원을 더듬어
올라가면, '보고밀파'(하나님의 친구란 뜻)라고 자칭한 집단
이 존재했던 불가리아에서 비롯된 것이다.

카다리파란, 프랑스에 있어서 이곳에 살던 이 종파에 속하
는 사람들에 대하여 가톨릭 교도가 붙인 멸시하는 칭호로서
'정화된 자'를 뜻한다.[어원은 희랍어인 '가다로이'로서, 그들이

제3장 윤회전생을 믿은 최후의 기독교도-카다리파(派) 73

극단적인 금욕주의자였던 데서 이런 이름이 붙게 되었다-역자 주].

똑같이 이 파의 사제(司祭)들도, 남녀 다 같이 '완덕자(完 德者)' 또는 '완성된 인간'이라고 불리워졌다.

스미스 부인이 밝혀낸 뜻밖의 사실은, 몇번이고 반복되는 꿈과 13세기부터 전생(轉生)된 '먼 기억'을 통하여 알려지게 되었다.

그녀는, 1940년대 중반의 처녀시대에 나타난 꿈이나 환상 이나 전생(前生)의 기억 등을 하나 하나 노트나 종이 쪽지, 또는 낡은 답안용지 뒤에까지 기록하여 지붕 밑 골방에 보관 하고 있었다. 딸의 이런 행동을 희미하게 알고 있었던 것은 아버지 뿐이었다.

그녀가 결혼한 지 몇년이 지난 뒤, 여러가지 일들이 우연 하게 일어났고, 그 결과로 처녀때 메모해 두었던 것들을 또 다시 조사 검토하게 되었던 것이다.

일의 발단은, 스미스 부인이 단골 의사로 부터 영국의 온 천휴양지, 바아스의 유명한 정신과 의사였던 아아더 가아담 박사를 소개받게 된데서 시작된다. 그녀는 열 한살 무렵부터 몇번씩 되풀이 하여 악몽만 꾸었으므로 그 치료를 받기 위해 박사를 찾았던 것이었다. 꿈은 언제나 같은 내용인데, 그녀 가 방바닥에 누워있을 때, 검은 머리털을 가진 사나이가 오 른쪽에서 들어오는 그런 꿈이었다고 한다. 가까이 다가오는 사나이 때문에 놀라서 그녀는 자기가 지르는 큰 비명소리에 꿈에서 깨어나곤 했던 것이었다. 악몽을 꾸는 횟수는 2, 3개 월에 한,두번이었으나 최근에는 일주일 동안에 2, 3번으로 증가되었다.

가아담 박사가 처음으로 스미스 부인과 만난 것은 1962년

3월이었다고 박사는 그가 쓴 저서인 《카다리파와 환생》에서 쓰고 있다.

이상하게도 첫번째 치료를 받고나자, 악몽은 뚝 그쳐서 두 번 다시 되풀이 되지 않았다. 그럼에도 불구하고 그녀 자신은 18개월 뒤에도 치료되었다는 사실을 인정하지 않으려고 했고 그때쯤에 처음 박사와 만난 순간, 박사가 옛 인생(저승)에서의 친구였고 애인이기도 했던 로제 그 사람으로 생각했다고 고백했다.

그녀의 말에 의하면, 신중을 기하여 이 이야기를 보류했던 것은 자기를 괴롭혀 온 심령체험을 해결하고 10대 때의 꿈이나 회상이 무엇이었는지를 해명하기 위해서는 앞으로도 박사의 도움이 필요하다고 느꼈기 때문이라는 것이다.

그러나 여전히 그녀는 자기가 겪은 체험을 이야기하는게 영 마음이 내키지 않았다.

박사 앞으로 보낸 편지에서 그녀는 이렇게 쓰고 있다.

〈저는 지금까지 아무에게도 털어놓지 않았습니다. 이 사실은 제 자신만의 비밀인 제자신의 일부와 같은 것이었기 때문입니다. 몇년 전 열세살 때였는데, 설명을 할 수 없는 여러가지 일들이 일어나기 시작하여 아무에게도 말하지 않겠다고 결심했던 것입니다. 비정상이라든가, 머지 않아서 미친 사람으로 취급되지 않을까 두려웠던 것입니다. 아마 지금도 걱정하고 있다고 생각됩니다. 선생님에게 이야기해야겠다고 결심하는데 3년이나 걸렸습니다.〉

### 불길 속에서 —— 스미스 부인의 기록 중에서

간신히 그녀가 10대 때 겪었던 기록을 공표하기 시작하자,

제3장 윤회전생을 믿은 최후의 기독교도─카다리파(派)  75

가아담 박사가 주목하게 된 것은, 지금까지는 불과 몇사람의 중세연구가(中世研究家)들 밖에 몰랐던 중세의 교회와 가정, 여러 장소와 사건들 그리고 카다리파의 전멸에 관한 에피소드에 대해 놀랄만큼 정확한 수많은 기록들이 밝혀지게 되었다.

그녀는 한권의 노트에다, 로제가 카다리파의 이단(異端)으로 체포되어 고문을 당한 끝에 '춥고 침침한 감옥 안'에서 죽었을 때 느꼈던 끝없이 비참했던 감정과 공포를 자세히 기록했던 것이다. 그러나 자료 가운데서 가장 흥미를 끄는 곳은, 그녀 자신이 불로 태워져 타죽는 선명한 꿈의 부분이 아닌가 한다. 이단심문관(異端審問官)인 신부들의 기도와 찬송가 속에서, 흰 옷을 걸친채 수북히 쌓아올린 장작 더미를 향해 걸어가면서, 생각했던 것과 느낀 공포에 대하여 그녀는 이야기하고 있다. 불길이 몸으로 타올라 왔을 때의 끔찍스러운 고통과 감정의 움직임이 눈 앞에서 보는 것과 같이 쓰여져 있다.

다음의 글은 스미스 부인이 10대 때, 기록했던 불에 타죽는 꿈 이야기이다.

"…… 이렇게 괴로운 형벌을 받는다는 점에서, 내 자신이 무서운 죄를 지은게 분명합니다. 다른 사람들도 같은 입장이었겠지요. 저 말고도 몇사람이 있었습니다. 모두 무서워하고 있는 느낌은 없었습니다. 우리들은 맨발로 길거리를 지나서 걸어갔고 막 불을 붙이게 된 장작더미가 준비되어 있는 광장으로 향합니다.

주위에서는 몇사람의 신부들이 찬송가를 노래하고 기도를 하고 있습니다. 전혀 고맙지 않은 일입니다. 어떻게 뻔뻔스럽게 기도를 하는가?…… 신부들에게 불에 타죽는 장면을 보여준다는 것은 정말 싫습니다."

"괴로워서 미칠 지경입니다. 단말마의 괴로움을 겪는 중에서 기도를 할수가 있다면, 죽을 때 하나님에게 기도를 해야만 됩니다. 저는 로제에 대하여 생각했습니다……. 얼마나 깊이 그를 사랑했었는가를. 이 끔찍스러운 불길에 타는 괴로움 같은 것은, 그가 죽었다는 것을 알았을 때의 고통에 비교한다면 대단한 것은 아니었습니다.

저는 갑자기 죽는 것이 기쁘게 생각되었습니다. 그때까지는 몰랐던 것입니다만, 불에 타 죽을 때는 피가 흐르는 것이죠. 높은 온도 때문에 피는 전부 증발되는 것으로 생각했습니다만, 저는 몹시 많은 피를 흘리고 있었습니다. 마구 흘리는 피가 불길 속에서 슈 슈 하고 소리를 냈습니다. 불길을 끌수 있을 정도로 충분한 피가 있었으면 좋았을 텐데…… 가장 문제되었던 것은 눈이었습니다. 장님이 되어버리는게 아닌가 하는 것이 싫었습니다. 두 눈을 감으려고 해도 감을 수가 없었습니다. 틀림없이 눈거풀은 타 없어졌겠지요.

그리고 이번에는 불길이 그 무서운 손톱으로 내 눈알을 파내려고 했었습니다. 장님은 되고 싶지 않다……."

"불길은 결국, 그토록 괴로운 것은 아니었습니다. 불길은 차가워지기 시작했던 것입니다. 어름과 같이 차갑게요.

불에 타죽는게 아니라, 얼어 죽는 것과 같은 느낌이 들었습니다. 차가워져서 감각이 없어진 나는, 갑자기 웃기 시작했습니다. 나를 불태워 죽일 수 있다고 생각하고 있는 놈들을 비웃어 주었습니다.

나는 마녀입니다. 마법으로 불길을 얼음으로 바꿔놓은 것이다."

## 초기 그리스도교의 회복을 꾀한 카다리파(派)

스미스 부인이 남긴 기록의 내용은, 카다리파의 운동과 끊을래야 끊을 수 없는 것이기 때문에 우리들도 12세기 남프랑스의 랑독크 지방에 나타난 이 낯선 이름을 가진 그리스도교의 종파(宗派)에 대해 알아두지 않으면 안될 것이다.

카다리파가 나타난 곳은 토울루우즈와 카르카손느[둘다 남서 프랑스의 도시 — 역자 주]로서 삽시간에 그 지방 전체에 퍼졌다고 한다.

카다리파가 급격하게 등장된 것은, 이 유파가 윤회전생(輪廻轉生)을 믿고 있었던 탓이라고 주장하는 사람도 있다.

윤회사상은 회개하지 않은 죄인은 영원히 지옥에 갇히게 된다고 주장하는 교회의 가르침을 뒷받침하는 매력적인 사고방식을 제공해 주었기 때문이다. 카다리파는 두개의 창조신(創造神)이 존재함을 믿고 있었다. 하나는 '착한 하나님'이라고 부르는 눈에는 보이지 않는 영적(靈的)인 세계를 창조한 신. 또 하나는 물질계를 창조한 하나님으로서 루시파[사탄이 하늘에서 추방되기 전의 이름, 루시파 때는 빛의 천사였다 — 역자 주]와 관련시켜 생각되었다. [선악(善惡) 2신론(神論)과 악신에 의한 물질계 창조설은 구노시스파의 사상에 가깝다고 생각된다. 또한 엣세네파의 교리에도 비슷한 점을 찾아볼 수 있다 — 역자 주]. 인류는 후자에 관여하고 있기 때문에[선신(善伸)의 피조물인 인간은 본시 하늘 나라에 속한 존재였으나, 유혹과 타락을 거친 뒤에 악신의 힘에 의해 육체 속에 갇혀졌다고 생각되었다 — 역자 주] 허다한 환생이라는 과정을 거쳐서 착한 하나님이 계신 원래의 고향으로 돌아갈 노력을 해왔다. 예수 그리스도의 역할과 그리스도의 죽음과 부활에 대한 카다리파의 관점은 로마 교회와 크게 달랐고, 카다리파는 가톨릭 교회의 가르침으로 부터 더욱 더 멀어져 갔다.

더구나 그들은 신(神)을 직접 체험하는 것(구노시스)이나, 화상입은 손을 치료하는 것과 같이 영적인 에너지를 직접 전할 수가 있다고 믿고 있었다.

카다리파의 비적(秘蹟)에는 단 하나, 종신토록 독신을 지킬 것을 의무로 하는 구위례[救慰禮 ; 일종의 세례(洗禮). 속죄를 끝낼 때까지 윤회전생하여 방황하는 인간이 하늘 나라로 돌아가려면 이 계율을 지키는게 필요하다고 생각했었다 - 역자 주]라는 것이 있을 뿐이었다.

따라서 카다리파에 속하는 거의 대부분의 일반인들은 죽게 되기까지 이 비적을 받는 것을 연기했다고 한다.

많은 카다리파의 남녀 사제(司祭)들은 심령적인 능력이나, 치유능력이 있다는 이유로 선출되었기 때문에, 흔히 적대자들로 부터는 이상한 사교(邪敎), 즉 마술·요술이나 오칼트(신비학)를 행하는 자로 고발되어 사교로 취급되었다. 그러나 카다리파의 가르침은 분명히 사랑과 친절·관용·병든 자와 가난한 자에 대하여 배려할 것을 주장하고 있었다. 그들은 2세기, 3세기 때의 초기 그리스도 교도들의 종교를 되찾으려고 노력했었다.

## 참극(慘劇)은 은폐되었다

1209년, 로마 법왕(法王) 인노켄티우스 3세[카다리파에 대해 알비조아 십자군을 조직하여 무력으로 살육했음 - 역자 주]는, 가톨릭의 총본산인 바티칸이 이에 낙인을 찍었다(불명예 판단을 내렸다)는 이유로 '커다란 이단' 또는 '남부의 문둥병'

박멸을 위하여 대학살 운동을 조직했다. 인정사정 없는 학살과 화형(火刑)·고문·대량 화형에 의하여 이단심문관들은 1209년에서 1244년 사이에 약 100만명의 사람들을 죽였는데, 20세기 나치스 학살 이전에 있어서의 유럽 종교 박해사상 예를 찾아 볼 수 없는 대참극이 집행되었던 것이다.

1209년 7월 22일, 다수의 카다리파들이 살고 있던 베제의 고을에 군대가 쳐들어 왔을때, 주변 지역에 살던 주민들은 안전한 곳으로 피난했고, 카다리파와 가톨릭교도를 합친 몇 천명의 사람들이 성역(聖域)인 교회에 몰려 들었다.

학살을 시작하기 전, 장교가 지휘하고 있던 시토오 사제(司祭)를 향하여, 목숨을 살려줘야 할 사람들이 있습니까 하고 물었던바, 사제는 '전원을 죽여라. 알고 계신 것은 하나님 뿐이실테니까'하고 대답했다.

프랑스의 작가인 모오리스 마아굴은 저서인 《마술사의 귀환》에서, 이 참극은 '카다리파의 가르침까지 완전히 없앤것과 같았다'고 쓰고 있다.

유대인 대학살과 죽음의 수용소에 대한 진상(眞相)이 나치스의 손에 의해 감추어진 것과 마찬가지로, 700년 동안에 걸쳐서 프랑스의 이단심문에 대한 진상은 교묘하게 교회의 힘에 의하여 밝혀지지 않았다. 학문적, 심령적인 해명(解明)을 통하여 카다리파 전멸의 내용이 밝혀지게 된것은 아주 최근에 이르러서였다.

대영백과사전의 1973년판에서도 프랑스의 카다리파 사람들이 계획적으로 대학살을 당한 것을 인정하지 않고 있다.

이 사전에서는, 도미니크회와 프란시스코회가 카다리파의 교의(敎義) 대신에 보다 효과적인 가르침을 제공하였고, 이단심문보다는 오히려 이편이 카다리파 소멸의 원인인 듯하다 라고 쓰여져 있다. 같은 사전인 1984년 판에는, 카다리파 또는 알비죠아파에 대해 그 기사 조차 없는 것이다.

1244년, 몬세귤의 요새(要塞)에서 카다리파의 마지막 저항이 행해졌고, 이곳에서 저항에 참가했던 카다리파의 사제들 200명도 다른 사람들과 함께 화형에 처해졌다. 40년간 계속된 이단 심문이 행해지는 동안 카다리파로 알려진 사람들은 모두가 살해되었고, 사제라는 직책은 근절되고 종교 서적은 파기되었다.

## 기록의 검증(檢證)

굉장히 바쁜 주부이고 어머니이며 파트타임 일까지 하고 있던 스미스 부인은 가아담 박사의 연구를 위해 6년 동안이나 몇십년 전에 쓴 기록을 분류, 해독하여 보통 말로 바꾸는 일에 노력했다. 어떤 노트 속에서 가아담 박사는 눈길을 끄는 기록을 발견했다. 그곳에는 카다리파의 사제가 푸른 옷을 몸에 걸치고 있었다고 적혀 있었던 것이다. 푸른 빛이란, 전통적으로 쓰여져 온 검은 색과는 너무도 동떨어진 색깔이었으므로 박사는 스미스 부인의 기록의 신빙성에 깊은 의심을 느꼈던 것이다.

그러나 질문을 해보아도, 그녀는 푸른 색깔의 옷을 입고 있었던 기억이 잊을 수 없을만큼 분명하게 기억에 남아 있다고 대답할 뿐이었다.

그녀가 10대 때 쓴 이 기록이, 그뒤 20년 가량 지난 1965년에 카다리파의 역사 연구가로 당시 제일인자였던 프랑스의 학자 쟝 듀베르누와가 고문서(古文書)의 한 페이지에서 푸른 옷을 입은 카다리파의 사제에 대한 10군데에 걸친 기술을 찾아내었던 것이다.

전에 도우루우즈 대학의 역사학 교수였고, 형이상학(形而上學)과 카다리파의 상징주의에 있어 권위자인 르네 네리씨는 1969년, 랑구독크의 박해때, 카다리파의 사제들은 푸른 옷을 입고 있었다고 쓰고 있다.

가아담 박사는, 이 놀랄만한 정보가 사실임이 입증되었기 때문에 스미스 부인이 제공한 모든 자료는 진지하게 연구해 볼 가치가 있다고 확신하게 되었다.

그리하여 박사와 그의 부인은, 스미스 부인이 제공한 자료에 기록된 정보를 검증하기 위해, 장기간의 여름 방학을 남 프랑스에서 보냈고, 듀베르누와씨와 네리씨와 이야기를 나누면서 고을이나 교회, 그 밖에 사적(史蹟)이 남아 있는 곳을 찾아내어 확인하게 되었다. 정보의 대부분은, 하급귀족이면서 활동적인 카다리파였고, 프랑스의 시인이기도 했던 로제와 그녀가 살았던 근처에 집중되어 있음을 알게 되었다.

스미스 부인은 자료를 정리하는 가운데, 로제와 처음 만난 것은 700년 전 쯤이었음을 알게 되었다. 그녀는 다음과 같이 기록하고 있다.

〈우리 집안은 매우 가난하여 로제와 같은 신분이 높은 사람을 근처에서 본 일도 없었습니다. 우리들은 모두 방바닥에서 잠을 잤습니다. 제가 그를 사랑하게 된것은 그가 눈보라 치는 밤에 저의 집을 찾아온 첫날 밤 일이었습니다.

저는 그를 지켜보려고 하지 않았지만, 그가 아주 가깝게 느껴졌습니다.

조금 전에 집이라고 했습니다만, 광보다 조금 나은 정도의 것이었죠. 방이라고는 하나 밖에 없었습니다만, 그는 그 방을 하나 가득 채우고 있는 것처럼 느껴졌습니다. 가구라고

해야 보잘것 없는 긴 의자와 식탁이 있을 뿐이었습니다. 그
날 밤, 저는 잠들어 있는 그에게 키스를 했습니다. 우리들은
모두가 화로를 한가운데 두고 둘러싼채 옷을 입고 잤는데,
어스름한 곳에서 그의 손이 보였지요.

그런데, 엄지 손가락에는 반지가 끼워져 있었습니다. 아무
도 깨어나지 않도록 살그머니 그의 곁으로 다가갔습니다. 그
의 손에 입을 맞추었을 때는 행복했습니다. 처음 겪은 경험
이었습니다.〉

다른 기록에 의하면, 그녀와 로제는 아주 친해져 있었다.
그녀는 이렇게 쓰고 있다.

〈로제와 저는 언제나 몬토반의 집회(아마도 카다리파의
모임)에 참가하곤 했습니다. 아버지가 집회나 로제에 대한
것을 알면 굉장히 화를 내실것이 분명했기 때문에 조심하지
않으면 안되었습니다. 우리들 두 사람만 있을 수 있는 곳은
많았습니다. 교외에는 숲이 많았습니다. 로제는 집회에서 많
은 이야기를 하곤 했습니다만, 저와 함께 있을 때는 별로 아
무런 이야기도 하지 않고, 몇 마일이고 손을 잡은채 걷기만
했습니다.〉

그녀는 둘이서 로제의 집에서 함께 살았던 일도 있었다고
적고 있다.

〈그 집의 여자가 로제와 저는 결혼해야만 한다고 말하곤
했습니다. 우리들은 별로 난잡한 관계를 가졌던 것은 아니었
습니다. 둘이 다같이 하나님을 사랑했고 기도하고 예배하러
가곤 했습니다.〉

그녀는 로제가 죽은 뒤, 자살할 것을 생각했으나 카다리파
의 수도원에 들어갔다. 처음으로 로제와 만난 지 700년이 지
난 지금에도 그녀는 때때로 '로제, 로제'하며 울부짖다가 잠

에서 깨어나곤 했다. 그녀는 가아담 박사에게 열한살 때 복막염에 걸려서 죽을뻔한 이야기를 했는데, 헛소리로 로제의 이름을 계속 불렀다고 한다.

## 입증된 정보

스미스 부인의 자료에는 환생을 확인할 수 있는 증거가 많이 있는데, 그중에서도 다음과 같은 여러가지 사실들은 역사적으로 옳다는 것이 입증되었고,·중세 연구가들로 부터 특별히 주목받고 있는 것이다.

△교회의 예배는 라틴어가 아닌, 프랑스말 사투리로 행해졌다고 정확하게 기록하고 있다.

△카다리파의 사제 옷은 단추를 썼다고 쓰여져 있다. 전통적인 복장에서는 묶는 것은 끈이었다.

△로제가 '책을 넣은 주머니가 달린 혁대'를 두르고 있었다고 말하고 있는데, 카다리파의 사제는 요한복음서를 '주머니'에 넣어 몸에 지니고 있었다고 한다.

△'신도들을 위한 의자는 없었다'고 전형적인 중세의 교회 모습이 정확하게 묘사되고 있다.

△일부 방의 구조와 칸막이, 집안의 약도가 연필로 스켓치 되었고, 의자와 식탁, 방 한가운데 있는 난로가 표시되어 있는데, 이것은 실제로 확인된 중세의 농가와 똑같은 구조였다.

△로제가 엄지 손가락에 반지를 끼고 있었던 것은 중세에 널리 행해진 습관이었다.

△로제가 죽은 뒤, 그녀가 살았던 카다리파의 수도원에서 행해진 '평화의 키스'를 비롯한 복잡한 의식이 자세히 설명되

고 있다.

△로제가 아팠을 때, '설탕 덩어리'를 주었다고 한다. 네리 교수의 학설에 의하면 중세의 의사는 환자의 병치료를 위하여 '설탕 덩어리'를 처방해 주었다고 한다.

△로제가 노래로 들려 주었다는 여섯개의 프랑스어로 지은 시(詩)가 기록되어 있다. 이 작품들은 문예평론가에 의해 유명한 13세기 시인의 노래라는 것이 확인된바 있다.

△'로제는 식사하기 전에 반드시 주님께 기도를 올리곤 했다'고 쓰여져 있는데, 이것은 일반적인 카다리파의 습관이었다.

스미스 부인의 자료가 쓰여진 것은 그녀가 10대였을 때 일로서, 카다리파나 중세시대의 습관에 대한 역사적인 지식을 갖고 있지 않았던 것을 생각할 때, 이 자료는 더욱 신뢰성을 갖게 된다.

가아담 박사는 '신뢰할 수 있는 역사적인 증거와 대조해 볼때, 중요한 문제점에 관하여 스미스 부인의 잘못이 증명된 것과 같은 일은 한번도 없었다'고 쓰고 있다.

네리 교수는 그녀의 정확한 정보에 감탄하여 가아담 박사에게 이렇게 말했을 정도였다.

"카다리파의 습관에 대해 모르는 일이 있거든 당신 환자인 스미스 부인에게 물어보세요."

# 제 4 장
## 우주로부터의 귀환 －
## 임사(臨死) 체험자의 증언

유산(流産)의 고통 속에서 생사(生死)를 헤맨 그녀는
강렬한 빛과 음악에 포위되었다. 아이를 잃어버린 대신
얻은 것은 혹성(惑星)의 고동(鼓動)을 받아들여 미래
를 미리 알수 있는 능력이었다.

Myra Ka Lange : *To the Top of the Universe*

(*Venture Inward* Vol. 4. No. 3. 1988)

필자 마이라 카 랑즈는 미국 아리조나주에 사는 화가 (畫家)임.

## 구급차 속에서

약간 감기 기운이 있어 열이 있었고 더구나 임신 3개월의 몸이었으므로 나는 베개에 등을 기댄 채, 이불 위에 몇장의 크리스마스 카드를 펼쳐놓고 침대 속에 누워 있었습니다— 1954년 12월 중순의 일이었습니다.

분명 그때는 친구와 친척들에게 보낼 예정인 카드에다가 두번째 아이가 태어날 예정이어서 기뻐하고 있습니다——라 고 썼던 것으로 기억하고 있습니다.

그때 복통이 시작되고, 단골 의사로 부터 입원하는게 좋겠 다는 말을 들었습니다. 응급차에 실려져 있는 동안, 사이렌 소리는 마치 나의 복통에 맞추어 우는듯 소리내고 있었습니 다. 저는 누운채 마음 속으로 기도를 계속했습니다.

"하나님, 제발 뱃속의 어린애가 살도록 도와 주십시오. 이 아이가 훌륭하게 성장하면 틀림없이 이 불행한 세상을 위해 봉사할 것입니다."

어째서 그런 식으로 기도를 했는지 모르겠습니다만, 아마 도 조국인 아메리카가 한국전쟁을 끝냈을 무렵이었으므로, 10살인 어린 내 아들이 전쟁으로 거칠어진 세상에서 자라는 것을 걱정했기 때문이 아닌가 싶습니다.

기도의 힘을 강하게 믿고 있었는데도(물론 지금도 믿고

있지만) 기도에는 정신이 집중되지 않았고, 곧 뱃속의 아이
는 살릴 수 없다고 깨달았습니다. 근육이 굳어지면서 수축이
시작되었습니다. 갓난애를 살려낼 수 없을 것으로 생각되면
서 괴로워하고 있는 동안 드디어 피가 나오기 시작했습니다.

간호부가 혈압계의 수치를 큰 소리로 읽기 시작하자, 나는
점차 내려가는 수치 소리를 듣고 있었습니다.

"위 45, 아래 15"

간호부의 목소리가 메트로놈(박자 시험기)처럼 울려 왔습
니다.

"위 23, 아래 0"

그러자, 내 머리 속에서 무엇인가 눈이 부실 정도로 섬광
이 되어 폭발하고, 내 영혼은 몸 바깥으로 내어 던져졌습니
다.

축 늘어진 나를 간호하는 의사들의 머리 위를 떠돌면서,
갑자기 저것은 진짜 내가 아니고 진짜 나를 닮아 있던 것에
불과하다는 사실을 알았습니다. 나는 몸 바깥에 있었고, 지
금까지 느꼈던 고통은 깨끗이 사라진 상태였습니다.

의사 가운데 한 사람이 '이거 난처하게 되었구나!'하는 말
을 들어서가 아닙니다. 의사가 그렇게 말하지 않았어도 그는
그렇게 생각했을 것입니다. 저는 기분이 상쾌하고 조금도 괴
롭지 않다는 것을 의사에게 말해주고 싶은 심정이었습니다.

또다시 빛이 보이기 시작했습니다. 마치 깊은 우물 속에서
눈부신 태양을 보는 것과 같은 느낌이었습니다.

나는 빛에 빨려 들어가듯이 떠올라 갔습니다. 그와 동시에
의사들이 내 몸을 검사하고 있는 병원에서 점차 멀어져 가고
있다는 것도 알수 있었습니다.

위로 떠올라감에 따라 빛은 더욱 커지고 눈부시게 되었으

며 마침내는 눈 앞에 확산되면서 작열했고 찬연하게 빛나는 그 빛속에 나는 완전히 포위되고 말았습니다. 아무래도 이것은 하나님이 분명하다고 생각됐습니다. 압도될 수 밖에 없는 사랑과 평화와 기쁨이 느껴졌기 때문입니다. 고독했던 것은 정말 한 순간에 지나지 않았고, 거대한 심장의 고동과 같이 빛이 진동하여 나에게 기운을 북돋아 주는 것을 느낄 수가 있었습니다.

기운이 나면서 나도 똑같이 빛을 발산하기 시작했습니다 ──내 자신도 그 빛속에 녹아들고 만 것입니다. 나는 아직 '나'였고, 나로서 생각할 수가 있었습니다. 무엇보다도 저는 병원에 입원하고 있었을 때의 제 자신과는 또 다른 사람이 되어 있었습니다. 그 까닭은, 내가 빛이라는 말의 새로운 의미를 이해했기 때문이었습니다.

하나님은 '빛'이었습니다. 그리고 그 '빛'속에는 누구나가 알고 싶다고 생각하는, 그리고 알 필요가 있는 온갖 지식이 들어있는 것이었습니다. 내 자신이 알아야만 할것을 전부 배웠다고 이야기할 생각은 없습니다만, '빛'속에 온갖 종류의 지식이 들어 있음을 깨달았던 것입니다.

한 순간, 정적속에 싸이면서 비로소 사랑이 지닌 진짜 뜻을 알았습니다. 두려움도 후회도 슬픔도 아픔도 없이, 저는 사랑에 포위되고 사랑의 포로가 되어 있었습니다. 하나님에게 얼굴이 있었다면, 인간의 모습으로는 보이지 않았을 것입니다. 더욱이 하나님은 남자이기도 하고 여자이기도 하고── ──어느 쪽인지 구별할 수가 없었습니다. 하나님은 분명히 존재하며, '사랑'이고 '빛'임을 알았습니다.

그쪽의 마음의 세계와 물질계(物質界)와는 너무나도 다르고 더욱이 모순된 것 같으면서도, 관계도 매우 깊기 때문에 육안으로 밖에 볼 수 없는 인간에게는, 눈에 보이지 않는 세계의 상태를 표현하기란 어려운 것입니다. 말하기 어려운 상황을 굳이 표현할 방법을 찾아볼 필요는 있겠지만, 어쨌든 다만 체험해 보는 수 밖에 다른 도리가 없다고 생각합니다.

## 우주 음악에 포위되어

강력한 빛이 약간 부드러워지면서, 넓게 퍼지기 시작한 것과 같은 느낌이 들었습니다. 정신을 차려보니 저는 또다른 차원에 와 있었고, 그곳에는 저와 같이 땅 위에 자기 육체를 두고 온 다른 영혼들이 있었습니다. 그 사람들의 육체가 꼭 죽었던 것인지 아닌지는 확실하지 않았습니다. 그럼에도 불구하고, 그 사람들은 무엇이라고 표현하기 어려운 깊은 사랑이 담긴 태도로 나를 맞아주었던 것이었습니다.

그 가운데 두 사람은 그 전부터 알고 있던 사람으로서 한 분은 몇년 전에 돌아가신 아버지였고, 또 한분은 제가 열네 살 때 돌아가신 할머니였습니다. 두분은 나이 먹은 얼굴도 아니었고 고통스럽게 보이지도 않았고 바야흐로 인생의 최 전성기에 있는 것 같은 모습이어서 저와 마찬가지로 기쁨에 가득차 있었습니다. 나머지 분들은 땅 위에서 알았던 사람들 인지 아닌지 분명하지 않았습니다.

하지만, 나는 그 사람들을 알 수가 있었고, 그쪽에서도 저를 알고 있어서, 그들이 저를 사랑하고 있듯이 저도 그들을 사랑하고 있었습니다.

우리들은 저마다 별개의 존재이면서 모두 하나이며, '빛나는 한 존재'의 일부분인 것이었습니다. 위험한 여행을 끝마치고 갑자기 집으로 돌아온 것과 같은 느낌이었습니다. 그전에 그곳에 있었다는 것도, 그 일을 완전히 잊고 있었다는 사실도 알수가 있었습니다. 우리들은 모두 저 사랑의 빛 속에 있으며, 지금은 저 땅 위에 있었을 때 처럼 서로 떨어져 있어도 외로운 상태는 아니었습니다.

오히려 각자는 전체의 일부를 이루고 있으며, 그 전체와는 하나의 존재였던 것입니다.

지금은 예수님이 말한 '나와 아버지는 하나이다'라는 말씀이 무엇을 뜻하는지 이해할 수 있었다고 생각합니다.

다른 말로 바꾸어 표현하면, 내 자신이 이승의 생활을 시작한 창조의 태(胎)안에 또 다시 들어갔다고 느꼈던 것입니다.

이제 저는 그 똑같은 시발점에, 그리고 지상 생활의 종착점에로 되돌아 온 것이었습니다.

인간의 목소리와 같은 음악이 우리들 한 사람, 한 사람으로 부터 들려 왔습니다. 각자는 자기 자신의 음색(音色)과 음정(音程)을 갖고 있었습니다. 더욱이 전부가 하나가 되어, 조화된 큰 기쁨의 합창이 되어 있었습니다. 이것이 어떤 것인지 이해하려거든 이렇게 상상해 보십시오 —— 당신이 생각할 때, 그 생각과 똑같은 정도의 아름답고 정열적인 음색이 당신에게서 나오는 것입니다. 그리고 저마다 사람들의 생각이 조화된 일대 교향악이 되는 것입니다 —— 즉, 사랑이라는 말과 함께 우리들의 생각이 이것과 똑같은 것을 뜻하는 음색(音色)을 창조하게 되는 것이다.

우리들이 이 물질세계에서와 같은 귀로 듣는 말을, 저승에서는 아무도 쓰지 않았다는 것도 이야기하지 않으면 안된다고 생각합니다. 생각하는 것은 모두가 소리의 성질에 의해 전해지고, 생각만 해도 전해지는 것이었다. 갑자기 아무런 예고도 없이, 아름답고 조화된 교향곡을 방해하듯 라디오에서 잡음과 같은 소리가 들려 왔습니다. 음산하고 슬퍼보이는 소리가 들리기 시작하더니, 곧 불쾌하고 슬픈 소리로 변했습니다. 나는 몹시 마음이 산란해져서 울기 시작했습니다.

"저 심한 소음은 무엇입니까?"

하고 나는 물었습니다.

"땅 위에서 살고 있는 몇 백만명이라는 사람들 상념(想念)이 내는 소리가 하나로 모여진 것입니다."

라고 그들은 대답했습니다.

그전에는 생각해 보지도 않았던 것들을 나는 배우고 구경하고 있는 것이었습니다.

"하지만, 어째서 여러분들은 울지 않는 것입니까?"

"땅 위에 살고 있는 사람들이 언제나 저런 음색을 내는 것은 아니라는 것을 알고 있기 때문이지요."

"언제가 되면, 조화된 소리가 들려오게 되는 것일까요?"

"땅 위에 사는 사람들이, 자기네들이 서로가 하나로 맺어져 있음을 깨닫고, 미워하는 대신 사랑을 생각하게 되었을 때입니다."

나는 또다시 울었습니다.

"그것은 훨씬 앞날의 일이겠지요."

"그렇습니다. 하지만 당신은 그들을 도울 수 있을 것입니다."

라고 그들은 말했습니다.

지시하는게 아니라, 이것은 단지 제가 그들에게 힘을 빌려 줄 수 있음을 말한 것이었습니다.

저는 그 말을 믿을 수가 없었습니다.

왜냐하면, 나는 아주 보통 인간으로서, 지금 듣고 있는 심히 듣기 싫은 소리를 고치기 위하여 무엇을 할 수 있는지 엄두도 나지 않았기 때문입니다.

"당신이 이곳에서 배우고 있는 것을 그들에게 알려주는 것, 그것이 도움이 되는 것입니다."

하고 그들은 말했습니다.

그러자, 저승의 '천계(天界)의 상담역'이라고 제가 부르던 존재가 갑자기 사라지더니, 또다른 존재가 자기 소개를 해왔습니다. 저에게는 빛의 존재는 보이지 않았고, 다만 알게 된 것은 조금 전에 이야기를 나눈 사람들보다 훨씬 높은 지식과 예지를 가진 누군가가——그리고 분명히 지금까지 내가 체험해 온것, 그 무엇보다도 훨씬 뛰어난 존재가——그곳에 있다는 것 뿐이었습니다.

## 지구가 고동치고 있다

공부는 다음 단계로 발전되어, 우리들은 지금까지 주위에 있던 많은 사람들 윗쪽으로 올라갔습니다. 조금 전에 찾아온 존재와 나는 한 순간, 우주의 푸른 빛에 휩싸였습니다. 그러자 빛나는 청록색(靑綠色) 구체(球體)인 혹성지구(惑星地球) 모습이 보이고, 그 소리가 들려오기 시작했습니다. 지구는 진동하는 거대한 발전기처럼 고동을 치며 큰 소리를 내고 있었습니다. 나는 지구와 지구 위의 사람들에 대한 무한한 사랑에 압도되어, 지구에는 인간이 만들어낸 불행이 존재하고 있다는 방금 전에 알게 된 사실들을 생각하면서 또다시 슬퍼져서 울었습니다.

지구에서 나는 소리는, 천천히 울리는 심장 고동의 리듬에 맞추어서 커다란 콘트라베이스가 울리고 있는 것 같았습니다. 지축(地軸)을 중심으로 돌면서 낮게 '옴' '옴' 하고 소리를 내는 것이었습니다. 그리고 그 소리는 다른 혹성이 내는 여러가지 높이의 소리와 두려움에 사로잡힌 나는 이 멋진 교향곡에 깊이 빠져들었던 것이었습니다.

사람이나 물체에게도 저마다 독특한 색채와 볼륨이 있을 뿐만 아니라, 음역(音域)도 있는 것을 알게 되었습니다.

이를테면 프리즘을 통과해 나오는 일곱가지 빛 사이를 당신 자신이 자유스럽게 출입할 수 있다고 상상해 보세요. 그 광선에 닿거나 통과할 때마다, 저마다 사람의 음색이 당신 자신이 만드는 음색과 하나가 되어 화음을 이루게 되는 것입니다. 그렇게 되면, 눈에 보이지 않는 세계가 어떤 것인지, 조금은 이해할 수 있을지 모르겠습니다. 색채가 풍부한 오로라나 음악의 빛나는 멋진 상태를 말로는 표현할 수 없고, 완전히 똑같은 빛으로 그릴 수가 없는데, 이것은 빛의 투명성을 그대로 표현할 수 있는 물감이 없기 때문입니다.

푸른 우주에서 회전하고 있는 우리들의 지구를 지켜보고 있는 동안에, 그것은 변하기 시작했고 투명하게 보이기 시작했습니다. 어머나! 지구는 숨을 쉬고 있구나, 하고 저는 생각했습니다. 그리고 그 생각은 정확했습니다.

그 모습은 3차원의 현미경을 통해 살아있는 완전한 세포가 천천히 숨쉬고 있는 모습을 상상해 보는 수 밖에 다른 방법이 없다고 생각합니다. 마치 지구는 이 우주를 구성하고 있는 수많은 세포들 가운데 하나의 아름다운 살아있는 둥근 세포와 같은 느낌이었습니다.

땅 밑에서 지표(地表)로 거대한 동맥망과 같이 솟아오르고 있는 수많은 강(江)들이 보였습니다. 물은 대기(大氣)속의 비가 되어서, 바위와 흙 속을 통과해 여과되고, 또다시 땅 밑의 강으로 되돌아가 순환하고 있었습니다. 그리고는 이 모든 과정을 또다시 반복하는 것이었습니다. 백열(白熱)로 용해된 지구핵의 액체는 여기 저기에서 지금이라도 지구 표면으로 분출하려는 것같이 보였습니다. 그것들은 압력 발브와 같이 보였습니다만, 대부분은 지표로 통하는 통로를 만들려고 하고 있었고, 최종적으로는 새로운 압력 발브와 같은 구실을 하는 것이겠지요. 우리들이 그 위에서 살고 있는 지각(地殼)은 내부 핵의 두께에 비해 너무도 얇은데 놀랐습니다. 이렇게 얇은 껍질이 어떻게 해서 폭발할 위기를 안고 있는 내부의 열을 끌어안고 있는지 이상했습니다.

다른 혹성(惑星) 전부를 본것은 아니었지만, 순식간에 저는 우주를 한눈에 바라다 볼 수 있는 곳으로 끌려 갔습니다.

저는 그곳에서, 혹성 하나 하나가 다른 혹성 전체에 대하여 얼마나 중요한 구실을 하고 있는가를 배울 수 있었습니다. 어떤 혹성에 영향을 끼치는 힘은, 다른 혹성 전체에 대해서 뿐만 아니라, 그 별에 살고 있는 모든 존재에 영향을 끼치고 있음을 눈으로 확인했던 것입니다. 그리고 하나의 혹성을 인간에게 비유해 보는 것도 배울 수 있었습니다. 즉, 하나의 인간——사실은 작은 혹성이라는 하나의 세포——이 개인의 여러 세포뿐만 아니라, 다른 혹성이라는 여러가지 세포에게도 얼마나 영향을 끼치는가 하는 사실입니다.

우주와 한 몸임을 알고 굉장한 충격을 받은 저는, 자기는 보잘것 없는 존재라는 생각을 두번 다시 할수가 없게 되었습니다.

자기가 다른 사람들이나 다른 혹성에 대하여 무엇을 행할 때, 행위의 내용상 좋고 좋지 않고를 떠나서, 그 행위는 자기에게 뿐만 아니라, 주변의 사람들에게도 영향을 미치는 것입니다. 어떤 행위도 그 자체가 만들어 내는 반작용이라는 것을 알게 되었습니다.

타인을 생각해서 행동하든, 타인에게 적대적으로 행동하든, 그것은 자기 자신에게 대하여 행동하는 것이 된다는 이야기입니다.

예수께서 '당신네들이 힘없는 약자에 대하여 행한 일은 나에게 대하여 행한 것이 되는 것이다'라고 말씀하신 뜻을 잘 알수가 있었습니다.

저의 이해력에도 한계가 있어서, 지식을 얻은 뒤 처음 알게 된 일도 있었습니다. 그 일을 알게 된 것은 이 임사체험(臨死體驗)을 겪은 몇년 뒤의 일이었습니다.

거기서 제가 배운 것은 '우주시대'가 된 뒤에 이해가 가능해지는 일이었기 때문입니다.

우주시대는 1954년에는 아직 시작되지 않았던 것입니다.

## 우주의 꼭대기에서 —— 최고로 행복했다

나의 여행은 짧은 시간 안에 일어난 것이었고, 그 덕분에 나는 이 여행에 대하여 쓰게 된 것입니다만, 또다른 차원의 세계에 갔을 때는 시간의 흐름에 대한 감각이 전혀 없었다는 사실을, 저는 몇주일 동안이나 깨닫지 못했던 것입니다.

높은 곳에서 지켜보고 있는 동안, 지구는 여러 번 회전했었습니다. 지금에 와서 분명해진 것은(적어도 나에게 있어서는) 시간을 초월하여 그처럼 많은 지식을 얻을 수 있었다는 것과, 한순간에 일어난 일들을 남김없이 표현하려면, 다시 생각해내는데 많은 세월이 필요하다는 것입니다. 사랑과 빛이 제가 알수 있는 모든 것을, 그것도 이승의 생활로 되돌아

올때 배우고 있는 동안, 시간은 정지된 것과 같은 느낌이었습니다.

이 한순간이 지난뒤, 그 차원(次元)에 머물러 있을 것인지, 육체로 돌아갈 것인지를 선택할 권리가 나에게 있었습니다. 시간적으로 한계가 있었고, 이 이상 저승에 있다면 되돌아가고 싶어도 육체 속으로 돌아갈 수 없게 될 것이라는 느낌이 들었던 것이죠.

이 멋진 세계에 대하여 배운 것을 꼭 전해야겠다고 저는 결심했습니다.

그 때까지 아직 사선(死線)을 넘은 사람들의 이야기를 들은 일이 없었습니다. 굉장히 많은 사람들이 죽음을 두려워하고 있었습니다. 육체는 죽지만, 그 속에 있는 인격은 죽는게 아니라는 것을 안다면 모두 기뻐하게 되는게 아닌가 생각됩니다. 지붕 위에서 큰 소리로 외쳐서, 제가 배운 것들을 온 세계 사람들과 나누어 갖고 싶다고 생각했습니다.

우리들은 다른 사람들과 일체라는 것을 모두가 알고 지내야 되리라고 생각합니다. 남을 상처 입히면 자기 자신도 상처를 입는다는 사실을 알아야 됩니다. 그렇게만 되면 전쟁도 미움도 모두 사라지는게 아닐까요.

'이것이 당신의 목표입니다'라고 누가 이야기해 준 것은 아니었지만, 알게 된 이상은 그 지식을 다른 사람들과 나누어 가질 의무가 있다고 생각합니다.

결과야 어찌되든, 해보지 않으면 안된다고 생각합니다. 게다가 저 아름다움과 영감(靈感)의 차원에 있어서는, 자기가 배운 것에 대해 부정적인 반응을 나타낼 사람이 있으리라고는 아무도 생각하지 않을 것입니다.

그전에 있었던 차원으로 돌아가야겠다고 마음먹는 순간에

비로소 머리에서 나와 있는 투명하고 부드러운 끈으로 나는 육체와 연결되어 있음을 알았습니다. 그 끈은 상념(想念)과 같이 —— 저쪽 차원에서 볼수가 있었던 물질로 되어 있던 것을 빼고는 —— 머리에서 나와 있었습니다.

'저승'에 눌러 있으려고 결정하면, 아마도 자기 스스로 '끈'을 끊을 수 있는 것 같았습니다.

또한 육체 속에 살수 없게 되면, 내 자신의 지성(知性)에 의하여 끈이 끊어진다는 것도 알았습니다. 하지만 저는 몸으로 되돌아 갈 결심을 하고 있었기 때문에, 우주의 높은 곳에서 후퇴하기 시작하여, 맨먼저 저에게 예의를 지켜준 애정이 넘치는 사람들이 있는 영역으로 돌아갔습니다.

저쪽도 제가 되돌아 갈 결심을 한 것을 알고 있는듯, 또한 그 사실을 알고 기뻐하는듯 해서 저는 깜짝 놀라지 않을 수 없었습니다. 그들 곁을 지나가는 저에게, 그들은 갑자기 기쁨에 넘치는 노래의 합창으로 작별을 고해 주었습니다.

오늘날 까지 저의 귀에는 그 음악의 장엄함이 남아 있어, 괴로운 일이 생길 때는 추억 속에서, 그들이 애정을 보내준 그 가장 행복했던 순간으로 돌아가곤 한답니다.

그들과 헤어진 뒤, 내 자신이 상념(想念)의 끈을 따라 내려가고 있음을 느꼈습니다.

나는 뒷걸음치면서 그들 쪽으로 '위를 향해' 보고 있었으나 그들은 노래를 부르면서 계속 손을 흔들고 있었습니다. 그 음악소리를 녹음할 수만 있었더라면 얼마나 좋았을까요.

### 지구에 U턴

또 다시 나의 몸과 하나가 된 순간, 나의 사고력은 제어요인(制御要因)이라는 것을 알았습니다.

육체라고 하는 공허한 껍질로 둘러싸여 있는 영혼은 실제로 형체가 있는것이 아니라, 나의 지성(知性)이었던 것입니다.

주위에서 이야기하는 목소리가 들려왔고 간신히 나는 제 자신이 병실에 누워 있음을 알았습니다. 아픔과 상실감과 숨쉬기가 힘들다는 것을 느꼈습니다.

한명의 의사인지, 인턴(수련의)인지가 내 목에 손가락을 집어 넣었기에 저는 심하게 몸부림 쳤습니다.

"이제는 혈압이 올라가겠지"

하고 그들은 말했습니다.

"간신이 숨을 돌렸네요."

하는 간호부의 목소리가 들렸고, 누군가가,

"위험할 뻔 했네요."

라고 덧붙여 말했습니다.

이 사람들, 아무것도 모르고 있구나 하고 저는 생각했습니다. 그리고는

"굉장히 예뻤어요."

하고 중얼거린 것을 기억하고 있습니다.

"예쁘다뇨, 무엇이요, 꿈이라도 꾼것인가요?"

"아아뇨, 꿈은 아니었어요. 사실이었어요."

"무엇이 사실이냐구요?" 간호부는 끈질기게 물었습니다.

저는 머리를 흔들고, 잠이 든채 했습니다. 제가 우주의 꼭대기에 갔었다고 어떻게 이야기할 수 있겠어요?

이 우주의 장엄함을 몸소 체험한 뒤였기 때문에, 몸 속으로 돌아온 것을 알고 저는 의기소침한 상태였습니다.

건강상태는 눈에 띄게 회복이 되어 갔습니다만, 저에게 있

어서는 일상생활에 마음을 집중시키는 것 조차도 굉장히 괴로운 조정기간이었습니다. 저 압도적으로 아름답고 사랑에 가득찬 세계로 돌아가고 싶어서 못견딜 지경이었으니까요.

애정있는 어머니라면 누구나 그렇게 말하리라고 생각됩니다만, 어린 아이를 잃어버린다는 것은, 비록 초기 유산이라도 마음에 상처를 입기 마련입니다.

하지만 저는 이미 선택을 했고, 결단을 내렸습니다. 선택한 것을 실행하기 위해서는 육체에 머물러 있지 않으면 안됩니다.

게다가 저에게는 사랑하는 남편과 소중한 아들이 있어서, 저에게 있어서 두 사람이 필요한 것처럼, 두 사람에게도 제가 필요했던 것입니다. 게다가 저승세계의 사랑과 빛이 아이를 잃은 슬픔을 약간은 보충해 주었던 것입니다.

제가 잃어버린 아이는 살아남아서 '이 불행한 세계'에 해답을 주기 위해 일을 할 수 없었지만, 아마 저라면 할수가 있다고 생각되었습니다.

저승의 여행에서 느낀 해방감과 황홀감, 기쁨을 표현하기에 적절한 단어는 없습니다.

악보를 만들 수 있는 기술이 있었다면, 음악으로 잘 표현할 수 있었을지도 모릅니다. 이런 말을 하는 것은 저는 지금 작곡가들 가운데는 틀림없이 그런 차원을 어느 정도 체험한 사람이 있을 것이 분명하다고 확신하기 때문입니다.

헨델이나 모찰트, 비바르디, 바하가 작곡한 것은 저 숭고하고 멋진 환희의 한 구절이었던 것입니다. 헨델은 그것을 〈메시아〉에서 '할레루야 합창'으로 표현했고, 베토벤은 완전히 귀가 안들리게 된 뒤에 작곡한 〈교향곡 9번〉에서 '환희의 합창'으로 그것을 표현하고 있다고 생각합니다.

하지만, 저는 슬프게도 헨델도, 베토벤도 아닌 것입니다. 남편은 다른 많은 사람들과 마찬가지로, 저에게 어떤 일이 일어났던 것인지 전혀 이해하지 못했습니다.

교회에서 많은 사람들을 돌보고 계신 목사님 조차도 제가 광신자(狂信者)가 된것이라고 생각하고 계셨으니까요.

저는 지금까지 정통적(正統的)인 청교도의 교회에서 자랐었기 때문에 일요학교에서 배운 것들을 그대로 믿고 있었습니다.

결혼하고 살림을 하면서 가정과 지역사회와 교회에서 일해온 저로서는 배운 바에 의문을 가질 이유 같은 것은 없었으니까요.

기독교도들에게는 하늘에 특별히 마련된 곳이 있어서 죽으면 그곳에 가게 되어 있으며, 그곳으로 예수께서 마중나와 주신다. 그런 뒤에 '주님이 다시 오시게 될 때까지' 우리들은 잠들게 되어 있고, 재림하실 때 주님의 힘에 의하여 우리들은 죽음에서 되살아나 주님의 사랑과 아름다움의 세계에 다시 태어난다고 배웠던 것입니다.

저는 예전에 하늘나라에서 산 일이 있고, 그곳에 가면 그 사실을 알게 되리라는 것, 그리고 우리들에게는 두개의 몸이 있는데, 하나는 물질세계에서 사는 동안의 마음을 담는 것이고, 또 하나는 눈에는 보이지 않는 세계에서 활동할 수 있는 불멸의 몸이라는 것을, 아무도 가르쳐 주지 않았던 것입니다. 임사체험(臨死體驗)을 한지 얼마 뒤, 저는 그때까지 다녔던 교회를 떠났습니다.

너무나도 글자 그대로의 성경 해석, 시야를 좁게 만들기 위한 것과 같은 교의(敎義)나 교리(敎理)……그런 설교를 듣는게 못견디게 괴로웠기 때문이었습니다.

귀중한 체험을 모두에게 분배하리라고 큰 기쁨으로 꽉 차 있던 기분은 사라져버리고 나는 입을 다물 수 밖에 없었습니다. 마치 아무도 알고 싶어하지 않는, 말할 수 없이 소중한 지식에 봉인(封印)해 버린 것과 같은 심정이었습니다.

몇년이 지난 뒤, 저는 고대(古代)의 현인이었던 노자(老子)가 쓴《도덕경》에서 '실재(實在)란 말로 정의를 내리기에는 벅찬 것이다'〔《老子》제1장의 〈道可道, 非常道, 名可名, 非常名－도의 길로 삼아야 하는 것은 보통 길이 아니며, 이름의 이름지을 것은 보통 이름이 아니다〉또는 제32장의 〈道常無名－도(道)의 상(常)은 이름이 없다〉〕는 말을 알게 되었습니다. 저는 그 말씀이 옳다고 생각합니다. 존재는 부분적으로 밖에 정의할 수 없는 것입니다. 제 식으로 말한다면, '사랑과 빛의 존재를 부정한다는 것은 하나님의 존재를 부정하는 것이며, 자기 자신의 존재를 부정함과 같다'고 말할 수 있을 것입니다.

## 내가 배운 것 ── 예지능력

내가 겪은 체험에는, 저에게 있어서나 다른 사람들에게 있어서도 도움이 되는 '부작용'이 있었습니다.

회복된 지 몇주일이 지난 뒤, 새롭게 심리적인 작용이 생긴것 같은 것을 알게 되었던 것입니다. 이 지각작용(知覺作用)이 강해진 것은 아마도, 지금은 다른 생명체와 나 자신을 구분하지 않게 된 때문이 아닌가 생각됩니다. 저는 나 자신이 만물의 일부라는 것을 알고 있습니다. 지구가 내는 소리를 듣고, 지구가 우주에서 균형을 유지하기 위해 변화하고 있음을 알게 된 것도 그중 하나의 이유일 것입니다.

예지체험(豫知體驗)은 수없이 많고 그래서 어느 것을 이야기해야 좋을지 판단하기가 어렵습니다만, 저는 예지체험을 세가지 종류로 나누게 되었습니다.

첫째는, 특정된 인물에 관한 일입니다. 1969년의 어버이날에 아들이 전화로 육군에 종군하여 이제부터 월남에 가게 되었노라고 전해 왔습니다. 아들이 밀림속의 일선에 파견된 것은 훨씬 세월이 지나기까지 몰랐습니다.

한달 뒤, 저는 몹시 우울해지는 것을 느꼈습니다. 아들이 부상을 입었다는 것은 알았지만, 어느 정도의 부상이었는지는 알수가 없었습니다.

국기제정기념일(國旗制定記念日)인 6월 14일, 명상과 기도의 도중에 저는 전화로 말하는 것 같은 아들의 목소리를 들었습니다.

"어머니, 저는 괜찮습니다."

일주일이 지난 뒤, 아들로 부터 병원에서 치료를 위해 휴가를 받게 되었다는 짧은 내용의 편지를 받았습니다. 훨씬 뒤에야 폭탄의 파편이 목의 경동맥에서 조금 떨어진 곳에 꽂혔다는 사실을 알았습니다.

아들이 목숨을 건지게 된것을 하나님께 감사드렸지만, 아직 아들의 몸의 안전에 대해서는 신경이 몹시 쓰였습니다.

갑자기 방 안에 '눈에는 보이지 않는 존재'가 저와 함께 있는 것을 느꼈습니다.

'성경의 기도문을 반복하세요'라고 하는 느낌이 들었습니다. '사흘째 되던 날, 주님은 다시 부활하시고……'라는 대목에 왔을 때, '중단하고 귀를 기울여요' 하는 말씀이 들렸습니다.

그때 저는 알았던 것입니다. 아들의 경우, 사흘째란 석달 뒤를 뜻하는 것이어서, 즉 월남으로 간 뒤 석달이 지나면 그는 무사하게 되리라는 것을…….

출발한 지, 꼭 석달째 되던 날에 아들은 사령부로 돌아오라는 명령을 받았습니다.

그는 다른 임무를 맡게 되어 쟝글로 돌아가지 않아도 좋게 되었던 것입니다.

## 큰 재해를 예지하다

두번째 타잎의 경험은, 수 많은 사람들에게 관한 일입니다. 저는 몇번이나 대기권의 균형을 유지하기 위한 필요에 의해 생기는 태풍같은 것을 예지하고, 이 일로 해서 일어나는 참사와 죽음을 글자 그대로 체험하면서 고민했던 것입니다. 무엇보다도 슬펐던 것은 폭풍이 어느 지점을 습격하는가를 꼭 집어낼 수가 없어서, 재해(災害)를 당할 가능성이 있는 사람들에게 경고할 방도가 없었다는 것입니다.

최초의 예지 체험 예는, 임사체험을 한 후 봄에 일어났습니다. 갑자기 매우 무거운 것이 덮치는 것과 같은 이상한 느낌이 들었고, 중압감과 동시에 구역질과 무기력감에 엄습당한 것입니다. 다음에 깜짝 놀랄 또다른 증후가 나타났습니다. 제 자신으로서는 도저히 감당할 수 없는 커다란 힘과 싸우고 있는 것과 같은 느낌이 들었던 것입니다.

"무엇인지 무서운 일이 일어나겠다!"

하고 저는 숨을 가쁘게 몰아쉬면서 외쳤습니다.

몸을 새우와 같이 구부리고 배를 꼭 누른채 온 세계의 고통을 한몸에 지고 있는 것과 같은 나의 모습을 보고 남편은 걱정되어 말을 걸어 왔습니다.

"왜 그래? 어디 몸이 아픈가? 내가 해 줄수 있는 게 뭐지?"

"무엇인지 영문을 모르겠어요. 많은 사람들이 죽게 될것 같아요. 하지만 저로서는 어쩔수 없는 거죠! 무엇인가 재난이 일어나나 봐요! 아주 가까운 시일 안에…… 그래서 압도된 것인가 봐요!"

몸 속에서 체험하고 있던 고통을 억누르려고 몇분 동안 안간 힘을 쓴 뒤, 간신히 평정을 찾았지만 눈물이 멈추지 않았습니다. 그 체험은 도대체 무엇이었을까──그 뒤 일주일 동안, 저는 내내 이상한 생각을 했습니다. 시간이 지난 뒤에, 몸 안에서 경험한 것은 나중에 2마일 앞에 있는 분양지를 습격한 태풍의 발생원인이 된 주변의 대기의 불균형 때문이었음을 알게 되었습니다. 그 태풍의 습격 직전, 저는 일주일 전에 겪은 것과 똑같은 증상때문에 고통을 받아야만 했습니다.

라디오로 뉴스를 들으려고 했으나 정전이었고, 아들을 데리고 자동차로 가서 카 라디오로 태풍에 대한 경보를 들었습니다.

그때 집안에서 전화 벨이 울렸습니다.

전화는 친절한 이웃사람으로 부터 걸려온 것으로서, 자기집 지하실로 피난을 오지 않겠느냐는 이야기였습니다. 우리집에는 지하실이 없었으므로 집에서 나가기 전에 창문을 모두 열어 놓았습니다. 태풍이 습격했을 때, 집의 창문을 완전히 닫아두면 기압의 급변때문에 집이 무너지는 경우가 있다고 만물박사인 친정아버지가 가르쳐 주신 일이 있었기 때문이었습니다.

이웃 집에 있는 지하실에 도착했을 때, 이미 태풍의 강풍은 1마일쯤 되는 곳에 가까이 있었고, 이쪽을 향해 똑바로 진행해 오는게 보였습니다. 그리고는 제 눈 앞에서 태풍은 갑자기 90도로 방향 전환을 했습니다.

"천만다행이네요, 동쪽으로 잘 방향을 바꾸어 주었네요. 아니었더라면 꼼짝없이 당할뻔 했지요."

라고 이웃 사람은 말했습니다. 하지만 저는 알고 있었습니다. 도움을 받을 수 없는 많은 사람들이 눈 깜짝할 사이에 죽어가고 있다는 것을…….

이웃 사람들에게는 제가 체험하고 있는 느낌이 도저히 이해할 수 없으리라고 생각했기에, 저는 고통과 슬픔을 참노라고 안간힘을 쓰고 있었습니다.

기분이 팍 가라앉는 이 사건을 겪은 뒤, 내가 이와같은 대재난의 경고를 받는 것이라면 어째서 좀 더 정보—적어도 사람들에게 미리 알려주기에 충분한——를 받지 못했던 것일까 하고 스스로 되뇌이곤 했습니다.

하지만 최초의 예지체험 이후, 보다 많은 것들이 와락 밀어닥쳐서 압도된 나머지, 보통 생활을 할수가 없게 되었습니다.

저는 의사에게 도움을 요청하여, 의료 최면의 훈련을 받아 제가 받아들이는 정보를 의식에서 차단하지 않으면 안되었습니다.

## 상처 입은 혹성(惑星)은 경고한다

요즘에 와서 조언에 대한 요청을 받으면, 특별한 경우에 한하여 깊은 명상에 잠겨 정보를 얻어낼 수가 있습니다. 다른 새로운 정보와 마찬가지로, 그것도 실용화 되지 않으면 안되며, '결함을 발견하기 위한 실험'도 필요한 것입니다.

그래도 여전히 예지체험 가운데는 부탁을 받지 않았는데

도 체험하게 되는 너무나 강렬한 것이 가끔 있습니다.

다음에, 세번째 타잎의 예지는 장차 우리들에게 영향을 끼칠 '일어나기 시작하고 있는 무엇인가'에 대한 우주적인 지각 (知覺)입니다. 이에는 살아있는 지구라고 하는 하나의 세포뿐만이 아니라 그것을 둘러싸고 있는 우주와 이 혹성 위에 살고 있는 우리들 전체와 관련된 것입니다.

물리적인 우주에서는 무엇인가가 일어나면 반드시 다른 어느 곳에서 균형을 취하지 않으면 안된다는 사실을 저는 알게 되었던 것입니다.

다른 말로 바꿔 말하면, 반드시 무엇인가가 그 공간을 메꾸는 일이 필요하다는 것이죠.

오메가는 반드시 알파와 바뀌게 되며, 어떤 사물이나 상태든, 영원히 오메가나 알파 상태로 존재할 수는 없다는 것입니다.

하나의 세계에서 또 다른 쪽으로 통과하는 소용돌이를 지날 때, 삶과 죽음이 '손상을 입기'는 하지만, 그것은 다만 지성(知性)이 재순환 하여 태어났다가는 여행의 나머지 반을 통해 또다시 물질계에서 사라져 가는 것 뿐인 것입니다── 무한히 말입니다.

모든 존재는 시작도 없듯이 끝도 없다는 이야기입니다. 글자 그대로 만물의 재순환과 거기에 뒤따르는 재성장이 있다는 것입니다.

1970년 초에, 우리 식구가 중서부에서 아리조나주로 이사간 뒤의 일이었습니다만, 기분좋게 개를 데리고 산책을 끝내고 집으로 돌아온 저는 몸이 갑자기 쇠약해진 것과 같은 느낌을 받았습니다. 이 몸이 떨리는 것과 같은 감각에다가 깊은 불안감에 사로잡혔던 것이었습니다.

저는 즉시 제자신이 체험하고 있는 것이 이 혹성에도 영향을 끼치고 있음을 알았습니다. 이어서 태양신경총(太陽神經叢)의 내부에 충격이 있어, 저는 지구의 내부에 심상치 않은 움직임이 발생했음을 느꼈습니다.

몸 전체가 너무나 괴로워 저는 의자를 손으로 더듬어 찾았습니다.

혹성 전체가 흔들려지는 것을 '느꼈고' 제가 느끼고 있는 것은 심한 지진이 일어난 것이거나, 아니면 핵실험과 관계된 일이 틀림없다는 느낌이 들었습니다.

이 체험을 하고 있는 동안 내내 저에게는 이 혹성의 외각(外殼) 구조를 버티는 작용을 하고 있는 바위의 대들보가 갈라지는게 '보인' 것입니다. 그 반향이 지하에 충격파를 보내서 몇천 마일 떨어진 지점의 다른 암층(岩層)에 커다란 영향을 끼치는 모습이 보였습니다.

이 단 한번의 폭발때문에 혹성 전체가 우주공간에서 진동했습니다. 커다랗게 입을 벌린 구멍이 보였고, 그것은 일찌기 지하의 샘이 생명력 그밖의 에너지를 살아있는 혹성이라는 세포의 표면 조직에 공급해 온 곳이었습니다.

의식속에 환상과 정보가 흘러 들어오고 있는 동안, 지구의 표면 밑에 있는 구조가 보였습니다.

그리고 이런 체험을 겪지 못한 분이 생각하기에는 황당무계한 이미지로 생각될줄 압니다만, 나에게는 지구가 내는 비명소리가 분명히 들렸던 것입니다.

마치 지구는 상처입은 짐승과 같은 느낌이었습니다.

저는 혼자서——아니 혼자가 아니라 이 혹성과 함께——울었고, 저의 의식 속에 눈에 보이지 않는 존재가 찾아드는 것을 느낄 때까지 눈물은 멎지 않았습니다.

그 존재는 저 멋진 여행중에도, 그 일이 있은 뒤에도, 자주 저를 찾았고, 오늘도 똑같이 찾아 왔던 것이었습니다.

눈에 보이지 않는 존재를 느낌과 동시에 제자신이 마음의 눈으로 알게 된것과 인류 스스로가 만들어낸 슬픔에 대하여, 이제부터 계시(啓示)되는 것 전부에 대하여 저는 글로 써야만 한다는 사실을 깨달았던 것이었습니다. 또한 지구가 우주에서 자기 자신의 균형을 유지할 필요때문에 파괴적인 폭풍이나 소용돌이 등 혹성의 대변동이 장차 일어날 것을 각오해야만 한다는 것도 알았습니다. 귀를 기울여 주는 사람들이 거의 없기 때문에 혹성이 살아남기 위해서는 많은 사람들이 죽지 않으면 안될 것으로 생각됩니다. 하지만, 이해하는 사람들의 노력에 의해 이 재난을 피할 수 있는 기회는 아직 남아 있는 것입니다.

## 지하 핵실험은 천재(天災)를 불러온다

나중에 알게 된 일입니다만, 이 예지가 찾아든 것은 우리들이 살고 있는 곳의 북쪽에서 지하 핵실험이 있기 일주일 전의 일이었습니다.

그래서 그와 같은 심한 폭풍이 일어나고, 지구의핵(核)이 열을 받아 팽창하는 이유는 지하 핵실험의 초고온에서 생긴 무시무시한 폭발력을 가진 고열을 바깥으로 나가게 하기 위하여, 화산(火山)이라는 형태를 가진 안전 밸브가 평소때보다 많이 열린다는 것을 알았습니다. 요컨대 살아 있는 혹성이라는 세포가 평형상태를 유지하기 위한 표준적인 허용량을 훨씬 넘어 고열을 받았다는 사실을 알게 되었던 것입니다.

또한 지금까지 행해진 미국이나 소련·중국·프랑스가 실

시한 지하 핵실험때문에 생긴 방사능이나 잔류 방사능에 의하여, 이 혹성 주위의 보호층을 형성하고 있는 오존이 침식(侵食)되어서, 결과적으로 우리들은 태양으로 부터 보다 많은 양의 자외선을 받게 되었다는 사실을 깨닫게 되었던 것입니다. 이런 예지를 받은 지 몇년이 지난뒤, 에어졸관(罐)에 활용되고 있는 가스로 말미암아, 지구의 오존층이 서서히 분해하여 줄어들고 있음을 과학자들이 경고하고 있음을 알고, 저는 등골이 오싹해졌습니다.

장기간에 걸쳐서 남아있는 방사성 물질의 입자가 아직 지구를 둘러싸고 있고, 그동안에 차차 우리들을 둘러싸서 보호하고 있는 누에꼬치와 같은 것이 분해되어 버려 우주의 무서운 추위가 이 지구를 둘러싸고 있는 보호층을 뚫고 들어와 극단적인 저온을 일으키고 있다는 것 등을 아마도 과학자들은 생각도 해보지 않은게 아닌가 생각되는군요. 현재 젯트기류(氣流)는 서서히 열대지방에까지 내려오고 있는 중이어서 곡물에 피해를 주고 있는게 사실입니다.

한편, 북쪽의 한대(寒帶)지역에서는 겨울철에 한층 심각한 문제때문에 고통받고 있는게 사실입니다. 이와같은 일들은 몇년 전에 제가 미리 알게 된 사실들의 일부에 지나지 않는 것입니다.

적어도 제가 아는 한, 이 혹성을 구할 수 있는 유일한 방법은 모든 핵실험을 그만두는 것 밖에 없지 않나 합니다.

지구는 앞으로 날씨가 더욱 나빠지고 천재(天災)라고 말하는 극한상항을 체험하게 될 것입니다.

무지(無知)했기 때문에 행해진 인간들의 행위가 현재 일어나고 있는 대재해의 대부분의 원인이라는데 문제가 있습니다. 인간은 장래에도 또다시 무지때문에 지각변동의 원인을 일으키게 된 것으로 생각됩니다.

"하지만, 지금까지도 지구에는 항상 대재해와 극단적인 기후가 있었는데 어째서 대기권의 방사능을 문제로 삼는가요?"

하고 반문하는 사람도 있을 것으로 생각합니다.

그와같은 질문에 대해서는 다음과 같이 대답하려고 합니다.

"그것은 아주 적은 부분만 옳은 말에 지나지 않습니다. 즉, 전우주(全宇宙)는 그곳에 존재하는 모든 혹성이 태어나서 멸망하게 되기까지, 그 자신의 균형을 잡지 않으면 안되고, 균형을 잡을 때, 여러 혹성의 내부에는 일정한 상황이 생깁니다. 그럼에도 불구하고, 우리들은 이런 상황을 계속 확대시킴으로써, 이 혹성의 정상적인 쇠퇴의 과정을 초월해 혹성을 빨리 늙게 만들기 때문에 혹성의 죽음의 시기를 앞당기고 있는 것입니다."

전문가도 아니면서, 시건방지게 이런 말로 그들의 우주 설명에 당혹감을 느끼게 한, 이 백발이 섞인 몸집 작은 늙은이에 대하여, 아마도 과학자들은 코웃음치리라는 것은 저도 잘 알고 있는 것입니다.

저에게는 지금까지 배워서 알게 된 것을 어떻게 처리해야만 할지 알수도 없지만, 1971년 제가 배운 사실들의 대부분은 이미 현실로서 나타나 있습니다.

그리고 아직껏 날씨는 사납고, 지금까지 없던 큰 규모의 화산의 분화가 일어나고 있는 것입니다.

# 제 5 장
# 혹성을 여행하는
# 사후의 영혼

두사람의 서양 신비주의자, 미국의 에드가 케이시와 유럽의 루돌프 슈타이너. 끝없이 그들 두 사람의 영혼은 다음 인생을 준비하기 위하여 다른 혹성으로 여행한다고 한다.

> Ed McEowen : *Citizens of the Cosmos*
>
> (*Venture Inward* Vol. 5. No. 4. 1989
> 필자 에드 마코웬은 미국 미조리주의 농장 경영자이
> 고, 점성술가이다.

## 케이시의 영사(靈査)

에드가 케이시로서는 윤회전생(輪廻轉生) 따위의 이야기를 믿고 싶지 않았다.

그와 같은 생각은 판타멘탈리스트[성서를 글자 그대로 믿는 것을 신앙의 기본으로 삼는 성경 근본주의자-역자 주]이고, 기독교도인 그의 신념(信念)과는 정면으로 대립되는 것이었기 때문이었다.

1923년, 아아더 라마아즈[인쇄회사의 경영자로, 철학과 점성술에 흥미를 갖고 있어서 케이시에게 인생 상담차 자주 찾아왔던 인물-역자 주]라는 사나이의 제안으로 비로소 형이상학적(形而上學的)인 문제에 대한 영사[(靈査) : 투시능력에 의하여 정보를 얻는 것-역자 주]가 행해졌는데, 이 영사에서 나온 이야기는 어느 것이나 케이시가 매우 난처한 철학상의 문제에 중점을 둔 것들 뿐이었다.

케이시의 눈 앞에 업장(카르마)이나 환생(還生)에 대한 계시가 나타난 것은 이때가 처음이었다고 한다. 그러나 뒤에 새롭게 '라이프 리이딩'[한사람의 전생이나 성격·재능 등 인생에 관한 정보를 투시에 의해 알아내는 것-역자 주]을 통해 많은 사람들에게 희망과 이해를 제공하면서 의심은 사라지고 보다 넓은 시야가 펼쳐지게 되었다. 윤회전생이란 이치에 맞

제5장 혹성을 여행하는 사후의 혼  113

는 현상이었던 것이었다.

윤회전생 이야기보다도 더 이상했던 것은 점성술(占星術)에 대한 것과 영혼이 혹성(惑星)에 머무르는 것에 대해 케이시가 설명한 내용이었다.

2500건의 라이프 리이딩 중, 거의 전부는 각자의 인생에게 주는 혹성의 영향에 대해 언급했던 것이었다.

리이딩을 받은 사람들은 일찌기 자기들이 몇번이고 지구에 태어났을 뿐만 아니라, 환생하는 사이 사이에 태양계 주변의 다른 혹성에서 산 일도 있었고, 더 먼 별나라까지 갔었다는 이야기도 고백했다.

이와같은 지구 이외의 방문에 대하여 잠자는 예언자인 케이시는 이렇게 이야기하고 있다.

"그리고, 어떤 종류의 특성을 상징하는 태양계의 다른 영역에 머무는 기간이 있다. 수성(水星)이나 금성(金星), 목성(木星), 천왕성(天王星), 토성(土星)에 있어서는 그대들[케이시의 영사에서는 이와같은 고어(古語)가 흔히 쓰여지곤 했다 - 역자 주] 이승에서 말하는 것과 같은 육체를 갖고 있는것은 아니다. 그렇지 않고 이들 영역에서는, 의식 또는 지각(知覺)이 육체를 떠나서 존재하며, 또한 이들 여러 혹성의 태양계에서 차지하는 위치에 알맞는 반응이 존재한다는 사실이다."

케이시가 주장한 것은 죽은 뒤에, 그의 말을 빌리면 '신(神)의 또 하나의 문을 통과한' 뒤에도 영혼(靈魂) —— 즉, 인간의 인격이며 개성적인 존재——은 계속 생존한다는 것이었다.

육체를 떠나면 '…… 육체속에 있을 때, 혼이라고 불렸던 것이 그 실재[實在 : 엔티티(entity), 전생(轉生)을 반복해도 변함없이 존재하는 것, 영혼과 거의 비슷한 뜻의 케이시 용어임. —역자 주] 의 몸이 되고, 초의식(超意識)이라고 부르는 것이 그 실재(實在)의 의식(意識)이 된다, ……잠재의식은 몸에 있어서의 마음 또는 지성(知性)이 된다.

영(靈)적 영역에서의 성장이 진행됨에 따라서 인격은 차차 사라지고, 그때까지 지상의 체험에서 배운 것은 흡수 소화되어 완전히 이해(理解)된다.

영혼이 저승에 건너가면 어떠한 우주적인 예지(叡智)도 갖는 것은 허용되지 않는다. 사실, 케이시의 리이딩에 의하면,

"…… 많은 사람들은, 그대들이 몇년간이라고 부르는 시간 동안, 자기 자신이 죽었다는 사실을 느끼지 못한채 죽음이라고 호칭되는 상태에 머물러 왔다."

이승을 떠난 사람의 체험이 생존 중에 도달한 의식 상태에 거의 의존하려는 것은 분명하다.

그는 이렇게 설명한다. "죽은 직후, 무의식 기간이 있는데 그 계속 기간은 그 실재(實在)의 영적인 발달 상태에 의해 결정된다. 죽은 뒤 혼(魂)과 영(靈)은, 그때까지 땅 위에서 체험해 오는 동안 마음이 만들어 낸 것을 양식으로 삼고 있는데, 어느 의미에서는 그것에 지배되고 있다. 물질세계에서 얻은 것은 무엇이든 모두 사용하지 않으면 안된다."

에드가 케이시가 죽은 사람의 영혼과 통신하는 일은 거의 없었으나, 그 중에는 아주 대단히 이상스러운 영사(靈查)가 있었다.

몇년 전에 죽은 손 아래 처남과 이야기한 케이시 쪽만의 일방적인 대화였다.

그 대화 속에 나온 것은, 영혼의 세계에서의 변함없는 날

씨에 대한 것이거나, 조부(祖父)는 여전히 집을 계속해서 짓고 있다는 이야기, 동생은 야구를 하고 있다는 등, 그들이 이승에 살아 있었을 때 하던 일과 거의 같은 활동을 하고 있음을 이번에는 저승 쪽에서 말하는 그런 내용이었다. 생전에 친했던 일가 친척과 만난다든가, 과거의 생활양식 그대로 산다든가 하는 이 단계는, 진짜 영계로 옮겨가기 전에 겪는 시기이므로, 조만간에 영혼은 다른 단계로 옮겨가게 되어 있는 것이다.

조정이 끝나면 영혼은 그 사람에게 가장 알맞는, 여러 혹성에 상응(相應)된 의식의 차원으로 옮겨가게 되는 것이 분명하다. 어느 곳으로 가게 되느냐는, 그 사람이 이승에서 살고 있었을 때의 인생의 질(質)과, 장래의 발전에 필요한 성장의 타이프에 의해 결정된다. 어떤 사람의 영혼은 화성(火星)으로, 어떤 이는 금성으로, 또 어떤 사람은 토성(土星)의 영역으로 끌려가게 된다.

## 신(神)과의 일체화를 원하는 영혼

케이시의 시나리오(줄거리)에서, 태양계의 여러 가지 혹성(惑星)들은, 사이클의 한 과정으로서 완료하지 않으면 안되는 성장의 여러 단계를 상징하고 있다.

지구는 이 태양 사이클의 사소한 일부에 지나지 않지만, 태양계의 나머지 부분에서 개발된 마음의 힘이 3차원의 환경에 있어서 구체적인 모습으로 응용되는 세계——이를테면 한가지 우주의 시험장과 같은 곳——인 것이다.

여러가지 혹성의 영향을 체험함으로써, 그 영혼의 실재(實在)가 지구에서 준비해 온 '혼의 몸'은 그가 만나게 되는 파동에 의해 조종된다.

모든 영혼들의 운명이란, 그 영혼이 자기 자신의 추방을 원하지 않는 한, 하나님(신)과 하나가 되는 것이라고 케이시는 지적한다.

이 목표를 향하여 여행을 계속하는 영혼들은 각각의 혹성권(惑星圈)을 우선 완전히 끝내기를 원하고 있는 것 같이 생각된다. 여기에서 표준이 되는 것은 항상 예수 그리스도이다. 케이시의 말에 의하면, 그리스도란 태양의 사이클을 처음으로 완료했고, 지금까지 '다른 여러 단계와 다른 계(系)에 있어서 하나님과의 일체화를 이룩해 온 영혼이다'라는 것이다. 또한 케이시는 이렇게 이야기한다.

"인간이 아버지 하나님과 하나가 되도록 발전을 계속해 가기 위해서는, 의지가 하나님 속으로 사라져 하나님과 하나가 되기까지, 혼(魂)이 의지라고 하는 반려자와 함께, 여러가지 발전단계를 모두 통과할 필요가 있다."

만일, 인간의 의지가 개입하지 않을 경우, 여러 혹성들이 인생에게 어떤 영향을 끼치는가에 대하여 케이시의 영사는 몇번이나 설명하고 있다. 케이시가 어떤 견해를 이야기할 때는 반드시, '탄생때, 혹성이 어떤 배열에 있었을 뿐만 아니라, 실제로 자기 자신이 그 혹성 주변에 있었기 때문에 친숙했던 파동(波動)에 혼이 반응하는 것이다'라고 점성학적(占星學的)인 요인이 영향을 끼친다는 사실을 설명하곤 했다.

이와같은 혹성의 영향에 대하여 그는 '인생에 있어서 지휘권을 쥐어야 하는 것은 의지(意志)인 것이며, 점성술적인 상징이 할 수 있는 것은 단지 그 사람을 정해진 대로 성장을 억제하거나 촉진시킬 수 있는 추진력이나 영향에 지나지 않는다'라고 말했다.

사실, 스스로가 지닌 가장 높은 이상에 의해 선택을 할수 있을 정도로, 높은 성장을 이룩한 영혼의 주인공인 소수의 사람들은, 케이시로 부터 영향을 받은 결과, 의지를 작동시킴으로써 매우 효과적으로 정신적 충동을 개편했으므로, 더이상 육체에 환생할 필요는 없으리라고 말해 왔다.

그렇다고는 하지만, 그 사람에게 있어서 가장 중요한 혹성의 영향을 전혀 받지 않고 끝낸 라이프 리딩은 거의 없는 것이다. 각각의 혹성은 저마다 특유한 의식의 차원을 나타내고 있다. 여러가지 혹성은 이 놀라운 우주 여행의 정류장처럼, '사람들 저마다의 여행 길에 세워진 이정표'인 것이다.

## 여러 혹성들에 있는 영혼들

수성(水星) 주변에 순조롭게 머물수 있으면 고도의 심리적 능력을 갖게 된다는 것을 케이시는 알았다.

이 마음의 능력은 의지가 원하는 바에 따라 건설적으로나 이기적인 목적으로도 활용할 수가 있다. 그는 금성(金星)에 대해서도 사랑과 아름다움, 희망, 평화와 관련시켜 설명하고 있지만, 사랑이란 극단에 가면 음란(淫亂)과 이기주의 같은 것과 연결된다고 경고하고 있다.

금성권(金星圈) 안의 파동에 동조하게 되면, 미술이나 음악적인 재능을 타고나게 되고, 심미안(審美眼)이나 우아함을 갖게 된다.

이와는 대조적으로, 노여움은 화성(火星)과 깊은 관계가 있는 성질인데, 이것을 반드시 해로운 것이라고만 생각할 수는 없다. 어떤 사람은 이런 말을 들었다.

"화내는 것은 좋지만, 죄를 지으면 안된다. 인내심을 갖고 냉정해지기만 한다면 이 말의 뜻을 잘 알게 될것이다."

화성이 요인으로 되어 있는 영사에 있어서는 대개 급한 성격을 자제하라는 충고가 포함되고 있다.

목성(木星)으로 부터는 사람을 고귀하게 하는 감화력, 너그러움, 우주의식이 주어진다고 한다.

바이오렛트 쉐리는, 그의 저서인 《불필요한 환생》에서, '〈이 이상 지구에 환생할 필요가 없다〉는 이야기를 케이시로 부터 들은 사람들 거의 대부분이 금성·수성·목성의 영향을 받고 있다'고 기술하고 있다.

지구와 그 주민에 대한 토성(土星)의 영향은 '돌발적인 변화'이다. 이것에 의하여, 인내심이나 끈기, 진리를 사랑하는 마음 등이 시험받게 된다.

그 영향아래 들어가는 사람의 혼은 그 파동속에 잠기게 된다. 반드시 변화해야만 할 필요는 없지만, 변할 수 있는 것도 하나님의 은총임을 알아야 한다. 영혼의 성장을 계속하는데 있어서 방해가 되는 부자연스러운 욕망이나 강한 증오심을 극복시키기 위하여, 영혼은 토성(土星)으로 추방된다.

케이시의 영사에 의하면, 천왕성(天王星)의 파동에 강하게 동조하는 영혼은, 극단적인 행동이나 사상을 나타내는 경우가 많다고 한다. 토성(土星)의 영향을 받은 사람은 직관력(直觀力이 매우 강하며, 오칼트(숨겨진 지식)에 대한 흥미를 갖게 된다고 했다. 케이시는 자기 자신을 위한 영사도 했는데, 거기에서는 그가 태어나기 전, 천왕성의 차원에서 영혼의 체험을 쌓은 것이 나타나고 있다.

해왕성(海王星)에 대해서는 '…… 물과 가까운 곳, 또는 물 위나 물가에 살면 아주 좋다……그렇게 함으로써 신비가(神秘家)로서의 능력——대다수의 사람들에게서는 볼수 없는, 인간의 주위에 있는 어떤 힘을 보거나 느끼거나 체험하거나 하는 능력과 같은 색다른 것에 대한 흥미——도 주어진다'고 말했다.

1930년에 발견된 명왕성(冥王星)은 케이시가 초기의 영사에서 일곱번째의 혹성인 세프티마스, 흔히 벌칸(Vulean)이라고 부른 혹성일 가능성이 크다.

자기 주장이 강한 성격은, 이 혹성이 부정적인 영향을 끼치고 있는 증거로 알려져 있다.

예수 그리스도와 같이, 그 영향이 긍정적으로 작용하면, 명왕성은 영적인 의식에의 해방 차원이 될수 있으며, 그렇게 되면 인류의 진화를 추진하는 영향을 끼치게 된다.

케이시의 영사에서는 또한 항성(恒星), 특히 아아크토울즈[소몰이 자리의 알파별－역자 주]에 머무르는 이야기가 나온다.

"…… 이 우주의 중심이라고 부를 수 있는 별, 여기를 사람들이 통과하고, 그 기간에 여기에서의 사이클——이 혹성계(惑星系), 즉 우리들에게 있어 태양 또는 지구가 속하는 태양계에서의 사이클——을 완료하기 위하여 돌아와야 할것인가, 다른 태양계로 나가야 할 것인가 하는 선택이 행해진다."

다른 태양계 안으로 들어가기 전에, 우선 이 태양계의 사이클을 완전히 끝낼 필요가 있는데, 여러가지 태양계의 어느 곳에 있어서도 하나님과의 일치는 달성되게 마련이라고 케이시는 시사한다.

에드가 케이시는 인간의 영적인 측면에 주목하고 있는 점성술 연구가들에게 있어서 아주 유익하고 시사성이 풍부한 정보를 제공해 주었다.

케이시의 방법을 높이 평가하는 점성술 관계 서적도 몇권

발간된 바가 있다.

그렇다고는 하지만, 케이시가 말한 점성술적인 선언의 논거가 되는 이론이 확실해진 것은 아주 최근의 일이다. 우주 과학을 배우는 사람이라면, 우선 마아가렛 가몬이 쓴《점성술과 에드가 케이시의 리이딩(*Astrology and the Edgar Cayce Readings* by Margaret Gammon)》을 읽고, 다음에는 라이렛드가 쓴《새로운 점성술을 향하여——에드가 케이시에 의한 방법(*Toward a New Astrology, the Approach of Edgar Cayce* by Ry Redd)》를 읽는게 좋을 것이다.

렛드에 의하면, 케이시의 신비한 판정법의 몇가지는 지금도 행해지고 있는 인도 고대의 점성술의 방식과 똑같다는 이야기이다.

현존하는 방법으로서, 케이시가 추천하는 고대 페르샤의 방식에 가장 가깝다고 보여지는 것에 '힌두교의 브라흐만 법'이 있다.

## 슈타이너의 증언

과학자이며 투시능력자이기도 하고 인지학협회(人智學協會)를 설립한 루돌프 슈타이너(1861~1925)의 저서에도 혹성에 머무르는데 대한 케이시의 정보와 매우 비슷한 이야기가 등장한다.

슈타이너는 1912년 부터 1913년 걸쳐 유럽에서 이 주제에 대한 강연을 한바가 있다. 이 강연의 대부분이 '죽음과 재생(再生)사이의 삶'(*Life Between Death and Rebirth*, Anthroposophic Press. 1968)이라는 제목으로 정리가 되어 출판되었다. 슈타이너의 개념은, 케이시가 말하는 광대한 세계를 향한 인간의 대략적인 여행보다도 훨씬 크게 전개되고 있다.

슈타이너는 스스로의 투시에 의해 연구하였는데, 지구를 떠난 뒤의 환경인 영적인 존재에 대하여 증언하고 있다. 슈타이너의 증언에 의하면, 우리들은 이승에서 저지른 죄와 결점을 짊어지고 영혼의 세계로 이동하지만, 그것들은 여간해서 없어지지 않는다고 했다.

인간은 자기가 이승에서 도달한 의식의 단계에서 출발하여 그것을 기반으로 영혼의 세계에서도 새로운 생활을 위한 통찰력을 개발하지 않으면 안된다.

죽음과 여기에 계속되는 '배태기(胚胎期)인 짧은 수면'을 겪은 뒤, 우리들은 잠에서 깨어나 환영(幻影)의 세계로 들어가게 되는 것이라고, 슈타이너는 말한다.

모든 것은 갑자기 변하고, 이승에서 우리들의 내적인 존재의 내용이었던 사고(思考)와 마음속에서만 그렸던 이미지가 갑자기 외부세계의 현실로서 나타나게 된다. 육체를 갖고 있지 않기 때문에 오관(五官)의 욕구를 만족시켜 줄수는 없다. 지금까지 피부속에 갇혀 있었던 우리들의 영혼은, 바야흐로 우주 속으로 스며들게 된다.

슈타이너는 '이리하여 인간의 마음이 영혼의 세계로 상승(上昇)할 때, 그는 혹성들의 세계로 찾아들게 된다. 우선 달의 세력권 안을, 그리고 최종적으로는 가장 먼 곳에 있는 토성(土星)의 세력권 안에 도달하게 된다. 이것은 모두가 그의 애스트럴체[유체(幽體) 또는 성기체(星氣體)라고도 말하며 보통 육체와 겹쳐져 있으나, 잠들어 있을 때 육체를 떠나기도 하고 죽은 뒤에도 살아남는 초감각적(超感覺的)인 실체(實體) — 역자 주]가 필요로 하는 에너지와 접촉하기 위한 과정이며, 이 에너지는 혹성계(惑星系)에서만 얻을 수있다'라고 말하고 있다.

## 카마로카기(期) ── 지구에서 달 세계로

슈타이너가 '카마로카기(期)'[힌두교에서 말하는 욕계(欲界), 그리스도교에서 말하는 죄를 속죄하고 영혼을 정화(淨化)시키는 연옥(煉獄)과 같음-역자 주]라고 부르는 죽음의 직후 단계에서, 혼(魂)은 육체와 에텔체[육체와 애스트럴체의 중간에 있다고 하는 비물리적(非物理的)인 신체-역자 주]를 뒤에 남겨 놓은채 지구 밖으로 확산해 간다고 했다.

상상하기 어려운 일이지만, 슈타이너의 이론에 의하면 카마로카기(期)가 끝날 때까지, 혼이 사는 공간은 실제로 지구 주위를 돌고있는 달의 궤도의 크기와 같아진다고 한다. 달의 세력권 안에 있는 혼은, 반드시 함께 살았던 존재에 대해 신경쓰는 것은 아니지만, 혼은 모두 상호간 침투된 상태라고 한다.

이 최초의 조정기간에 사람은 아직 이승의 문제들에 대해 강하게 집착한다고 한다.

욕심과 흥미·소망·열정·애증(愛憎)등이 혼을 되돌아가게 하는 저울추 구실을 한다. 깨닫기 시작한 혼에 대한 카마로카기의 작용이란, 영(靈)의 세계에 존재하지 않는 것에 대한 생각을 끊는 것으로서, 이러한 애착이 물질계(物質界)에 가까우면 가까울수록, 이것을 끊으려는 작용도 강하게 작용된다.

카마로기의 단계에서, 혼(魂)은 지상에서 친밀한 관계에 있었던 사람들 ── 그들도 이미 이승을 떠난 존재들이다 ── 과 다시 만나게 된다. 슈타이너는 이들 친했던 사람들의 모

제5장 혹성을 여행하는 사후의 혼    123

습이 환영(幻影)을 통해 보이고, 자타(自他)의 관계가 이승에 존재해 있었을 때의 관계 그대로 선명하게 느껴진다고 말하고 있다.

혼은 전에 가졌던 관계를 다시 경험하게 되나, 그것을 변경시킬수 있는 힘은 없다고 한다. 그래서 꺼림찍하게 느낀다든가, 다른 행동을 취했었더라면 좋았을 것을 하고 생각하는 것은 혼에게 있어서 아주 커다란 부담이 된다.

이것은 매우 괴로운 체험이 될 가능성이 있는 셈인데, 슈타이너에 의하면 죽은 자는 '……이 상황을 필요로 하며, 이와같은 고통을 피하는 것이 앞으로에 있어서 장해가 된다는 사실을 잘 알고 있다'는 것이다.

달의 세력권 안에서는, 육체로 또다시 환생할 때 이승에서 저지른 잘못을 메꾸는 것을 가능케 하는 업장(카르마)의 과정이 시작하게 된다.

또다시 마주치게 되는 관계에 대하여 슈타이너는 다음과 같이 말한다.

"감지(感知)된 것을 천천히 살펴보고, 그 관계를 체험함으로써 우리들의 혼 속에 우선 최초로 영적인 원형(原型)이라는 모습으로 에너지가 형성된다. 이런 현상은, 업장(카르마)이 우리들을 올바르게 미래로 이끌어 주기 위해서도 또 다음의 환생에서 다른 사람들과 공동으로 업장 조절을 하기 위해서도 필요한 일인 것이다."

혼이 지상의 생활과 연결된 모든 것을 깨끗이 버렸을 때, 카마로카기(期)는 끝나게 된다.

이것들은 하나의 충동으로서 계속 지니게 되지만, 더 이상 우리들을 이승으로 돌아가게 하지는 못한다. 그것들은 달의 세력권 안에 '각인(刻印)되어' 남게 된다.

분명히 아카식레코드[산스크리트어로 허공(虛空)을 뜻하는 '아카샤'에 기억되고 있다고 하는 온갖 욕망・상념(想念)・감정・행동 등의 기록－역자 주]에 접하게 되어 '사람들이 저마다 짊어지고 있는 부채액은 그대로 달의 세력권 안에 기록되고 있다'고 슈타이너는 말하고 있다.

## 금성→수성→태양 —— 그리스도 체험

한편, 혼은 금성(金星)의 영역으로 확대된다. 여기에서의 경험은 이승에서 획득한 도덕성에 따라 결정된다.

남에 대한 사랑이나 동정에 가득찬 지상생활을 경험했다면, 혼은 금성의 주민들과 사이좋게 살수가 있다. 이와 같은 사람들을 영의 세계에서는 복받은 이라고 부른다.

도덕심이 결여된 사람들은 은둔자처럼 살게 되고 '……끊임없이 다른 사람들과 친하게 지내고 싶다고 생각하지만, 그 소망은 이루어지지 않고 무서운 고독 속에서 지내야만 한다'고 슈타이너는 말한다.

달의 세력권 안에서도 그러했듯이, 금성에 있어서의 인간관계도 상상할 수가 있는데 그 관계는 변경될 수가 없다.

다음에 수성(水星)의 세력권 안으로 진입하게 된다. 이 영역에서는 또다시 이승에서의 종교적인 태도 —— 무한한 존재와의 일체감을 —— 에 충실해 왔는가 아닌가에 따라서 우호적인 존재가 될수가 있고 고독에 빠질 염려도 있다. 여기에서 일체감을 만들어 내지 못한 혼들은, 수성 이외의 주민들과 어떤 종류의 접촉을 하는 것도 본질적으로 거부된다.

종교심(宗敎心)이 있는 사람들은, 그 신념에 따라서 집단을 만들게 되어 있다고 슈타이너는 말하고 있다.

혼은 수성에서 태양에로 확대되어 간다.

그동안 관계가 있었던 사람들과 이승에서의 여러가지 기억의 환영(幻影)에 대한 관심은 엷어진다. 땅 위에서 '그리스도 충동(impulse)'과의 관계를 확립하여 이것을 태양권 안에 갖고 들어왔느냐 아니냐가 중요한 문제가 된다. 슈타이너의 말과 같이 '그리스도는 하나님의 영(靈)의 종자를 인간 하나하나의 혼에게 뿌렸다. 따라서 사람의 혼의 진화란 이와 같은 것을 차차 의식하게 되는 것이다'

혼은 그 도달 정도에 알맞게 태양의 다른 주민들, 나아가서는 통치자인 태양령(太陽靈), 그리스도와 교류한다.

만일, 골고다[그리스도가 십자가에 못박힌 곳―역자 주]의 역사적 사실을 이해하지 못한다면 태양기(太陽期)에는 공허한 상태를 만나게 된다고 슈타이너는 말하고 있다. 그의 말에 의하면, '그리스도는 강림하기 전에 땅 위에 있지 않았고, 죽음이 없는 영역에 살고 있었다. 그리스도는 신들 가운데 오직 죽음을 알고 있는 한사람이었다. 그런고로 그리스도를 알려면 주님의 죽음을 이해하지 않으면 안된다. 또한 이것은 본질적인 것이기에 골고다의 비의(秘儀)는 죽음이 존재하는 땅 위에 있을 때만 이해할 수가 있다. 만일, 우리들이 이승에서 주님과의 관계를 이룩하지 않았다면, 고차원의 세계에서도 그리스도를 체험할 수가 없다. 우리들은 태양기(太陽期)에 머물러 있는 동안, 주님의 옥좌(玉座)가 비어 있음을 알게 된다. 그러나 우리들이 그리스도의 충동을 계속해서 지니고 있을 수 있는 경우에, 태양의 옥좌는 빈 자리가 아니다. 그때, 우리들은 그리스도를 의식력(意識力)으로 발견할 수 있는 것이다.'

태양을 지나서 화성·목성·토성의 주변 지역으로, 위험

을 무릅쓰고 들어가서, 장래의 구체화에 필요한 것을 수집하기 위해서는 루시퍼(Lucifer)로 알려진 존재의 도움이 필요하다.

슈타이너는 말한다.

'인간은 루시퍼(금성, 사탄)를 만나게 된다—유혹자(誘惑者)로서가 아니라, 여행에서 전진할 생각이라면 그 곁에서 함께 여행하지 않으면 안되는 정당한 힘으로서……물질계에서의 루시퍼는 악으로서 작용하지만, 죽은 뒤, 인간에게는 태양권에서 미래의 동반자로서 루시퍼가 필요하다. 그는 루시퍼와 만나지 않으면 안되며, 루시퍼에서 부터 그리스도에 이르는 여행을 계속해야만 한다.' 결국 혹성 바깥에서의 루시퍼의 작용은 장래 카르마의 조정자이며, 인간의 몸을 준비하기 위해 필요한 에너지로 인도하는 안내인 것이다.

이 세상에 살아 있었을 때, 그리스도 가까이에 있었다면, 그 사람은 태양의 영역을 지나도 여전히 전생의 기억과 업적을 마음속에 지니고 있을 수가 있다.

땅위에서 물질적인 것 밖에 관심이 없었던 인물은, 앞으로는 많은 광명을 찾아볼 수 없다. 의식은 흐려지고, 육체를 다시 구축하여 심판을 받을 자격을 얻기 위해 필요한 보다 높은 계층'의 존재와의 접촉은 불가능해진다.

이렇게 불행한 사람들은 다음 인생에서도 빈약한 능력 밖에 얻지 못한다.

나선꼴에서 하강 곡선이 계속되지 않듯이 '루시퍼'는 두번째의 타락한 지상생활 뒤, 그와 같은 영혼에 따라 붙는다. 슈타이너는 이야기한다. '만일, 루시퍼가 그 싯점에서, 가까이 와주지 않는다면 그는 좀더 깊은 어둠과 만나게 되리라. 그가 전술한 바와 같이 살아왔기에 루시퍼는 그에게 가까이 다

가와서, 다음 지상의 환생에 필요한 에너지와 생명에 광명을 줄 수가 있는 것이다.'

다시금 육체 속에 들어갈 때, 사람은 '……어디에 있어도 지구 위에서 루시퍼의 유혹을 받을 수 있도록 자기의 기관을 준비하는 재능과 능력을 완전히 갖추게 된다.'

이와같이 해서, 자기만의 일에만 관심이 있는 혼——똑똑하다면 투시능력이 있으나 대개는 차갑고 계산 빠른 성질의 소유자이다——이 이승에 보내지게 된다. 그러나 이것은 두 번째의 기회인 것이다.

저승에는 진짜 나쁜 영 따위가 존재할 까닭이 없다고 생각해서는 안된다.

이와같은 영들이 존재하기 때문이다.

죽음과 환생의 두개의 문 중간에 그와같은 존재의 시중을 들고 있는 영이 있다고 슈타이너는 시사하고 있다.

이승에서 쾌락의 추구에만 열중했던 사람들은, 아아리만 이라는 이름을 지닌, 항쟁과 방해를 지배하는 정령(精靈)의 지배아래 들어가게 되기쉽다.

또한, 이승에서 양심적으로 살지 못한 사람들은 죽음과 질병을 관장하는 정령의 시중을 드는 운명을 갖게 된다.

"땅 위에 질병이 출현하려면, 어떤 영적인 존재가 질병을 영계에서 물질계로 유도하지 않으면 안된다."

고 슈타이너는 설명하고 있다.

### 화성→목성→토성 —— 우주 에너지를 받는다

이제까지 혹성과 혹성 사이의 여행 이야기를 하였는데, 다음에는 화성의 영역으로 들어간다.

이곳에서는 화성권(火星圈)과 조화를 이루고 있는 장엄한 음악을 경험하게 된다. 땅 위에서 영이 축적한 것은 화성권에서 유익하게 활용되지만, 자기 스스로 빛을 발휘하지 못하는 혼은, 이 주변을 은둔자로서 통과하지 않으면 안되고, 다음 환생에 필요한 에너지를 수집할 기회가 거의 없게 된다.

이들 존재는 화성과 관계된 공격적인 경향을 인수받게 되는데, 슈타이너가 화성권에서 도달될 수도 있다고 말한 '혹성에서 변용(變容)된 결과 얻어지는 고차적인 에너지'를 받을 수는 없다.

목성을 향하여 계속 확대를 해감에 따라서 천체(天體)의 조화는 '……오케스트라의 음악이 합창으로 변해가듯이' 변화하고 '……마침내 주위의 너무나 강력한 힘 앞에 우리들의 감각은 마비되고 만다.'

만일, 그리스도와 연결되어 있기 때문에 아직 의식이 눈뜨고 있으면 토성권(土星圈)에서는 매우 중대한 일들이 우리들 눈 앞에 펼쳐지게 된다. 슈타이너는 이야기한다.

'그리스도의 힘에 의해 땅 위에서의 초기 상태의 기억이 유지되고, 흐려져 가는 의식에서 생기는 공포의 상태에서 우리들이 지켜진다면——특히 현재의 혼 상태에 있어서——보다 높은 도덕적 요구에로, 또한 거의 전 우주적 존재가 되기 위하여 땅위의 생활을 조화시키는게 얼마나 적었던가를 깨닫게 된다. 우리들에게 지난날의 이승생활이 비난과 함께 눈 앞에 나타난다.

그리고 이것이 가장 중요한 것인데 일면의 암흑에서, 저승 사이에 카르마로서 형성된 전생의 총결산이 혼의 앞에 나타난다.' 이제 더 이상 우리들의 시계(視界)가 흐려지는 일은 없다.

토성(土星)을 지난 뒤에도, 혼은 그 영성(靈性)의 정도에 따라서 보다 먼 영역으로 여행한다. 의식은 점차 흐려져 간다.

최고의 비전(祕傳)을 전수받은 사람을 제외한 모든 인간들에게 있어서는 영적(靈的)인 잠이 시작된다. 혼이 '완전히 공간으로 퍼진 구체(球體)'가 되면, 태양계를 넘어오는 우주 에너지가 혼 안으로 흘러 들어온다.

그후, 혼은 여러 혹성을 통과하고 되돌아 와, 또다시 사이클을 시작하기 위해 새롭게 자궁(子宮)에서 태어나게 될 때까지 축소를 계속한다.

돌아오는 길에는, 밖을 향한 여행 도중에서 혹성권에 아로새겨 놓은 것 전부와 또다시 만나게 된다. 일정한 탄생 시간에서 계산해낸 여러 혹성의 배치를 점성술적으로 묘사하면, 천상계(天上界)에서 있었던 혼의 경험이 상징적으로 그려질 수 있다고 슈타이너는 시사하고 있다.

## 환생(還生)을 되풀이 하는 우주 시민

케이시와 슈타이너의 투시에는 유사점 뿐만 아니라, 서로 틀리는 점도 있는데, 두 사람이 다같이 이승에서의 인생은 빙산의 한 부분에 지나지 않으며, 인간의 본성(本性)은 우주의 시민이라는 점에서 일치되는 것 같이 생각된다.

분명히 두 사람 다같이, 인류는 스스로의 마음 속에 태양계 전체를 포함하고 있다고 이야기하고 있기 때문이다.

에드가 케이시는 이승에서의 체험을, '우주적인 파동(波動)의 시험장' —— 즉, 여러가지 체험에서 배운 것을 실천하는 곳, 또는 발달단계 —— 이라고 생각했다.

물질계에서 응용된 혼의 성질이나 태도는 끊임없이 활용되어 일단 의식과 결합되게 되면, 그것은 개인적인 특질이 된다. 그것이 가치있는 것일 경우에는 일치를 향한 끝없는 상승을 계속하면서 하나님을 위해 헌신하게 될 것이다.

슈타이너에게 있어서, 지구는 영적인 인식을 얻는 장소였다. 영의 세계를 감지하는 능력은 땅 위에서 개발되게 마련이고, 이런 능력을 지니지 않은채 육체에서 떠나면, 저승에 갔을 때, 고독하게 살게 된다는 것이다. 죽음이란, 이 지구 위에 밖에 존재하지 않는다고 하는 점도 두 사람의 일치된 점이다.

생명에는 끝이 없듯이, 한번 죽음의 문을 빠져나온 뒤에도 일찌기 우리들이 땅위에서 맺은 관계의 질에는 변화가 없다. 땅 위에서 비롯된 부정적인 카르마(업장)는 그것이 만들어졌던 때와 똑같은 환경 밑에서 속죄가 되지 않으면 안된다. 슈타이너는, 죽은 자에게는 땅 위에서 범한 잘못을 영의 세계에서 고칠 수 있는 힘이 없다고 강조하고 있으며, 이와같은 괴로움에서 빚어지는 고통에 대하여 설명하고 있다.

이와같이, 케이시도 슈타이너도 몇번이고 환생할 필요가 있다는 사실을 설명하고 있으며, 혹성의 주변에서 그 준비를 한다는 것에도 공통된 생각을 갖고 있다.

사랑하는 이의 죽음을 경험한 사람들에 관해, 두사람의 투시가는 살아있는 사람이 죽은 사람을 돕기 위해 어떻게 하면 좋은가에 대하여 설명하고 있다.

슈타이너는 세상을 떠난 사람의 얼굴을 눈 앞에 그리면서 그 사람에게 심령과학에 관한 책을 읽어줄 것을 권유하고 있다. 그는 또한 매일 밤, 자기 전에 사랑하는 죽은 자의 영혼에 대하여 생각하는 것만으로도 도움이 된다고 말하고 있다.

제5장 혹성을 여행하는 사후의 혼  131

에드가 케이시는, 영적인 전달을 위해서 서로의 영적인 파장을 맞출 필요가 있지만, 살아있는 사람이 죽은 사람으로부터 많은 것을 얻을 수는 없다고 경고하고 있다. 그러나 방금 죽은 사람에게는 정성어린 기도가 크게 필요하다고 한다.

어떤 여성으로 부터 죽은 남동생의 혼을 구하기 위해서 무엇을 했으면 좋겠느냐는 질문을 받은 케이시는 이렇게 대답하고 있다.

"잊지 말고 그를 위하여 함께 기도를 해 줄것, 그리고 그를 곁에 붙잡아 두려고 하지 말것. 그도 또한 체험을 통해 빛을 향한 길을 걸을 수가 있다는 것을 잊지 않도록……죽은 이에게는 올바르게 살아가고 있는 사람의 기도가 필요하다. 덕을 쌓은 영혼의 기도는 잘못을 범한 많은 혼——비록 그 혼이 육체 속에 있다고 해도——을 구하게 되리라."

# 제6장
# 그리스도의 전생(前生)
## —— 매장된 윤회사상

케이시가 영사(靈査)한 바에 의하면 그리스도는 서른
번의 생애(生涯)를 살았다고 한다. 윤회전생하는 사상
은 한때 그리스도교 내부에서도 믿어왔던 것이다. 그
말살된 진실을 추구해 본다.

Glenn Sanderfur : *Jesus' Past Lives?*

(*Venture Inward* Vol. 4. No. 4. 1988)

필자인 그렌 샌더휘는 미국 버지니어주 비취에 거주하고 있다.

## 확인된 예수의 여러가지 전생(前生)

〈예수께서 가이사랴 빌립보 지방에 이르러 제자들에게 물어 가라사대, 사람들이 인자를 누구라 하느냐, 가로되 더러는 세례 요한, 더러는 엘리아, 어떤 이는 예레미야나 선지자 중의 하나라 하나이다. 가라사대 너희는 나를 누구라 하느냐.〉 (《마태복음》 16장 13절〜15절)

예수의 여러 전생이 확인된 것은, 예수가 제자에게 물은 이 질문과 똑같은 물음에 대한 에드가 케이시의 대답에 의해서였다. 트란스 상태에서 영사(靈査)를 끝내고 평상시의 의식을 되찾은 케이시에게 있어서, 이는 무엇보다 기겁을 하게 놀랄만한 계시(啓示)였다. 하지만, 지금까지 해왔던 의료나 건강에 관해 영사한 정보가 그러했던 것과 마찬가지로, 이 계시도 마침내 주위 사람들에게는 차츰 진실성을 띄기 시작하게 된 것이다.

영사한 것 전반에서 나오는 전생(前生)이라는 사고방식과 마찬가지로, 이 새로운 관념에 대해서도 문제가 된 것은, 시험해 보고 그 결과가 입증되는 의료 영사 같은 것과 달라서 믿는 수 밖에 없고, 증명할 수도 반증(反證)할 수도 없다는 점이었다.

제6장 그리스도의 전생(前生) 135

성경에서 다시 태어나는 전생을 지지하는가, 안하는가에 대하여 조사를 마치고 난 다음, 케이시는 말했다.

'성서에서는 다시 태어난다는 것을 읽을 수 있다——당신들도 이해할 수 있으리라.' 그런데, 인간이 전생(前生)을 산 일이 있었다는 개념은 성경에서 용납되지 않는 것이었을까? 그와 같은 억측은 신성(神聖)——특히 하나님의 아들인 예수에 대하여——을 모독하는 것이었을까?

후자의 물음에 대해서는 즉시 아니라고 대답할 수 있다. 까닭인즉, 앞서의 《마태복음》를 비롯하여 다른 3가지 복음서에도 같은 기술이 있듯이, 예수 시대의 사람들 사이에서도 그와 같은 의논이 있었다는 것은 극히 당연했기 때문이다.

성경의 기록을 조사해 볼 때, 혼(魂)이 다음의 인생을 위하여 되돌아 올 가능성이 있다는 것은, 적어도 예수나 그 제자들에게 받아들여져, 당연하게 여겼으리라고 생각된다.

구약성서에서는 〈보라 여호와의 크고 두려운 날이 이르기 전에 내가 선지(先知) 엘리야를 너희에게 보내리니〉(《말라기》 4장 5절)라는 예언으로 끝맺고 있으나, 신약성서의 처음 부분에서도 예수는 이 예언을 확인하고 있다.

〈제자들이 문자와 가로되 그러면 어찌하여 서기관들이 엘리야가 먼저 와야 하리라 하나이까. 예수께서 대답하여 가라사대 엘리야가 과연 먼저 와서 모든 이를 회복하리라. 내가 너희에게 말하노니 엘리야가 이미 왔으되 사람들이 알지 못하고 임의로 대우하였도다. 인자도 이와같이 그들에게 고난을 받으리라 하시니 그제야 제자들이 예수의 말씀하신 것이 세례 요한인줄을 깨달으니라〉(《마태복음》 17장 10절~13절)

이것을 인용한 것은, 요한을 예로 들어서 전생(前生)을 가진 사람에 대해 예수가 말한 것을 명확하게 지적한 것처럼 생각된다. 그뿐만이 아니라, 이 이상은 더 뚜렷이 설명하지 않아도 제자들로서는 예수의 말이 뜻하는 바를 알고 있었다는 사실은, 제자들이 이와 같은 생각에 친숙해 있었고, 정통해 있었다는 것을 암시하는 것이라고 생각된다.

마찬가지로 일반 사람들도, 이 같은 생각에 친숙해 있었다는 것은, 앞서 인용한 제자들에게 한 예수의 질문에서 뿐만 아니라 다음의 글에도 잘 나타나 있다.

〈분봉왕(分封王) 헤롯이 이 모든 일을 듣고 심히 당황하여 하니 이는 혹은 요한이 죽은 자 가운데서 살아났다고 하며, 혹은 엘리야가 나타났다고도 하며 혹은 옛 선지자 하나가 다시 살아났다고도 함이라〉(《누가복음》9장 7절~8절)

다시 태어나는 문제를 조사해 온 어느 성서학자(聖書學者)는 이렇게 말하고 있다.

"신비주의(神秘主義)적인 유대교에서는 옛날부터 전통적으로 다시 태어난다는 신앙이 있었고, 이 전통의 기원은 아주 분명한 것으로, 서력기원(西曆紀元)의 초기에 까지 거슬러 올라갈 수 있다."[원주(原註) : ①]

## 기독교에 있어서의 윤회전생의 신앙

그 당시의 역사를 쓴 유대인의 역사가 후라뷔우스 요셉프스는, 당시 유대교의 일파(一派)인 바리새파(派)가 선량한 혼(魂)은 새로운 육체에 깃들여져 이 세상으로 되돌아 온다고 믿고 있었다는 것을 지적하고 있다.[원주(原注) : ②] 그는 또, 불멸의 혼이 사멸하는 몸에 살려고 하는 엣세네파(派)의 사상을 인용한[원주(原注) : ③] 다음, 에세네파도 생명의 연속성을 믿는 분파로 분류하고 있다. 요셉프스 자신도 또한 이와 같은 것을 믿고 있었음에 틀림없다. 까닭인즉, 유대 병사들에 대한 한 연설에서 그는 이렇게 말하고 있었기 때문이다.

〈여러분은 알지 못하는가? 모든 더럽혀지지 않은 혼(魂)은 이승에서 이별을 고할 때, 하늘에서 가장 성스러운 장소가 주어지고 또한 그 혼은 시간이 흐른 다음, 다시금 깨끗한 몸에 깃드는 것이다.〉〔원주(原注) : ④〕

성서와 역사가들이 말하는 바는 일치하지만, 바리새파나 에세네파와는 달리 사두개파는 몸도 혼도 함께 죽으면 없어진다고 믿고 있었다.

사두개파가 혼의 불멸을 믿고 있지 않았던 것은 케이시의 영사(靈査)로 확인된바 있고, 또한 이 문제는 예수에게 던져진 사두개파의 핵심적인 질문이 되는 것으로서, 3개의 복음서에서 논(論)해지고 있다고도 씌여져 있다. 이들 복음서에는, 〈부활이 없다 하는 사두개인들〉이 예수께 와서 물어 가로되, 몇사람의 남편과 결혼한 여자는 부활했을 때, 누구의 아내가 되리이까? 하고 질문하는 대목이 있다. 〔《마태복음》22장 23절, 《마가복음》12장 18절, 《누가복음》20장 27절 참조〕이에 대한 예수의 대답〔역주 : 1〕은 '저승'에서의 생활에 대해 설명하고 있으나 교의(敎義)에 있어서의 논쟁에서 어느 한쪽에 가담하기를 의도적으로 피한 듯하다. '부활(復活)'이라는 말은 실제로, 그 당시의 사람들에게 있어서 다시금 생명계(生命界)에 육체를 지니고 태어나는 것을 뜻하고 있었다고 케이시는 말하고 있다. 이것은 예수와 제자들 사이에서 주고 받은 내용에도 나오는, 혼이 무덤에서 되살아 나서 새로운 생명을 얻는다는 개념에서 나온 말이었다. 오늘날 우리들은 이것을 윤회전생(輪廻轉生 : Reincarnation)이라고 부르고 있다.

'부활'이 죽은 뒤에 새로운 생명을 얻는 것을 뜻한다고 하는 생각은 옛날부터 이미 구약성서의 《이사야》26장 19절에서도 뒷받침되고 있다. 《이사야》에서는 당시 갇힌상태에 있던 이스라엘이 언제 해방되는가에 대하여 의논하는 이사야가 '당신들 죽은 자는 살아나고, 나의 시신은 되살아납니다.'라고 약속하고 있다.

1878년에 간행된 《이집트인의 신앙과 현대사상(現代思想), Egyptian Belief and Modern Thought》의 저자인 제임스 본위크에 의하면, 이집트 사람도 '부활'이라는 말이 새롭게 태어난다는 것을 뜻하는 것으로 생각했다고 한다. '많은 장례문서(葬禮文書) 중에도 사실상, 부활은 새로운 존재——다시 말해서, 신생아(新生兒)이고 새로운 젊은이—— 로 소생하는 것에 불과하다는 것이 명확히 표시되고 있다'고 본위크는 말하고 있다.[원주(原注) : ⑤]

《사도행전》23장 8절에도 '부활'이란 말이 다시 등장하고 있는데, 여기에는 주목할 만한 가치가 있다.

이는 〈사두개인은 부활도 없고 천사도 없고 영도 없다 하고 바리새인은 다 있다 함이라〉

분명히 이것은 예수의 부활에 대하여 언급한 것은 아니다. 까닭인즉 바리새인들은 그와 같은 그리스도교에 바탕을 둔 개념을 받아들이지 않았고 천사나 영(靈)이 오직 한사람 예수에게만 관계되는 것도 아니었기 때문이다. 만약에, 여기에서 말하는 '부활'의 단어가 혼(魂)이 죽음에서 되살아 나서 새로운 생명을 얻는다거나, 또는 윤회전생(輪廻轉生)한다는 뜻이고, 또한 이들 종파의 교의(敎義)와 신앙에 대하여 역사상 알려져있는 사실도 당연히 고려해야 한다고 할 것 같으면, 《사도행전》4장의 처음 1절~2절은 새롭게 중요한 의미를 갖고 있다.

〈사도(使徒)들이 백성들에게 말할 때에, 제사장(祭司長)들과 성전 맡은 자와 사두개인들이 이르러, 백성을 가르침과 예수를 들어 죽은 자 가운데서 부활하는 도(道)의 전(傳)함을 싫어하여……〉

따라서, 이 일절은 제자들이 예수의 권위를 통해, 사두개파가 반대하는 교의(敎義)인 윤회전생이나 또는 죽음에서 부활한다는 신앙을 설교하고 있었다는 것을 긍정한 것으로 보았다고 해석해야 될 것이다.

## 성경에 있는 사례

성경에는 이미 인용한 것 이외에도, 혼이 태어나기 이전부터 존재하고 다음 번 인생을 위해 되돌아 올때가 있다고 하는 신앙의 인정을 뜻한다고 볼 수 있는 사례가 아직도 남아 있다. 예를 들면 다음과 같다.

1. 《요한복음》9장은 다음과 같은 이야기로 시작되고 있다.

〈예수께서 길 가실때에 날 때부터 소경된 사람을 보신지라 제자들이 물어 가로되, 랍비여 이 사람이 소경으로 난 것이 뉘 죄로 인함이오니이까, 자기오니이까, 그 부모오니이까. 예수께서 대답하시되, 이 사람이나 그 부모가 죄를 범한 것이 아니라 그에게서 하나님의 하시는 일을 나타내고자 하심이니라.〉(《요한복음》9장 1절~3절)

제자들은 분명히 소경인 것은 본인이나 또는 부모의 죄때문이라고 믿고 있었다. 그 사람이 태어나면서 부터 소경인 경우, 죄가 그 사람의 것이라면, 그것은 전생에서 저지른 것이었을 것이다. 예수는 죄가 여기에는 관계없고 소경은 하나님의 일이 나타난 것이라고 말하고 있으며, 제자들의 질문의 논리에 대하여 반론도 비난도 하고 있지 않다. 오히려 예수의 대답은 이 경우, 단지 다른 해석이 있다는 것을 말하고 있는 것처럼 보인다.

2.《잠언》8장의 다음 각 절에서는 지혜에 대하여 말하고 있는데, 이 설명은 혼에 대한 것을 의인화(擬人化)하여 말하고 있는 것 같이 생각된다.

22절 : 〈여호와께서 그 조화(造化)의 시작 곧, 태초에 일하시기 전에 나를 가지셨으며〉

23절 : 〈만세전부터, 상고부터, 땅이 생기기 전부터 내가 세움을 입었나니〉

24절 : 〈아직 바다가 생기지 아니하였고, 큰 샘들이 있기 전에 내가 이미 났으며〉

3.《시편》90장의 모세가 하나님에게 하는 기도를 들어 보기로 한다. 여기에서 모세는 목숨의 덧없음을 말하고 있으나, 몇번씩이나 이승으로 되돌아 올 필요가 있음을 인정하고 있다.

1절 : 〈주여, 주는 대대에 우리의 거처가 되셨나이다.〉

2절 : 〈산이 생기기 전, 땅과 세계도 주께서 조성하시기 전 곧 영원부터 영원까지 주는 하나님이시니이다.

3절 : 〈주께서 사람을 티끌로 돌아가게 하시고 말씀하시기를 너희 인생들은 돌아가라 하셨사오니〉(람사 번역)[역주 : 2]

4. 다음에 인용하는 것은 예언자 예레미야의 혼(魂)이 태

어나기 이전부터 존재하고 있었고, 하나님을 알고 있었다는 것을 보여주는 것이 아닐런지?

〈여호와의 말씀이 내게 임하니라 이르시되 내가 너를 복중(腹中)에 짓기 전에 너를 알았고 네가 태(胎)에서 나오기 전에 너를 구별하였고 너를 열방의 선지자로 세웠노라 하시기로〉(《예레미야》1장 4절~5절)

5. 다음의 성경 기록은 혼(魂)이 원래 존재한다는 것, 인간에게는 기억되지 않는 사실이 있다는 것에 대해 기술한 것으로 생각된다.

〈무엇을 가르켜 이르기를 보라. 이것이 새 것이라 할것이 있으랴. 우리 오래 전 세대에도 이미 있었느니라. 이전 세대를 기억함이 없으니 장래 세대도 그 후 세대가 기억함이 없으니라〉(《전도서》1장 10절~11절)

6. 케이시의 영사(靈査)는, 신앙과 은총에 의하여 또한 예수 그리스도를 모범적인 신앙의 대상으로 받들어서 우리는 방탕한 자식이 그렇게 하듯, 아버지이신 하나님에게 귀의하고, 지상에서 윤회전생을 성공적으로 반복할 수 있다는 것을 나타내고 있다. 이것은 그리스도가 말씀했다고 하는 다음의 약속에 포함되는 원칙이라 할 것이다.

〈이기는 자는 내 하나님 성전(聖殿)의 기둥이 되게 하리니 그가 결코 다시 나가지 아니하리라. 내가 하나님의 이름과 하나님의 성(城), 곧 하늘에서 내 하나님께로부터 내려오는 새 예루살렘의 이름과 나의 새 이름을 그이 위에 기록하리라〉(《요한계시록》3장 12절)

'그가 다시는 그 성전을 떠나지 않게 될 것이다' 라는 말은, 승리를 얻는 자가 더 이상 지상에서의 생활을 보낸다는 것은 불필요하다고 해석하는 것이 올바른 뜻일 것이다.

7. 구약성경의 예언에는, 하나님께서 이스라엘에 보내시는 메시야가 태어난다고 기록되어 있다.

〈베들레헴 에브리디야 너는 유디 족속 중에 작을지라도 이스라엘을 다스릴 자가 네게서 내게로 나올 것이라. 그의 근본은 상고(上古)에, 태초(太初)에니라.〉(《미가》5장 2절)

예언자가 말하고 있는 것은, 메시야가 될 사람이 세상에 태어나는 것은 새로운 것이 아니라, 처음부터 존재하고 있다고 하는 것이다.

8. 거듭 태어나지 않으면 안되는 것은 죄를 범한 결과인 것이다. 우리는 잘못을 깨닫고, 바른 행동과 은총에 의하여 이것을 참고 견디면서 초월하기 위해, 그리고 지금까지의 자기 자신의 업보를 더욱 더 개선(改善)시키기 위하여 이 세상으로 되돌아 오는 것이다. 동양의 종교에서는, 과거의 업보에 직면하지 않으면 안되는 이 법칙을 '카르마'라고 부른다. 성서에도 이 법칙의 기본이 되는 원리가 수없이 나온다.

a. 〈스스로 속이지 말라. 하나님은 만홀(漫忽)히 여김을 받지 아니하시나니 사람이 무엇으로 심든지 그대로 거두리라〉(《갈라디아서》6장 7절)

b. 〈사로잡는 자는 사로잡힐 것이요. 칼로 죽이는 자는 자기도 마땅히 칼에 죽으리니 성도들의 인내와 믿음이 여기 있느니라.〉(《요한계시록》13장 10절)

c. 〈이것이 곧 적게 심는 자는 적게 거두고 많이 심는 자는 많이 거둔다 하는 말이로다〉(《고린도후서》9장 6절)

d. 〈여호와의 만국(萬國)을 벌할 날이 가까왔나니, 너의 행한대로 너도 받을 것인즉, 너의 행한 것이 네 머리로 돌아갈 것이라〉(《오바댜》1장 15절)

e. 〈악인의 삯은 허무하되 의(義)를 뿌린 자의 상은 확실

하니라〉(《잠언》11장 18절)

## 초기(初期)의 그리스도 교도

수많은 그리스도 교도들이 초기에 윤회전생을 믿고 있었다는 것은 여러가지 사료(史料)에서 확인되고 있다. 윤회전생(輪廻轉生)의 개념이 많은 기독교 신자——특히 그리스도교의 대부분 종파가 집중되어 있었던 지중해 동부의 그리스 지역에 살고 있는 사람들——들에게 받아 들여지고 있었다는 것을, 성서를 라틴어로 번역한 것으로 유명한 성(聖) 히에로님스가 편지 안에서 지적하고 있다.

초기의 기독교를 대표하는 신학자인 알렉산드리아의 크레멘스도, 오리게네스도, 신학(神學)의 일부에 윤회전생(輪廻轉生)의 신앙을 삽입하였던 것이다. 오리게네스는 한때 국교(國敎)로 정해진 그리스도 교회의 지지를 잃었던[역주 : 3] 일이 있었다고는 하나, 오늘날에 와서는 그리스도교 세계가 시작된 이래, 600년 동안 가장 뛰어난 성서학자(聖書學者)로서 널리 존경받고 있는 인물이다.[원주 : ⑥]

근래에는 이집트의 나그 하마디와 그 밖의 장소에서 발견된 문서(文書)[역주 : 4]에도, 구노오시스파(派)[역주 : 5]를 포함한 초기 그리스도교의 여러 교파(敎派)에서도 윤회전생을 믿고 있었던 것이 기록되어 있다.

그러나, 근본적으로 더욱 더 중요한 것은 예수가 인간으로서 수많은 전생(前生)을 체험하였다는 것이 초기의 유대인 기독교의 각 파들 사이에서 유달리 신봉되고 있었다는 사실이다. 에비온파(派)[역주 : 6]에서는, 예수의 혼(魂)이 최초에 아담으로서 나중에는 예수로서 지상에 왔다고 가르치고 있다. 에르코시 사람들은, 예수가 마리아의 몸에서 태어난 것이 인간으로서 최초의 탄생이 아니라, 예전에 몇번씩이나 다른 육체에 들어갔다가 나타났다고 믿고 있었다는 것을, 로마의 교부(教父)인 히포류토스가 기록에 남겨놓고 있다. 이와같은 신앙은 나사렛 사람들 사이에서도 신봉되고 있었다. 《크레멘스 설교집》[역주 : 7]에서도 그리스도는 세상이 시작된 이래, 몇번씩이나 역사상의 인물로서 나타났었다고 하는 견해(見解)를 나타내고 있다. 로마법왕 크레멘스 1세는 그리스도가 구약성서의 아담, 에녹, 노아, 아브라함, 이삭, 야곱, 모세 또한 말할것도 없이 예수도 같은 인물로 되어 있다.[원주 : ⑦]

'나사렛의 예수'라는 번역은, 나사렛 사람으로서의 예수라는 해석을 근거로 옮긴 것이 틀림없다는 결론을 주장하는 학자들도 있다. [원주 : ⑧]

나사렛 사람 혹은 나소렛 사람이란 원래 유대인의 한 집단이었었다. 이 명칭은 엄격히 법을 지키는 유대인의 종파(宗派)에 대하여 붙여진 것으로, 특히 그 종파에 외부인이 있을 때, 그들에게 비밀로 해야 될 교의(敎義)나 밀의(密儀)가 있을 경우 사용되었다. [원주 : ⑨] 이 집단은 에세네파(派)의 분파답게, 그리스도교가 시작된 이래 존재하고 있었던 것은 확실하며, 그 교의는 복음서보다도 더 오래 전부터 존재하고 있었다고 여겨진다.

나사렛 사람들은 예수에 대하여 인류를 구원하기 위해 다시금 세상에 내려왔다가 승천한 하나님의 사자(使者)라고 믿고 있었다.[원주 : ⑩] 세례자(洗禮者) 요한은 이 구노오시스파(派) 집단의 설립자로 믿어져 있고, 《요한복음》과 《요한일서》등은 나사렛 사람의 신앙을 그리스도교 식으로 고친

제6장 그리스도의 전생(前生)  145

것으로 알려지고 있다.〔원주 : ⑪〕 적어도 나사렛 사람의 신
학(神學)의 일부는 케이시가 말한 것과 매우 비슷하며, 그리
스도에 전생이 있다는 생각을 지지한 것이었다.

초기의 교부(敎父)인 히포류토스는 너어스파(派)〔배사교
도(拜蛇敎徒) 역주 : 8〕라고 불리우는 종파(宗派)의 신앙——
나사렛 사람의 그노오시스적 변형인듯 함——을 이단(異端)
으로 생각하고 있었으나, 히포류토스가 이 종파의 신학을 설
명하고 있는 몇군데 세목(細目)〔원주 : ⑫〕은 케이시가 발표
한 정보와 완전히 일치하는 것이다.

초기의 그리스도 교도 사상 가운데 윤회전생의 사상이 그
토록 우세했었다면, 어째서 이 사상이 오늘날 그리스도교 신
학의 주류를 이룰 수 없었던 것일까? 오랜 기독교 역사상 윤
회전생의 신앙이 몇번 표면에 부상하기는 하였으나, 서기
553년 콘스탄티노플 제5회 종교회의 이후, 이 사상은 기독교
의 중요한 요소에서 빠지고 말았다. 이 회의의 부산물의 하
나로 〈오리게네스에 대한 15개 조항의 이단선고문(異端宣告
文)〔역주 : 9〕 (이 선고문이 유스티니아누스 황제 개인에 의
하여 결정된 것임은 분명한 사실이지만)이 있고, 윤회전생의
신앙이 포함된 오리게네스의 교의는 이 선고문 속에서 규탄
된 것이었다.

오리게네스의 교의는 서기 451년에 〈가르케돈 신조(信
條)〉〔역주 : 10〕〉가 나올 때까지 교회의 지지를 받아 왔던 것
이다. 여러 교회 가운데서 이른바 로마교회나 서방교회로부
터는 이 제5회 종교회의에 극히 소수의 대표자 밖에 참가하
지 않았기 때문에, 로마교회는 몇년 동안 그 회의의 정당성
을 인정하기를 거부하여 왔었다. 또한 이것을 공식으로 인정
하지도 않았던 것 같다. 그럼에도 불구하고 553년의 회의 결

정은, 결과적으로 로마교회가 공인(公認)하는 교의(敎義)로까지 되고 말았다. 그렇지만 근년에 이르러, 교회의 당국자 일부에는, 이 문세에 내해 새롭게 주목하기 시작하는 움직임이 나타나고 있다.[원주 : ⑬]

## 영사(靈査)에 나타난 예수 그리스도의 30번의 생애

언젠가 에드가 케이시는, 윤회전생의 사상을 널리 받아들이고 있었던 초기 기독교의 구노오시스 사상이 리딩[영사(靈査)]의 철학과 가까운 것일까? 하는 질문을 받은 일이 있다. 이 질문에 '그렇다'고 대답한 다음, 그는 다음과 같이 말하고 있다. 이와 같은 형식의 그리스도교는 일반에게 받아들여졌던 교의(敎義)였으나, 마침내는 '간단한 방법을 취하려는 뜻에서 규칙이 생기기 시작했다. 그리고 그리스도교에서 사라지고만 것이다.' 구약성서의 외전(外典)인 구노오시스 파(派)의 《바르크서(書)》(유스티노스가 쓴 것으로 되어 있다)는, 케이시의 구노오시스주의(主義)에 대한 평가를 뒷바침하는 것으로서, 예수가 진정한 구노오시스의 비전(祕傳)을 전수(傳受)받은 최초의 인물이라고 기록하고 있다. 2세기의 구노오시스파인 바시래디스도 예수가 최초의 참다운 구노오시스 주의자(主義者)였다고 하는 결론을 내리고 있다.[원주 : ⑭]

이 질문에 이어서 이루어진 케이시에 대한 질의응답은 다음과 같다.

[질문 : 22]── 그리스도교 신학에서 윤회전생이 배제된 것은 초기 교회의 어떤 결정 또는 회의에 의한 것이라고 할 수 있는 것일까요?

제6장 그리스도의 전생(前生)  147

[대답 : 22] —— 지금 말한 것처럼, 이 지식 때문에 이익을 얻으려는 개인의 계획인 것이다. 아시겠습니까.

이 서술의 목적은, 성서에는 그리스도교의 신앙에 필요한 교의(教義)로서 윤회전생에 대한 것이 기록되어 있다고 납득해주기를 바라는 바가 아니라, 표적은 적어도 이와 같은 개념에 대해 의론이나 고찰(考察)의 여지가 있는 변명이나 역사적인 배경을 지적하는 것이다. 또한 지금까지 보아온 입장에서, 예수에게 전생이 있다는 견해를 가졌다고 하더라도 분명히 이단(異端)이라고 할 수는 없는 것이다. 이와 같은 견해나 신앙은 그리스도교에 있어서 새로운 것이 아니다. 따라서 이와 같은 주장에 대한 찬성론이나 반대론은 자진해서 객관적으로 평가해야만 할 것이다.

케이시가 영사한 바로는, 예수의 혼(魂)이 30번의 다른 생애를 살았었다는 것이 나타나 있고, 그 가운데 분명히 확인되고 있는 것은 다음과 같다.

아미리우스 —— 영의 형태로서만 존재하고 있었다.

아담 —— 성서의 첫 머리에 나오는 최초의 인간.

에녹 ——《창세기(創世記)》에 의하면 '하나님과 함께 걸었다'는 인물.

메르기세데그 —— 아브라함 시대의 사제(司祭).

요셉 —— 형들에 의하여 노예로 팔린 야곱의 아들.

요시아 —— 이스라엘 사람들을 '약속의 땅'으로 인도한 모세의 후계자.

아사후 —— 다윗왕의 궁정 음악사

에슈아 —— 이스라엘 사람이 바벨론의 포로 생활에서 돌아온 뒤, 하나님의 신앙을 재건할 때 도와준 사제(司祭)

젠도 —— 종조(宗祖) 조로아스터의 아버지.

예수——그리스도.

영사(靈査)에는 이집트의 헤르메스[역주 : 11]도, 예수의 초기에 윤회전생으로 환생(還生)한 것 같다고 말하고 있다.

이상 열거한 인생은 모두 명확히 나타난 것 뿐이지만, 영사(靈査)는 또한 예수의 혼(魂)이 몇번이나 지상에 나타났었던 것에 대하여 뜻 깊은 정보도 제시하고 있다.

"기본적인 원칙이 '하나님은 하나라는 것'이었던 이들 모든 시기에 있어서, 예수는 사람과 함께 걸어왔다."

"지금까지 보여주었듯이, 그 사람〈예수〉—— 실재로서의 —— 은 '하나님은 하나다'라는 것을 가르치는 온갖 철학이나 종교사상에, 직접 또는 간접적으로 영향을 끼쳤다."

아담 이하의 갖가지 생애를 열거하고 있는 영사에는 우르(Ur)로서의 생애도 포함되어 있었다. 계속해서 행해진 우르에 관한 질문에서 케이시는 다음과 같이 대답하고 있다.

"우르는 오히려 토지·장소·도시—— 그리고 사상(思想) 혹은 의지(意志)이며, 또 신명(神命)은 우르에서 온 것이다. 그 때 우르가 예수의 체험에 나타나거나 내지는 대표되듯이, 그 시대의 사상 또는 체험을 추진시키거나 지도한 바가 있는 것이었다."

케이시는 우르에 대하여 더 이상 자세하게는 말하고 있지 않다. 우리는 유브라데 강의 하구(河口)에서 수 킬로미터 떨어진 곳에 있는 메소포타미아의 도시였음이 밝혀졌다. 이 도시에서 아브라함의 아버지가 이주하였다고 생각되며, 이곳에는 일찌기 기원전 4000년에도 사람이 살고 있었다.

다른 영사에서는, 예수의 환생(還生)인 앗화라는 인물의 이름이 나온다. 이 인물의 생애에서 단서가 되는 것은, 많은 나라에 조언(助言) 해 주었던 시대의 애굽에서의 생애였다는 것 뿐인 것이다.

다른 곳에서는, 기원전 2000년 무렵에 살았던 인도의 라므, 또는 라마가 예수의 환생이었던 것 같다는 것이 암시되고 있다.

마찬가지로, 예수와 석가가 동일하다는 것을 암시하는 영사도 있었으나, 이에 대한 언급은 인물에 대한 것인지, 두 사람의 사상을 말함인지 분명하지 않다.

예수는 또한, 일본과 중국 등 해가 지는 나라의 '그 아들'로서도 확인되고 있다. 이같은 영사에 의해 예수와 동양의 도교(道敎)가 연결될 가능성도 있다.

또 어떤 영사에 의하면, 예수의 '영(靈)'이 프랑스, 영국, 미국 사람들과 혼합되어 걸어갔다……고도 말하고 있다.

이런 경우 가운데, 후반의 것은 극히 정보가 애매하거나, 예수와의 연관이 극히 뚜렷하지 못하거나 하기때문에, 그의 생애나 의미에 관하여 철저하게 시도되고 있는 조사는 아직 없다.

## 구노오시스파(派)에 전해지는 예수의 가르침

원시 기독교 교도가 예수에게서 전수받은 것과 같이, 진정하고 근본적인 철학의 대부분은 성서에서 제외되고 말았으나, 예수 시대의 예언서나 그 밖의 책에도 주의를 기울일 필요가 있다.

복음서의 일부나 그 밖의 책에는, 영적(靈的)인 비전(祕傳)을 전수받은 사람 아니고서는 이해할 수 없다고 하는, 그리고 초기 그리스도 교도의 저자(著者)들이 주장하는 비밀판(祕密版)이 존재하고 있다. 그런 문서들 가운데서 몇가지만은 오늘날에도 구하는 일이 가능하지만, 대체로 그 뜻은 은폐되고 있다. 하나님으로 부터 받은 계시의 비밀과, 그의 숨겨진 뜻을 알고 있다고 주장하는 고대의 집난석인 문서뿐만 아니라, 이와 같은 저작(著作)의 대부분에 대해서도 조사를 거듭하여 왔으나, 이들 문서는 케이시가 예수의 여러번 생애에 대하여 말하고 있는 것과 일치되는 점이 매우 많다. 정보원(情報源)에 의하면, 종래 그리스도교의 해석으로는 복음서 속에 들어갈 수 없는, 근년에 발견된 여러가지 고고학적 자료[역주 : 12]도 포함되어 있다.

오늘날 구할 수 있게 된 기록에 의해, 에세네 파(派)가 그리스도 교회를 위해 길을 준비하고, '교회의 혼(魂)과 몸을 만들기 위해 노력했다'[원주 : 15]는 것이 차츰 분명해져 가고 있다. 최초의 그리스도 교도 —— 예수를 따랐던 사람들 —— 는 에세네파이거나, 아니면 적어도 어느 학자가 이름지은 것처럼 '어느 의미에서의 에세네파(派)[원주 : ⑯]였다. 에세네파는, 앞에서 말했듯이 메시아가 되는 사람의 혼이 인류를 구제하기 위하여 몇번이나 이 세상에 온 것을 믿고 있었다. 그 사람은 이를테면 에세네파(派)의 '의(義)의 교사(敎師)' [역주 : 13]로서 살았던 일도 있었다.

많은 인원과 갖가지 파벌을 포용하고 있었던 구노오시스파(派)안에는 바로 예수의 이번 생애가 처음이 아니라고 믿고 있는 초기 그리스도 교도들이 많았다. 구노오시스파(派)에 대하여 이미 설명하였으나, 최근에 애굽의 나그 하마디에서 발견된 기록을 포함하여, 그들 자신이 기록한 몇 개의 기록 이외에도 비판자의 입장에서 본[역주 : 14] 구노오시스 파에 대한 견해도 알려지고 있다. 그들이 소멸된 것은 교회측이 조직의 힘으로 밀어붙여, 신학(神學)을 유일의 교의(敎

義)로서 성문화(成文化)하려고 강요했던 결과였었다. 현재
는, 구노오시스 파의 기록을 통해, 구노오시스 파에 '숨겨진'
예수에 대한 수많은 전승(傳承)이 있었다는 것이 알려져 있
으나, 이것은 2세기에 이르러 '보편적(가톨릭)' 교회[원주 :
⑰]가 된 다수파의 눈을 속이기 위해서였다. 구노오시스 파
(派)의 '진리의 증언'[역주 : 15]에는 그리스도교를 변호한다
고 공언(公言)하고 있음에도 불구하고, 실은 그리스도가 누
군지 모른다는, 정통파라고 일컫고 있는 그리스도 교도를 비
난하는 말이 쓰여져 있다.[원주 : ⑱]
　서방(西方)의 로마 교회와 동방(東方) 교회의 조직화가
진행됨에 따라, 더욱 넓은 층에 호소하면서 특히 교회에 봉
사하는 그리스 로마 계통 주민들의 종교의례(宗敎儀禮)나
신앙에 영합하려고 교의(敎義)는 단순화되기 시작하였다.
이윽고 4세기에서 5세기에 걸쳐, 수많은 회의가 소집되고,
모교회(母敎會)의 신앙──원래는 유대인인 그리스도 교도
들의 신앙였다──에 대해 이단(異端) 선고(宣告)가 내려진
것이다. 앞서 말했듯이, 예수가 몇번이나 환생했다는 신앙도
이와같은 불행한 대우를 받은 것 가운데의 하나였다. 이들
유대인인 그리스도 교도들의 교회는 쇠퇴하고 나중에 물밀
듯이 중동(中東)으로 밀어닥친 회교도(回敎徒)때문에 실제
적으로 소멸되고 말았다.
　초기 정통파 교회의 문서를 조사하여 보면, 이 새로운 종
교가 집요하게 '이단(異端)'을 거부하는데 집착했음이 역력
히 나타나 있다. 20세기에 이룩한 고고학적인 발견 덕분에
우리도 이들 이단의 신앙을 객관적으로 검토하고, 현재와 같
은 성직자(聖職者)가 만든 표준화된 교의(敎義)와 비교를
할 수 있게 되었다. 이른바 '이단(異端)'의 여러가지 근본을

거슬러 올라가면 그 대부분은 예수의 일을 잘 알고 있었던 열두 사도(使徒)와 그의 후계자들까지 연결되며, 아마도 예수 그 사람에게까지 기슬러 올라길 수 있다.

이렇듯, 정동파를 내세우는 로마 교회와 동방 교회는 그리스도교 신학의 표준화를 서두른 나머지, 몇 가지 본래의 예수의 가르침을 잃고 말았던 것이다. 이런 가르침은 나사렛 사람, 에비온파(派), 에르고시 사람들에 의해 지켜져 왔으나 2, 3세기 뒤에는 이들 집단도 세상에서 잊혀지고 말았다. 그들은 급진적도 아니며 광신적인 당파였던 것도 아니고, 예수의 충실한 후계자로서 중추 역할을 하고 있었던 사람들의 생존자들이었었다. 그들이야말로 예수의 가르침 —— 숨겨진 비밀도 포함하여 —— 을 티없이 순수한 형태로 지녀온 바로 그런 사람들이었던 것이다. 또한 그들 신앙의 가장 중요한 것 중 하나였던 것이, 예수가 죄 많은 형제들을 구하고 아버지이신 하나님 곁으로 돌아갈 수 있게 하기 위하여 몇번씩이나 이 세상에 왔다고 하는 신념 그것이었다.

## 너희들은 신(神)이로다

예수는 신(神)이 된 인간이었을까? 그렇지 않으면, 인간이 된 신이었던 것일까? 이 문제는 서기 325년, 소아시아의 니케아에서 열린 제1회 공의회(公議會) 석상(席上)에서 논의된 주제였었다. 아리우스라는 이름의 알렉산드리아의 그리스도교 신학자(神學者)는 '예수가 완전한 신앙과 하나님의 의지를 받아들임으로서 신이 된 인간이다' 라고 주장했다. 회의에서는 이 문제에 관하여 의견이 분분하였으나, 결국은 이 주장을 배척하고 아리우스를 추방했다. 오리게네스의 주장

제6장 그리스도의 전생(前生)  153

을 규탄한 553년의 콘스탄티노플의 회의는, 예수가 여러 육
체와 이름을 거쳐서 신성(神性)을 얻었는지, 어쨌는지 하는
문제에까지 언급되었다. 그럼에도 불구하고 난 결론은, 신
(神) 자신이 내려와서 인간이 됐다는 것을 인정하지 않는
한, 그와 같은 신앙은 이단(異端)이라는 자못 애매한 것이었
다. 에드가·케이시의 영사에 의하면, 예수는 원래 신(神)과
함께 있었으나 그 상태에서 자진해서 떠난 후, 신성(神性)으
로 돌아올 때까지 여러 생애에 걸쳐서 죄를 범하고 괴로워했
었다고 한다. 그리고 그가 예수로서 지상에 왔을 때, 이미 신
으로의 회귀(回歸)를 완료하고 있었으나, 그는 지상에서 맡
은바 역할의 완수를 선택한 것이다. 따라서 예수로서의 그는
신이면서 인간이기도 하였다.

우리 자신은 형성 과정 중의 신이란 말인가? 이와 같은 생
각은 신을 모독하는 것이란 말인가? 예수는 신을 모독하였다
고 비난 받았고 '너희들은 신(神)이로다'고 하는 구약성서의
《시편》의 말[역주 : 16]을 반복적으로 인용해 변명하고 있다.

예수는 또한 '내가 한 일은 당신들도 할 수 있다.' 이렇게도
말하고 있다. 이는 분명히, '우리들 조차도 그리스도성(性)
또는 신성(神性)을 획득할 수 있다'고 하는 것을 뜻하고 있
다. 인류가 신(하나님)의 자비에 의하여, 또한 그리스도의
뒤를 따르려는 것과 같은 행동에 의하여, 잃어버린 신성(神
性) —— 다시 말해서 우리의 목적도 의지도 신과 일체였었던
최초의 완전한 상태 —— 을 회복할 수 있다고 하는 확신……
이 확신이야말로 영혼의 철학인 에드가 케이시의 영사(靈
査)에 있어서 근원을 이루는 것이다.

〈원저자 주(註)〉

① Drummond, Richard H. *Unto the Churches,* (A. R. E. Press, 1978), p.21.

② Flavius Josephus, *Antiquities of Jews,* Book X Ⅷ, 1, (3) trans. William Whiston(Kregel Publications, 1960), p.376.

③ Flavius Josephus, *Wars of the Jews,* Book Ⅱ, 8(10-11) trans., William Whiston(Kregel Publications, 1960) pp. 477-478.

④ ibid., Book Ⅲ, 8(5), pp.515-516.

⑤ James Bonwick, *Egyptian Bilief and Modern Thought,* reprinted edition(Falcon Wing's Press, 1956), pp.82-83.

⑥ Drummond, *Unto the Churches,* pp.20-24.

⑦ Ibid., pp.85-88

⑧ F.L.Cross and E.A.Livingstone, eds, *The Oxford Dictionary of the Christian Church*(Oxford University Press, 1974), p.957. And see R. Bultmann, Z.N.T.W xxiv(1925), pp.100-146, cited in C.H. Dodd, The *Interpretation of the Fourth Gospel*(Cambriage University Press, 1970), p.121.

⑨ E.S. Drower, *The Secret Adam*(Clarendon Press, 1960), p. xiv

⑩ Cross and Livingstone, *The Oxford Dictionary of the Christian Church,* p.957.

⑪ Dodd, C.H. *The Interpretation of the Fourth Gospel* (Cambridge University Press ; 1970), p.122.

⑫ Hippolytus, "The Refutation of All Heresies" in The *Ante-Nicene Fathers,* 10 vols., eds. Alexander Roberts and James Donaldson(Grand Rapidus : Eerdman's Publishing Co., 1965) V, pp.47-58.

제6장 그리스도의 전생(前生)  155

⑬ Joseph Head and Sylvia Cranston, comps., *Reincarnation : An East-West Anthology*(Wheaton : Theosophical Publishing House, 1981) p.42.

⑭ Dodd, *The Interpretation of the Fourth Gospel,* pp.99-100

⑮ Dupont-Sommer, *The Jewish Sect of Qumran and the Essenes*(Vallentine, Mitchell & Co., 1956) p.164

⑯ Ibid., pp.148-153

⑰ Elaine Pagels, *The Gnostic Gospels*(New York : Random House, 1979), p. xix.

⑱ Ibid., p.103


〈역자 주(註)〉

1. 예수의 대답……〈마태복음〉 22장 29절～30절에 의하면, 〈예수께서 대답하여 가라사대 '너희가 성경도 모르고 하나님의 능력도 알지 못하는고로 오해하였도다. 부활때는 장가도 아니가고 시집도 아니가고 하늘에 있는 천사들과 같으니라…….〉라고 대답하고 있다.

2. 람사 역(譯)…… 글 중 람사역(譯)이라고 한 것은, 예수나 제자들의 모국어(母國語)인 아람어(語)에서 직접 영역한 성서, *Holy Bible-From the Ancient Eastern Text : George M. Lamsa's Translations from the Aramic of the Peshitta, Old and New Testamemts*에 의한 것.

3. 지지를 잃었다……. 유스티니아누스 황제가 553년〈오리게네스에 대한 15개조의 이단(異端) 선고문〉을 내놓았다.

4. 나그 하마디……에서 발견된 문서. 이집트의 나그 하마디 마을 근처에서 1945년에 13권의 고프트어(語) 파피루스 책이 발견되어〈나그 하마디 문서(文書)〉라고 불리우는데, 여기에는 1890

년에 발견된 희랍어의 〈토마스 복음서〉 단편(斷片)과 같은 내용인 것도 포함된다. 이 문서의 대부분은 그리스도교의 용어(用語)를 쓴 것으로 2세기에 '카톨릭 교회'라고 호칭되는 것을 만든 대다수 사람들 눈에서 은폐되어 온 예수에 관한 비밀스런 이야기를 제공하고 있다.

5. 구노오시스 파(派)……1~3세기에 로마 제국 주변에 일어난 종교사상(宗敎思想)인 구노오시스[희랍어로 '인식(認識)'이란 뜻] 주의(主義)를 받드는 사람들을 말함. 신(神)과 사람은 본질적으로는 하나이며, 자기를 가장 깊은 수준에서 인식하는 일은 신(神)을 인식하는 것과 같다는 것이다. 구노오시스주의의 교사 데오도토스에 의하면, 구노오시스주의자란 '우리는 누구였었나? 또한 무엇이 되었는가? 우리는 어데 있었나? 어데로 가려고 하는 걸까?…… 탄생이란 무엇인가? 재생(再生)이란 무엇인가?'하는 것을 인식하기에 이른 사람들이라고 한다.

6. 에비온파(派)……구노오시스주의의 영향을 강하게 받은 유대인 그리스도교의 일파(一派). 그리스도와 사탄이 함께 신의 아들로 형제이며, 또한 아담은 원인간(原人間)으로서 그리스도와 동일하다고 믿고 있었다. 다음에 말하는 '크레멘스 설교집(說敎集)'은 이 신앙의 흐름을 전하는 것.

7. '크레멘스 설교집(說敎集)'……서기 150년 무렵, 로마법왕인 크레멘스 1세(알렉산드리아의 크레멘스와 구별하여 '로마의 크레멘스'라고도 한다.)에 의하여 쓰여진 구노오시스적 그리스도교 문서의 선집(選集)으로, 가장 오래 된 그리스도교 이단(異端)인 에비온파와 관계가 깊은 외전(外典)인데, '크레멘스 위서(僞書)'라고도 부른다.

8. 너어스파(派)[拜蛇敎徒]……소아시아에서 번영했던 구노오시스파의 일파로 신과 인간의 동일성을 믿었다. '너어스'란 헤브

루어의 너하슈(뱀)를 희랍어로 읽은 것. 그의 전승(傳承)에 의하면 에덴의 동산에서 이브를 유혹한 뱀은, 천상(天上)에 계신 아버지의 존재를 지상에 있는 인간에게 전하기 위하여 보내진 사자(使者)로 원인간(原人間)과 비슷하게 여긴다.

9. '오리게네스에 대한 15개조(個條)의 이단선고문(異端宣告文)'……당시, 오리게네스의 주장을 지지한 '이소그리스도이파(派)'가 혼(魂)이 육체에 앞서 존재하고 있는 사람들은 완성의 시기에 모두 그리스도와 똑같게 된다고 선전하고 있었으므로, 이를 배척하기 위하여 유스티아누스 황제 개인이 내놓은 포고문(布告文). 현존하는 자료에 의해, 이 선언은 공의회(公議會)의 결정에 의한 것이 아님이 확인되고 있다.

10. '가르게톤 신조(信條)'……지중해 연안의 도시 가르게톤에 교회의 대표들이 모여, 그리스도에게는 신인(神人)이라는 이성(二性)이 있을 뿐만 아니라, 더구나 유일한 페르소나[위격(位格)]가 있음을 확인했다.

11. 헤르메스……연금술(鍊金術)의 시조라는 희랍 신화의 신. 로마 신화의 메르쿠리, 애굽 신화의 토토신(神)과 같게 취급한다.

12. 복음서 안에 포함되고 있지 않다……. 자료……복음서 외전(外典)으로 취급하는 것 외에, '사해사본(死海寫本)' '나그 하마디 문서' 따위. 특히, '나그 하마디 문서' 가운데의 '토마스의 복음서'는 마태, 마가, 누가, 요한복음서 다음 가는 제5번째의 복음서라고 해석하는 학자들이 나타나기 시작하고 있다.

13. '의(義)의 교사(教師)'……《사해사본(死海寫本)》을 남긴 구므란 종단(宗團)을 조직한 사람.《다마스코 문서(文書)》같은 곳에도 기술한 것이 남아있다.

14. 비판자의 눈으로 본……구노오시스파를 이단으로서 비판한 교회측의 문서 가운데, 힛포류토스의 '전이단반박(全異端反駁)',

이레나에우스의 〈이단반박론(異端反駁論)〉이 유명하다.

15. '진리의 증언'……애굽의 나그 하마디에서 발견된 52개의 문서 가운데 하나. 교회에 속히는 그리스도 교도를, '그리스도가 누구인가를 알지 못하는 사람'으로서 공격하고 자기가 누구인가를 발견함으로써, 자기를 해방시킬 수 있게 된 자만이 깨달을 수 있다는 것이다. 명상을 함으로써 자기 자신의 마음의 지시에 따라야한다는 것을 주장한다.

16. '시편(詩篇)'의 말……《시편》82편 6절 참조. 그리스도가 이것을 인용한 것은《요한복음》10장 34절에 쓰여 있다.

# 제 7 장
## 패튼 장군 ──
## 생사(生死)를 되풀이 하는
## 전사(戰士)

제2차 대전에서 활약했던 미국의 명장(名將) G · 패튼. 그가 남긴 시(詩)에는, 고대 그리스, 마케도니아, 그리고 프랑스 등으로 전쟁터를 뛰어 다녔던 여러 가지 전생(前生) 이야기가 펼쳐진다.

> Karl F. Hollenbach : *Patton : Many Lives, Many Battles*
>
> (*Venture Inward* Vol. 5, 5, 1989)
>
> 칼 에프 홀렌밧하는 미국 켄터키주에 거주하고 있다.

## 전생을 믿었던 제2차대전의 명사령관

패튼장군은 전생을 믿고 있었으나, 윤회전생(輪廻轉生)의 이론에 의문을 품고 있는 그의 찬양자들은 합리적으로 설명을 하건, 무시하던간에 그 사실에 관해서 별로 아랑곳하지 않고 있다. 어느 전기작가(傳記作家)에 의하면, 패튼은 널리 전쟁사를 읽은 탓으로 상상력이 발달하여 시이저나 나폴레옹 시대에 살았었던 자신의 모습을 생생하게 상상할 수 있었던게 아닌가 하고 말한다. 또 어떤 이는, 패튼이 '예전에 이 전쟁터에 있었다'고 말하고 있는 것은 단지 그 지점을 조사한 일이 있었다는 뜻에 불과하다고 말한다.

윤회전생이 사실이라는 것을 용인하건 하지 않건, 죠오지 패튼을 이해하는데 있어서 중요한 것은, 그에게 있어 그것은 사실이고, 개인적인 체험이며, 추억이었었다고 하는 것이다.

그 근엄한 풍채와는 어울리지 않게, 패튼은 인자하고 총명한 인물이었었다. 사령관으로서 의젓한 태도로 활보하는 일도 있었으나, 때로는 중대한 결단은 신(神)을 우러러 보며 무릎을 꿇고 기도를 올리면서 정하기도 했다.

정치에는 관여하지 않았으나, 패튼은 먼 앞날까지 꿰뚫어 보는 넓은 견해를 가진 사람이었다. 자신에게는 나라를 위하여 수행해야 할 임무가 있고 사리사욕에 현혹되는 일이 없이 사명을 다할 수 있다고, 항상 그는 확신하고 있었다. 1942년 11월, 그는 아내에게 〈이 임무(북아프리카 상륙)가 끝나면 다음 단계의 지시가 있을 것이요. 임무를 무사히 마친 뒤에는 돌아가는 형편에 맡기려고 생각하고 있오.〉 이렇게 편지를 써서 보냈다. 수개월 뒤 아내에게 보낸 편지에는, 어딘지 알지 못하는 목적지를 향하여 떠내려 가고 있는 〈운명의 강 위에 떠있는 나뭇잎과 같은 기분으로 있으나, 최대의 관심사는 천명(天命)에 따라 임무를 완수하는 일이요〉라고 쓰고 있다. 일기장에도, 〈임무란 어디까지나 규율을 수행하는 일이다〉라고 적혀 있었다.

제2차 세계대전에서 영국의 보병대를 지휘했던 엣세임 소장은 《패튼 —— 지령(指令) 연구》란 저서에서, 패튼의 군사학(軍事學) 연구에 대해 '남달리 날카로운 지식과 풍부한 상상력'을 갖추고 있고, 뮤라 원수(元帥 ; 나폴레옹 전쟁 당시의 프랑스군 원수), 셔만 장군(미국 남북전쟁 당시 북군의 장군), 롬멜 장군(제2차 세계대전 당시 독일의 육군 원수)들과 같은 걸출한 사령관과 어깨를 나란히 할만한 인물이라고 말하고 있다.

포로가 되었던 독일군 장교인 F・휜・와겐하임 중령에 의하면, 패튼은 전차(戰車)와 보병(步兵) 합동부대의 가장 뛰어난 지휘관이었을 뿐만 아니라, 모든 전선(前線)에서도 모든 병사들에게 가장 두려움을 주는 장군이었다고 한다.

패튼의 부하인 정보장교는 패튼이 '심령적(心靈的)인 감지기(感知器)'를 활용하여 육군 정보부 보다 훨씬 앞서고 있었던 것을 고백하고 있다.

자기에게는 제육감(第六感)이 있어서, 정보부원 보다 더

교묘하게 적의 계획을 미리 알 수 있었다고 패튼 자신도 말하고 있으나 결국 그는 빈틈없이 돌아다니기 보다는 임무에 충실한 일개의 참모로 머물러 있을 것을 택했던 것이다.

제2차 세계대전의 종결을 바로 앞에 두고 빈센트 씨안은 라디오 방송에서, 패튼은 '지극히 독창적이며 또한 용감하고, 현대적인 지략(智略)을 아울러 갖춘 인물'이라고 말했던 것이다.

## 타고난 전사(戰士)

패튼은 1885년 11월 11일, 부모가 외조부에게서 물려받은 토지인 캘리포니어주의 성 가브리엘 바레라는 곳에서 태어났다. 아버지는 일반 공립학교의 교과과정이 어린 아이의 마음에는 너무 부담을 준다고 생각한 나머지, 그를 집에 두고 여러가지 유명한 고전(古典)들을 읽어 주었던 것이다. 그런 탓으로, 조오지가 열 두살이 되어 정식으로 교육을 받기 시작했을 무렵에는, 호메로스의 《일리아드》나 성경의 구절을 암기하고 있었다.

그는 아버지가 연구하고 있던 C·A·L·토텐이 저술한 피라미트 계측(計測)을 바탕으로 한 예언서에서도 영향을 받았다. 투시(透視)를 체험한 일이 있었고, 가끔 예지능력이 있음을 주장한 패튼은 1920년대 후반(그 당시 그는 40대였다)에 이르러, 장차 또 한 차례 큰 전쟁이 일어난다고 확신하고 있었다.

유년시대(幼年時代)의 패튼은 자기가 아더(Arthur)왕이었다고 공상하는 것을 즐겼다. 재목(材木)이 쌓인 곳 근처 담속에 오래된 볼트(굵은 화살)가 묻혀 있었는데, 그것을 엑

스커리버[아더왕이 바위에서 잡아 뽑았다고 하는 유명한 칼 — 역자 주]로 보고 그것을 잡아다니면서 노는 것이었다.

또한 그 당시, 그는 자기가 대장(大將)이 되리라는 것을 알지도 못한채, 나무로 만든 칼에 '조오지·S·패튼 중장(中將)'이라고 이름을 새겨서 몸에 차고 다녔다.

그는 병사가 되기 위해서 할 수 있는 것은 무엇이나 하였다. 1909년 24세 때, 그는 소꼽친구로 나중에 아내가 된 베아트리스의 아버지에게 병사가 되는 일은 제게 있어선 숨을 쉬는 것과 마찬가지로 자연스러운 일이라고 편지를 써 보냈던 것이다.

베아트리스에게도 내가 제법 한 사람 구실을 하기에 합당한 곳은 싸움터 말고는 달리 없다고 이야기하고 있었다. 목사(牧師)가 되는 것은 마음이 내키지 않았으나, 만약 그가 병사가 되지 못한다면, 그 이유는 단 한가지, '성직(聖職)을 맡으라고 하신 하나님의 뜻'에 의해서 하게 될 것이다. 그는 스스로를 '감독교회(監督敎會)의 전도자(傳道者)'로 자칭하고 있었고, 일요일에는 반드시 예배에 참석하고 있었다고 말하고 있다.

전차부대의 장교였던 패튼은, 1912년의 스톡홀름의 올림픽에서 다섯 종목의 경기에 출전하였다. 1916년에는 멕시코에서 판초 뷔아[멕시코의 혁명가(革命家) — 역자 주]를 토벌하기 위하여 이를 쫓아 멕시코로 갔으나, 이때 그는 존·J·퍼싱의 부관(副官)으로서 근무하고 있었다.

패튼은 미국 최초의 기갑부대[機甲部隊 : 전차나 장갑차·승차보병·적재견인 포병 따위로 편성된 부대 — 역자 주] 사령관으로 부임할 때까지 퍼싱의 부관으로 있었고, 두 사람은 의형제와 같은 사이가 되었다.

제1차 세계대전중인 프랑스에서, 패튼의 전차부대가 어느 마을을 점령한 다음, 그는 전차에서 내려 도보로 공격을 계속하게 되었다. 무서워서 몸이 덜덜 떨리기 시작한 그의 머리에 갑자기 떠오른 것은 선조들의 도움이라는 생각이었다. 전방에 있는 적군의 대열(對列)위에 떠있는 구름 속에, 조상들의 모습이 보이는 것같은 느낌이 들었다고 훗날 그는 쓰고 있다.

곧 마음의 평정을 찾은 그는 '또 한사람의 패튼이 죽을 차례다'하고 중얼거렸다.(그의 할아버지는 남북전쟁에서 사망했다.) 죽음을 각오하고 전진하고 있는데, 그는 기관총에 맞아서 중상을 입었다.

그는 한달 뒤, 아버지에게 보낸 편지에서〈수호령(守護靈)들은 내가 죽지 않도록 골치아픈 일을 해준 게 틀림없으니까 한번의 실패를 책망할 수는 없습니다.〉라고 쓰고 있다.

이 전쟁이 일어나기 전에 프랑스를 여행한 패튼은, 영국의 헨리 1세가 12세기에 점령한 바 있는 지역이 다시금 싸움터가 된다는 것을 분명히 예지하고 있다.

이 때의 보고서는 화일에 보관된 채, 1944년까지 잊어버리고 있었다. 이 해에 그는 제2차 세계대전의 제3군 사령관으로서 맹공격하는데 성공을 거두었으나, 그것은 그가 쓴 대로 30년 전에 단독으로 정찰해둔 덕분이었다.

아이젠하워가 북아프리카의 연합군총사령관에 임명되었을 때, 패튼은 일기에〈아이젠하워가 임명된 것은 기쁜 일이다. 하지만 자기라면 같은 일을 더 잘 해낼 것이다.〉이렇게 쓰고 있다. 그러나 아이젠하워에게는 정치가들로 부터 신뢰감을 받을만한 그 무엇이 구비되어 있었고, 그 뭔가가 자기에게는 결여되고 있음을 패튼은 느끼고 있었다.

## 보이지 않는 세계를 믿으며……

패튼의 전기(傳記)를 쓴 생질인 후레드릭 에어는, 공상(空想)소설 같은 사실이나 신비스러운 요소도 함축된 것들이 숙부에게 있어서는 매우 현실적인 일이었다고 말하고 있다. 에어의 말에 의하면 패튼은 초감각적 지각(超感覺的知覺), 이른바 ESP를 굳게 믿고 있었고——아마도 그는 ESP라고는 부르지 않았을 것이다——텔레파시·투시(透視)·예언·윤회전생 같은 것은 모두, 전체적으로 하나가 되는 것의 일부분인 것으로 확신하고 있었다고 한다.

이와 같은 능력을 하나님으로 부터 받은 것으로 생각하고 있던 패튼은, 자기가 세계에서 극소수인 이 천부의 능력을 가진 자 중의 한사람이라고 믿고 있었다. 그는 평생 이렇게 말하고 있었다.

"몹시 낙담할 일이 생겨도, 항상 사태가 잘 수습되곤 하였다. 그 당시에는 몰랐으나, 그것은 하나님의 은총이 모습을 바꾸어서 나타난 것이고, 결국 나에게 좋게 일이 매듭지어지는 것이었다."

패튼은 '자기에게 일어나는 좋은 일은 모두가 하나님이 정해주신 것이다'라고 하는 이상한 확신이 있었다.

그는 조상들이 우리 곁에 남아서 지켜주고 있다고 굳게 믿고 있었다. 전기(傳記)를 쓴 F·에어에 의하면, 프랑스에서의 전쟁이 시작됐을 무렵, 패튼은 자주 이런 이야기를 해주었다고 한다.

"저녁 때, 천막에 있는 나에게 걸핏하면 아버지가 찾아 와 앉아서 말씀하셨다——너는 분명히 내일의 전투에서도 무사하고 용감히 행동할 것이다라고. 아버지는 집의 서재에 있을 때와 마찬가지 모습이었고 평소와 조금도 다름이 없으셨다."

기도는, 패튼에게 인생의 일부가 되기도 한 힘의 원천이었다. 그리고 이 힘은 응용하기 위한 것이지, 단순히 그 존재를 믿고 있었던 것만은 아니었던 것이다.

바르지의 전투〔제2차 대전에서 독일군의 마지막 반격〕에서는 악천후(惡天候)가 고민거리였으나, 패튼은 종군목사에게 적 뿐만이 아니라 진흙이나 흙탕물 하고도 악전고투를 하지 않으면 안되는 병사들을 격려하는 데도 지쳤으니, 좋은 날씨를 기원하는 기도문을 인쇄해 주기 바란다는 뜻을 전했다.

"우리 병사들에게 하나님의 가호가 있으시기를 바란다고 부탁할 수 없겠는가?"

패튼이 이렇게 부탁하자, 목사는 무례하게 대답했다.

"상식적으로 본다면, 인간을 죽이기 위하여 쾌청하기를 빈다는 것은 종군목사의 임무가 아닙니다."

패튼은 과격한 어조로 말했다.

"목사님, 내게 설교하실 셈이요? 그러고서도 제3군의 종군목사란 말이요? 내가 바라는 건 기도란 말이요."

기도문은 크리스마스 카드에 인쇄되어, 각 부대에 돌려졌다. 비와 눈은 정말 멎었고 연합군의 항공기에 의한 지원이 가능해져, 패튼은 부대를 전술적으로 배치시킬 수 있었던 것이다.

패튼은 어려운 문제를 해결하기 위해서 헌신적으로 노력을 다 했으나, 의식적인 노력은 아무것도 하지 않는데도 해답이 저절로 마음 속에 떠오르는 일이 곧잘 있었다.

해답이 어데서 생기는 것인지는 수수께끼에 싸여 있었고, 이미 이루어진 형태로 자기에게 다가오기 때문에, 그는 이런 것이 그 어떤 초자연적인 기능에 의한 것이라고 생각하고 있었다.

그는 바르지의 전투때도, 크리스마스 날에 어떤 지점에서 적이 공격을 시작하리라는 것을 예상하고 있었다. 어느날 밤, 적의 공격에 앞질러서, 이 쪽에서 공격을 시작하는 작전이 머릿속에 떠올라 그는 벌떡 일어났다. 이윽고 패튼의 부대는 독일군이 공격을 개시하기 직전에 이 쪽에서 공격을 시작하여 적은 깨끗이 공격할 것을 단념한 것이었다.

패튼은 자기의 심령적인 능력은 할머니 스잔에게서 이어받은 것이라고 생각하고 있었다. 그가 가족에게 한 말에 의하면, 할머니는 남북전쟁 때, 할아버지인 조오지가 부상을 당할 때마다, 통지를 받기 전부터 미리 그 일을 알고 있었다는 것이다.

마지막으로 치명적이 되었던 상처 입은 통지를 받기 전에, 할머니는 완전히 여행 준비를 마친 다음 여동생에게 '이번에는 조오지가 다 죽어가니까 갔다 올께'하고 역으로 향하였다고 한다.

## 시공(時空)을 초월한 역전의 용사

1908년, 패튼은 아내 베아트리스에게 보낸 편지에서 이집트 사람의 꿈을 꾼 것에 대하여 말하고 있다. 그는 이집트에 대하여, 책으로 읽은 일도 생각한 일도 없었다고 하지만, 그 이집트 사람은 아마 '4000년 전의 자기'였던 것 같다는 것이다.

패튼의 조카로 전기 작가인 F·에어에 의하면, 숙부는 자기가 예전에 트로이 전쟁에서 싸웠던 일이 있었고, 또 어떤 시대에는 시이저의 제10군단에 참가 했으며, 또한 시대가 지나 스튜아트 왕조(王朝)를 위해서도 싸웠다고 믿고 있었다고 한다.

1944년에 쓴 시(詩)《거울을 통하여 어렴풋이》속에서, 패튼은 전사(戰士)였던 자신의 갖가지 전생(前生)을 시대순으로 묘사하고 있다.

제일 처음, 환상은 몽롱한 것이었다……이렇게 그는 술회하고 있다. 또한 전쟁의 명칭도 정확하지 않았다. 하지만 나중에는 투구와 갑옷으로 몸을 단장한 그리스 장갑보병[裝甲步兵 : 고대 그리스 시대에 중장비한 보병 — 역자 주]의 선명한 환상이 보였다. —— 전열(戰列)이 페르샤의 큐로스왕과 마주 하였을 때 그는 갑옷을 따라 흐르는 놋내나는 땀이며, 축축이 젖은 창의 생생한 감각을 손 안에 느꼈던 것이다.

그는 다시 한 번 그리스 사람으로서, 알렉산더 대왕과 함께 티루스(지중해에 면한 고대 훼니키어의 도시)의 성벽(城壁)에 있었던 일이 있다. 여기에 이어지는 8절에는 또 다른 병사로 환생(還生)한 그의 모습이 몇가지 묘사되고, 마지막으로 나폴레옹 휘하에 있었던 육군원수 뮈러와 함께 말을 달리고 있는 한 장군의 모습으로 끝나고 있다.

패튼은 이 시를 '다시 태어나도 다시금 나는 전사(戰士)로써 태어날 것이다'라고 끝맺음 하고 있다. 그의 조카의 말에 의하면 숙부는, 제1차 대전 후에도 자기가 이번 생애(生涯)에서 다시 한번 나라를 위하여 싸우고, 다른 생애에서도 또한 싸우게 되리라는 것을 알고 있었다고 한다.

언젠가 조카가 패튼에게, '아저씨는 정말 윤회전생을 믿고 계십니까?'하고 묻자, 그는 이렇게 대답하였다.

"다른 사람들은 어떻게 생각하고 있는지 알 수 없지만, 나

제7장 패튼장군 ― 생사(生死)를 되풀이 하는 전사(戰士) 169

는 의심해본 일이 없지. 생각만 해서 그런 결론에 도달한 것
이 아니다. 이번 생애에서는 가본 적이 없는데, 예전에 왔던
일이 있는, 그런 장소가 여기 저기 많거든."

이윽고, 그는 프랑스에서 처음으로 군대를 지휘했을 때의
체험담을 이야기하기 시작했다. 한 젊은 프랑스인 장교가 거
리 안내를 자진해서 맡고 나섰으나 패튼은 나는 이 도시에
익숙하니까 그럴 필요가 없다고 대답했다. 말할 것도 없이
장교는 이 말을 믿을 까닭이 없었다. 그래서 패튼은 운전병
에게 명하여. 마치 누군가가 귓가에서 방향을 가르쳐 주기라
도 하듯이, 그 프랑스의 작은 도시, 여기 저기를 돌게 하였던
것이다.

패튼은 로마의 원형 투기장(鬪技場)이나 연병장, 광장, 마
르스신(神)과 아포로신(神)의 신전(神殿), 그 밖에 시이저
가 야영을 하였다고 하는 지점까지도 가리키며 말했다.

"한번도 길을 잘못 든 일이 없을 거야? 그것은 분명히 예
전엔 이곳에 있었으니까."

패튼은 젊었을 때, 자기가 미국 육군의 2대(大) 군부대중
하나를 통솔하게 되리라는 것을 믿고 있었다.

패튼의 조카는 제3군의 프랑스 공격때 잠깐이었지만 숙부
를 면회할 수 있었다. 그때 조카에게 패튼은 이렇게 말하였
다.

"인간에겐 자기의 운명을 알 필요가 있다. 장차 무엇이 될
것인가 알지 않으면 안된다. 운명의 여신(女神)은 누구에게
나 두번이나 세번 어깨를 두드리는 일이 있는데, 그럴 때 대
부분의 사람들은 쫓아버리거나 모른 체하고 만다. 하지만,
재치있게 이 쪽에서 돌아보고 관찰하면, 운명의 여신은 어데
로 가면 좋은지 방향을 가르쳐 줄 것이다. 이때, 할 의욕이

있는 적극적인 사람이라면 그 지시에 따르게 마련인 거야."

1942년 북아프리카를 향해 출발하기로 된 패튼은 아내에게 어쩌면 자기는 돌아오지 못할지도 모른다고 말하였다. 그에게 있어서 영광이란 싸움터에서 죽는 일이었다. 다행히 이때는 살아서 돌아왔고, 그는 1945년 6월에 보스톤에서 전승자(戰勝者)를 환영하는 영접을 받았다. 그 뒤, 그는 유럽 점령군의 임무로 부임할 준비를 하면서 아이들 앞에서, '다시는 만날 수 없을 테니까 작별 인사를 하자.' 이렇게 중얼거렸다. 그는 이국땅에 묻힐 것을 예기하고 있었던 것이다. 이 불길한 예언을 부정하는 아이들에게 그는 수수께끼와 같은 말로 대답하는 것이었다.

"사실이란다. 난 알고 있다. 어떤 모양새인지는 알 수 없으나, 유럽에서 죽게 되어있다. 그러니까 그곳에 묻어주기 바란다."

유럽에 돌아 온 패튼은 1945년 12월 9일, 자동차 사고로 부상을 입었다. 목의 골절때문에 목에서 부터 아랫쪽은 마비되고 말았다.

병원에서 그는 간호사에게 2주일 안으로 죽을 운명이니까, 치료를 하여도 납세자(納稅者)가 낸 돈의 낭비일 뿐이다, 라고 말하였다. 12월 21일, 몇번인가 위험한 고비를 넘긴 다음 저녁 여섯시에 조오지·S·패튼 장군은 숨을 거두었다.

《용기(勇氣)》라는 시에서 그는 이렇게 쓰고 있다.

"죽음은 하잘 것 없는 것…… 용기야말로 최상의 것."

# 제8장
# 꿈의 실험——
# 또 하나의 현실을 위하여

고대(古代) 힌두교의 가르침에서는, 이 세상을 환상
(幻想)이 만든 마야의 세계라고 한다. 꿈을 연구하는
일이 어쩌면 이 세상이라는 '깨어 있는 꿈'의 본질을 해
명하는 실마리가 될지 모른다.

> G · Scott Sparrow : *How to Induce Lucid Dreams*
> *(Venture Inward* Vol. 2, no. 4, 1986)
> G · 스코트 · 스패로는 미국 버지니어 비치에 거주하
> 는 카운셀러 겸 심리요법가이다.

## 뚜렷한 꿈이란?

32세의 어떤 남성이 총을 든 나이 많은 사나이에게 쫓기는 꿈을 꾸었다. 어느 물체 뒤에 숨어서 살금살금 이동하지만, 신변의 위험은 더해 갈 따름이다. 새로운 장소로 달려가는 사이에 꿈을 꾸고 있는 이 사람은 자기가 꿈을 꾸고 있다는 걸 느끼게 된다.

잠시 상황을 살핀다음 원기를 되찾은 그는, 상대방과 대결하기로 작정하였다. 그래서 몸을 돌려 적으로 생각되는 사나이를 찾아 나섰다. 문득 어느 방으로 들어가니, 그곳에는 문제의 사나이가 외면을 하고 앉아 있었다.

이윽고 그는 사나이에게 다가가, 그의 어깨를 가볍게 두드렸다. 사나이는 놀라 튀어 일어나면서 이쪽을 향해 총을 발사하였다. 꿈을 꾸고 있는 사람은 자기가 꿈을 꾸고 있을 뿐이므로, 상처를 입는 일은 없다고 생각했다. 그리고 사나이쪽으로 걸어가서, 손을 들고 사나이의 얼굴을 다정하게 만졌다.

사나이는 처음에 깜짝 놀란 모습이었고, 믿을 수 없다는 표정이었으나 차츰 표정이 누그러지고, 마침내 그 쪽에서도 다가 와서 꿈을 꾸고 있는 사람의 얼굴을 만지는 것이었다.

제8장 꿈의 실험──또 하나의 현실을 구하여  173

이 꿈에는 '뚜렷한' 꿈에서 일어날 수 있는 상황이 극적으로 표현되고 있다. 뚜렷한 꿈이란, 간단히 말해서 꿈 속에서 꿈을 꾸고 있음을 알아차리는 체험인데, 전형적으로는 꿈을 꾸고 있는 사람이 꿈 속에서 우쭐한 기분을 느끼고, 마음의 대내외적(對內外的) 갈등을 만족하게 다루게 되고, 때로는 오랜 동안 안고 왔던 문제가 해결될 때도 있다. 또한 뚜렷한 꿈은, 매우 큰 백색이나 황금의 빛, 또는 빛과의 황홀한 만남──《얼핏 본 사후의 세계》에서 레이몬드 무으디가 말하고 있는 근사사 체험(近似死體驗)의 극치와 매우 비슷하다──으로 끝날 때가 자주 있다.

말할 것도 없이, 꿈을 연구하는 사람들은 현재, 꿈을 뚜렷한 상태로 기억하는 방법의 개발에 관심을 기울이고 있다.

대부분 뚜렷한 꿈을 유도하는 연구(이른바, 뚜렷한 꿈을 만드는 일이 가능한지 어떤지를 조사하는 연구)는, 실험실 안에서 시도되는 것이었다. 실험실은 일상생활에서 떨어져 있고 특정한 방법의 결과를 연구하는 일은 비교적 간단히 할 수 있다.

이런 연구는 부자연스러운 설정 아래에서 이루어졌음에도 불구하고, 익숙치 못한 피실험자들도 수면 전에 암시나 최면, 심리적인 준비를 하는 기법같은 것 등 도움을 받고, 틀림없이 뚜렷한 꿈을 꿀 수 있게 되었다는 것이 입증되었다.

하지만 이런 연구는, 자기 집의 자연스러운 상태에서 스스로 계획하고 뚜렷한 꿈을 꿀 수 있는지의 여부를 입증하기에는 불충분하다. 진심으로 꿈을 연구하고 있으나, 연구실에서의 수면에는 흥미가 없는 우리들에게 있어서, 그와 같은 조사 결과는 한정된 가치 밖에 없다. 우리들에게 필요한 것은 자기 자신의 집에서 뚜렷한 꿈을 효과적으로 유도하는 일이 가능한지 아닌지를 분명히 밝히는 일이다.

**꿈의 실험 —— 과거의 꿈을 재현시켜 뚜렷한 꿈을 만들어
낸다.**

10여년 이상, 뚜렷한 꿈의 연구에 종사해 온 필자는 1983
년 170명의 ARE회원 유지(有志)의 협력을 얻어 이 문제에
대한 학술연구에 착수했다.

1985년에는 또다시 150명의 회원이 전회(前回) 실험의
추가연구에 참가해 주었다. 협력한 회원 가운데에는, 지금까
지 뚜렷한 꿈을 경험한 일이 없는 사람도 있지만, 나중 사람
들은 뚜렷한 꿈을 기억하고 있는 일이 자주 있었다고 보고했
다.

1970년에 마크 써스톤씨와 필자는 공동으로 뚜렷한 꿈을
꾸게 하는 방법을 고안했는데, 이번에 이 방법을 시험해 보
기로 했다. 뚜렷한 꿈을 꾸게 하는 이상적인 방법은, 공상(空
想) 속에서 그 체험이 단순한 환상에 지나지 않는다는 것을
완전히 의식하면서 과거의 꿈을 재현시키는 일이라고 우리
들은 생각했다.

자기가 먼저 꾼 꿈에 대하여 사려깊게 건설적인 반응을 보
이는 것을 알게 되면, 협력자는 용기가 생기게 되는 것이다.
우리들은 꿈을 '뚜렷한' 마음의 구조 속에서 재현시키는 것
은 다음과 같은 일이라고 생각하고 있었다.

◇ 먼저 번의 꿈 속에 나타난 '끝나지 않은 일'을 꿈 속의
등장 인물이 끝내는 것을 도와준다.

◇ 꿈을 꾸고 있는 사람은, 꿈 속에서 당하는 일에 대하여
반드시 여러가지 방법으로 대응하는 여유가 있다고 하는 생

각이 분명히 머리 속에 있다.

◇ 다음 꿈에서는 보다 더 똑똑한 의식으로 있을 수 있다 ──뚜렷한 상태가 될 수 있다──그렇게 되기 위한 예비 연습 역할을 한다.

다른 연구자들도 같은 꿈을 '뚜렷이' 재현시키는 방법을 활용해 좋은 결과를 얻고 있다[스탠포드대학의 스티브 라버어그 저(著) 《뚜렷한 꿈》 참조 (*Lucid Dreaming* by Stephen LaBerge]

ARE회원을 대상으로 한 소규모의 선행시험(先行試驗)에서, 이 꿈의 재현법의 유효성(有效性)이 제시되었다.

마찬가지로 1983년과 1985년의 조사에서도 꿈의 재현법이 가정에서 시험하는 유도법(誘導法)으로서 합당한 것 같다는 것이 판명되었다.

방법은 간단하며 불과 몇분 밖에 걸리지 않는 것이지만, 꿈을 꾸고 있는 사람이 실천을 하기 위하여 '소재(素材)'를 제공하고 있기 때문에 개인에 맞도록 조정하였다.

## 실험 순서와 평가법(評價法)

조사하는 순서는 매우 간단하였다. 1983년의 실험에서는 각 사람이 3주일 동안의 꿈을 모아, 훈련된 심사단원(審査團員)에게 꿈을 평가받았다.

1985년의 협력자는 심사원이 사용하는 평가(評價)시스템과 같은 것을 사용하여 자기가 꾼 꿈을 평가하는 방법을 배우고 있었으므로, 이 해의 협력자로 부터는 점수표만을 받았다.

1983년의 데이터를 철저히 분석하여 보았는데, 조사를 마지막까지 끝낸 협력자의 수가 적었던 것을 제외한다면 1985년의 것과 소견은 대체로 같았다.

이깃은 아마, 평가 시스템을 마스터하고 자기 자신의 꿈을 채점하는데 필요한 추가 작업이 있었던 때문일 것이다. 유감스럽게도 피실험자의 수가 적어지면 그럴수록 결과의 통계적인 의의를 분명히 하는 일이 곤란해지는 것인데, 1985년의 연구는 결과적으로 초기의 연구를 거의 그대로 반영한 것이었다고는 하나, 통계에 바탕을 둔 결론에는 미치지 못했다.

협력자에게는 미리 세군데 그룹 중의 어느 한 곳에 들어가도록 부탁하고 평상시와 다른 일의 순서를 하기 전에, 꿈을 1주일 동안 기록하도록 하였다. 이들 꿈은 필자에게 '기선(基線 ; baseline)' 꿈을 제공해 주게 되었다.

나중에는 이런 것과 유도법(誘導法)을 사용한 다음 날 밤에 꾼 '실험'꿈과 비교를 해 보았다.

제2주째에는, 협력자의 3분의 1이 꿈의 재현법을 5일 동안에 걸쳐 매일 밤 행하고, '나는 뚜렷하게 꿈을 기억할 수 있게 하소서'라는 말을 반복하면서 잠자리에 들었다. 다음 날 아침, 나중의 평가를 위하여 꿈을 기록하게 했다.

다른 3분의 1 협력자['단일법(單一法)' 그룹]는 꿈의 재현법을 하지 않고 자기 전에 암시를 반복했다. 그리고 나머지 3분의 1의 '대조(對照)' 그룹은 아무 것도 다른 일은 하지 않고 제2주째도 꿈의 수집을 계속하게 했다.

제3주에는, 꿈의 재현법을 쓴 그룹과 '단일법(單一法)' 그룹은 유도(誘導)하는 것을 중지하고, 한편으로 '대조(對照)' 그룹은 자기들 스스로가 뚜렷한 꿈의 유도법을 일주일 동안 시도할 기회를 가졌다.

이 밖에도, 유도 하기 전의 작업의 하나로서 피실험자 전원에게, 뚜렷하게 기억하려고 할 때 꿈 속에서 반복하는 말——개인적으로 뜻있는 이상(理想)을 나타내는 말——을 작성하도록 부탁했다.

1970년대에 우리가 시도했던 비공식적인 연구에서, 이와 같은 말은 꿈 속에서 이상적인 반응을 유도하도록 준비할 뿐만 아니라, 상태를 오래 가게 하는 작용도 하는 것을 알았다.

협력자 전원에게 제대로 명석상태(明晳狀態)에 들어갔을 경우, 실행하는 '목표행동'——그들이 선택한 말과 일치하는 행동——을 선택하게 했다. 이를테면 명석상태(明晳狀態)가 되었을 때, 노래를 부른다든가, 정해진 요가의 포즈를 취한다든가 하는 식으로…….

실험 제2주째 부터는 보다 더 가치있는 데이터를 얻었다. 이것은 두개의 타입을 비교할 수 있었기 때문이다.

우선 제1주 부터 제2주에 걸쳐 각 사람의 꿈의 변화를 관찰했다. 다시 말해서 각 사람의 달성률이 얼마큼 먼저의 달성률에 비해 향상 혹은 저하하였는가 하는 점을 관찰한 셈이다.

다음에 세 그룹간의 차이를 관찰하고, 꿈의 재현법을 쓴 그룹이 '단일법(單一法)' 그룹이나 '대조(對照)' 그룹보다 뛰어난가 그렇지 못한가 하는 것을 조사하였다.

꿈의 평가 방법에 대한 것인데, 당연히 뚜렷한 꿈은 전부를 비교하여 관찰해 보고 싶다고 생각했다. 하지만, 완전히 뚜렷한 상태——완전히 자기가 꿈을 꾸고 있다고 자각하고 있는 것——가 부족하고, 분명히 꿈을 꾸고 있다는 것을 자각하기 시작했으나 본질적으로 명석상태에 이룰 수 없는 타입의 꿈이 있다.

연구자는 이것을 '전명석(前明晳)' 꿈이라고 부르고 있다.

이를 테면 하늘을 날으는 꿈은, 명석상태보다 선행하거나, 이를 자극하거나 하는 일이 흔히 있는데, 이것은 꿈을 꾸고 있는 사람이 '이런 일이 과연 현실에 있는 것일까?'하고 생각할 가능성이 많기 때문이다.

사망한 근친들의 꿈 등 '있을 수 없는' 상황에서도 이런 체험은 사실일까 하고 의아해 할 가능성은 많아진다. 문헌에는 이와 같은 꿈에서 받은 평가가 적혀 있으므로, 이런 것에 '뚜렷함'의 평가는 주지 못했지만, 되도록 각자에 대해 확실히 그와 같은 꿈을 유도한 것을 인정해 주고 싶었다고 생각한다.

훈련을 받은 심사원에게, 각각 꿈의 명석상태와 전명석(前明晳)상태를 평가받은 다음, 꿈을 꾼 사람에게 쓰게 한 꿈 속에서의 태도와 행동내용에 대한 4가지 점에 관해, 그 정도를 평가하게 하였다.

이 네 가지 점이란, 꿈을 연구하고 있는 심리학자인 어네스트 롯시가 《꿈과 퍼어서낼리티의 성장》이란 저서에서, 꿈의 상태에 있어 건전한 인격이 자라고 있는 증거로서 언급하고 있는 것인데, 다음과 같은 것들이다.

◇ 자기반성(自己反省) —— 꿈(이것은 물론 명석상태를 가능하게 하는 마음의 상태를 가리킴) 속에서, 그 사람이 꿈 속에서 일어나고 있는 일에 대하여 얼마나 생각하거나 질문하거나 하였는가?

◇ 상호작용(相互作用) —— 꿈을 꾸고 있는 사람이 말을 하거나 싸우거나 성행위(性行爲)를 하거나 하여, 얼마만큼 다른 꿈의 등장 인물에 관여를 하였는가?

◇ 역할이나 지위의 변화 — 꿈을 꾸고 있는 사람이 꿈의 과정에서 얼마만큼 역할을 바꾸었는가?

◇ 건설적인 행동－꿈을 꾸고 있는 사람이 용감하다든가, 창조적이라든가, 도움이 된다고 할만한 행동을 얼마나 하였는가?

## 숫적으로 증가된 '뚜렷한 꿈'

협력자들의 제2주째 꿈을 그들 자신의 '기선(基線)' 꿈과 비교했을 때, 꿈의 재현법을 행한 그룹의 피실험자들은, 뚜렷한 꿈과 전명석(前明晳) 꿈의 수가 제1주의 수준보다도 상당히 증가된 것을 알 수 있었다.

'단일법(單一法)' 그룹에서는 아무 발전이 없었고 '대조(對照)' 그룹에서는 실제로 줄어들었다. 이것은 아마 제2주째도 계속 재미없는 작업을 계속하도록 부탁받았기 때문일 것이다.

꿈의 재현법을 행한 피실험자의 제2주째 꿈은, 그들의 제1주째 꿈에 비해, 앞서 말한 '꿈을 꾸는 사람의 성장(成長)'에 있어서도 본질적으로 높은 수준을 나타냈다. '단일법(單一法)' 그룹의 피실험자는 늘 기준에 있어서 변화가 없었다. 또한 '대조(對照)' 그룹의 협력자는 여기서도 열세였다.

각 그룹의 제2주째 달성률을 다른 그룹과 비교하여 보았는데, '꿈의 재현' 그룹이, 롯시가 말한 네가지의 '꿈을 꾸는 사람의 성장'의 질(質) 뿐만 아니라 명석상태(明晳狀態)라는 기준에 있어서도 다른 두 그룹을 웃돌고 있었다.

제3주에는 세 그룹 가운데 둘이 '기선(基線)' 꿈을 나타냈으나, 1주째와 2주째의 꿈[유도(誘導)]과 이들의 유도한 후 꿈과 비교할 수가 있었다. 명석상태와 '꿈을 꾸는 사람의 성장'의 수준에 대해서는, 예상대로 유도한 주(週)에 비하여 낮았으나, 조사하기 전의 수준으로 되돌아 가지는 않았다.

다시 말해, 유도했기 때문에 유도한 뒤의 꿈에 영향을 미쳤으나, 그 영향은 그다지 두드러진 것은 아닌 셈이었다.

뚜렷한 꿈을 꾸는 일이 얼마만큼 가능한 일이라고 증명된 것일까? 사용된 방법과 관계없이, 협력자의 25%가 조사하는 동안에 완전하고, 뚜렷한 꿈을 꾸었고, 42%는 '전명석(前明晳) 꿈' 또는 뚜렷한 꿈의 어느 쪽인가를 꿀 수 있었다. 중요한 것은 실험하는 동안에 뚜렷한 꿈을 꾸었다고 보고한 사람 가운데, 열 사람은(1983년의 조사에 의함) 실험하기 전에, 거의 또는 전혀, 완전한 명석상태를 체험한 일이 없었다고 하는 점이다. 비교적 체험이 적은 피실험자 가운데, 또 열 세 사람이 어느 정도의 '전명석(前明晳)' 꿈을 이 짧은 조사 기간중에 체험하였다.

조사한 전체를 전망해 볼 때, 이들 연구에서 중요한 사실을 알아냈다. 이 연구에서 ARE회원의 협력자 대부분은——그 중에는, 지금까지 뚜렷한 꿈을 꾼 일이 없는 사람도 있었다——실제로 간단한 방법을 써서 그들 스스로가 명석상태를 유도할 수 있다는 것을 알게 된 것이다.

또한 조사 결과에서, 뚜렷한 꿈을 꾸도록 유도한 다음에, 또다시 꿈의 재현법 훈련도 같이 하는 편이 훈련의 도움없이 뚜렷한 꿈을 꾸는 노력을 같이 하는 것보다도 좋은 결과가 나오는 것도 알게 되었다.

끝으로, 설령 뚜렷한 꿈을 꾸도록 유도하는 것이 잘 안되었을지라도, '꿈을 꾸는 사람의 성장'의 질(質)에서 측정한 바와 같이 노력하는 것만으로도 그 뒤의 꿈에 대하여 총체적으로 건설적인 영향을 준다는 것이 조사결과 나타난 것이다.

## 꿈의 체험과 그 효용

그런데 협력자가 실제적으로 꿈 속에서 어떤 체험을 했을까? 주관적으로 볼때, 꿈을 유도 연구하는 가치는 얼마만한 것이었을까?

1400건 남짓한 꿈과 그것에 첨부된 편지를 읽고 필자와 심사원들은, 자신이 내놓은 결과에 대해 양면적(兩面的)인 가치관을 느낀 협력자도 있는가 하면, 어느 쪽이건 한 쪽의 주장에 적극 동조하는 사람들도 있었던 것 같다는 사실을 인정한다.

몇몇 사람의 협력자——특히, 이미 뚜렷한 꿈을 꾸는 도사가 된 사람들——들은 유도하는 순서가 번거롭고 필요치 않다고 생각하고 있었다. 이들 협력자 중에는, 극히 소수이지만 조사 도중에 평상시 보다 뚜렷한 꿈을 꾸는 게 줄어들었다고 보고하는 사람조차 있었다. 하지만, 대부분의 경험이 적은 협력자들에게서도 마찬가지로, 예상보다 뚜렷한 꿈을 꾸는 확률이 낮았다고 하는 보고가 있었다.

일종의 '달성률에 대한 불안' 때문에 일부 협력자의 달성률이 억제되었던 것 같다. 뚜렷한 꿈을 체험은 했으나, 그것은 조사가 끝난 직후의 일이었다고 몇사람의 협력자가 말하고 있는 사실도 이를 뒷받침하고 있다.

또한 자신들이 선택한 꿈을 환상속에서 재현시켰을 때, 깜짝 놀란 협력자도 몇 사람인가 있었다. 그런 까닭으로 그들은 '꿈의 재현'의 환상이 마지막까지 끝나기 전에 다른 꿈을 선택하지 않으면 안되었다.

전체적으로 볼때, 이 조사에 언급하거나 비평을 가한 협력자는 뜻있는 체험을 하였다고 보고하고 있다. 오랜 기간 품어 온 의문이나 문제점에 대하여, 새로운 통찰력을 얻었다고 느낀 사람들도 있었다.

협력자의 몇 사람인가는 미리 정해놓은 말을 명식상태에서 반복하는 것에 성공하고, 꿈 속의 드라마 줄거리에서 재미있는 변화를 엮어내는 일 조차 있었다. 이를 테면, 어느 30세의 여성이 꾼 꿈은 다음과 같은 것이었다.

"나는 두 개의 재미있는 장난감을 또 한사람의 어머니에게 보여주고 있었습니다. 우리가 정신없이 열중하고 있는 사이에, 두 아이가 우리가 가지고 있는 것을 훔치려고 하였습니다. 그래서 나는 자기가 꿈을 꾸고 있다는 것을 깨닫고, 우리의 주변을 사랑과 빛으로 둘러싸려고 하려던 것을 생각하면서, '사랑과 빛, 사랑과 빛'하고 반복했습니다. 두 아이들은 훔친 물건을 돌려주려고 다시 왔습니다."

두 개의 뚜렷한 꿈을 유도하는 단계 도중에서 생각이 떠오른 40세의 어느 남성은, 〈이것은 내게 있어서 성공이며, 앞으로도 되풀이 해 이 방법을 쓸 수 있겠지요. 나는 몇년동안 고민하던 문제에 대한 해답을 얻었습니다. 답은 모두 명쾌하고 또한 직접적이며, 유익한 것 뿐이었습니다.〉라고 기록하고 있다.

이와 관련하여, 그는 이같은 뚜렷한 꿈을 꾼 것이었다.

"나는 몸에 걸친 셔츠가 너무 꼭 낀다고 느끼면서, 맛사지대에 앉아 있었습니다. 아내와 우리의 친구 부부가 같이 동행하고 있었습니다. 친구 부부 앞에서 셔츠를 벗는 것은 불안했습니다. 그래서 나는 자기 자신에게, 이것은 꿈이다, 라고 말하면서 셔츠를 벗기 시작했습니다. 바로 이것

제8장 꿈의 실험 ── 또 하나의 현실을 구하여  183

이, 내게는 가면을 벗을 필요가 있다고 가르쳐 주는 교훈이라는 걸 알게 되었습니다. 나는 여기에 자기 인격의 이면성(二面性)과 연결시켰습니다. 나는 직장과 집에서는 다른 인간이었던 것입니다.”

이 남성은, 꿈 속 또는 꿈과 꿈 사이에서 마음의 내부로 부터의 빛의 방사(放射)를 체험한 극히 적은 협력자 중의 한사람이기도 했다. 그의 경우, 이것이 생긴 것은 각성(覺醒)과 수면 사이를 헤매고 있을 때의 일이었다. 이와 같은 상태에 서였다고는 하지만, 이 체험은 ── 꿈 속에서나 아나나 간에 ── 명석상태(明晳狀態)에 놓인 것과 밀접한 관계가 있다고 필자는 생각한다.

“나는 자기 내부에 있는 눈부신 빛을 깨닫기 시작하였습니다. 나는 그것을 즐기며, 또한 그 빛의 일부가 되려고 하였습니다. 그렇게 하고 보니 빛은 엷어졌습니다. 빛에 집중하는 대신 긴장을 풀고 평안한 상태에서 명상을 하자 빛이 돌아왔습니다. 나는 그것을 즐기고 있었습니다.”

마지막으로, 이 연구는 잠자기 전에 유도(誘導)하는 순서를 거쳐 뚜렷한 꿈을 꾸기 쉽도록 하는 과학적인 데이터를 제공하여 주었을 뿐만 아니라, 많은 사람들에게 꿈 속에서 뚜렷한 상태에 이르는 효용을 가르쳐 주었다고 믿고 있다. 이것은 ARE가 획기적인 연구에 관여한 새로운 하나의 실례(實例)이며, 이 연구에 의해, ‘피실험자’의 체험은 과학에 대한 일반적인 흥미 이상의 것이 되었고, 각 협력자의 지위를 공동 연구자의 위치로까지 끌어 올려준 것이 되었다.

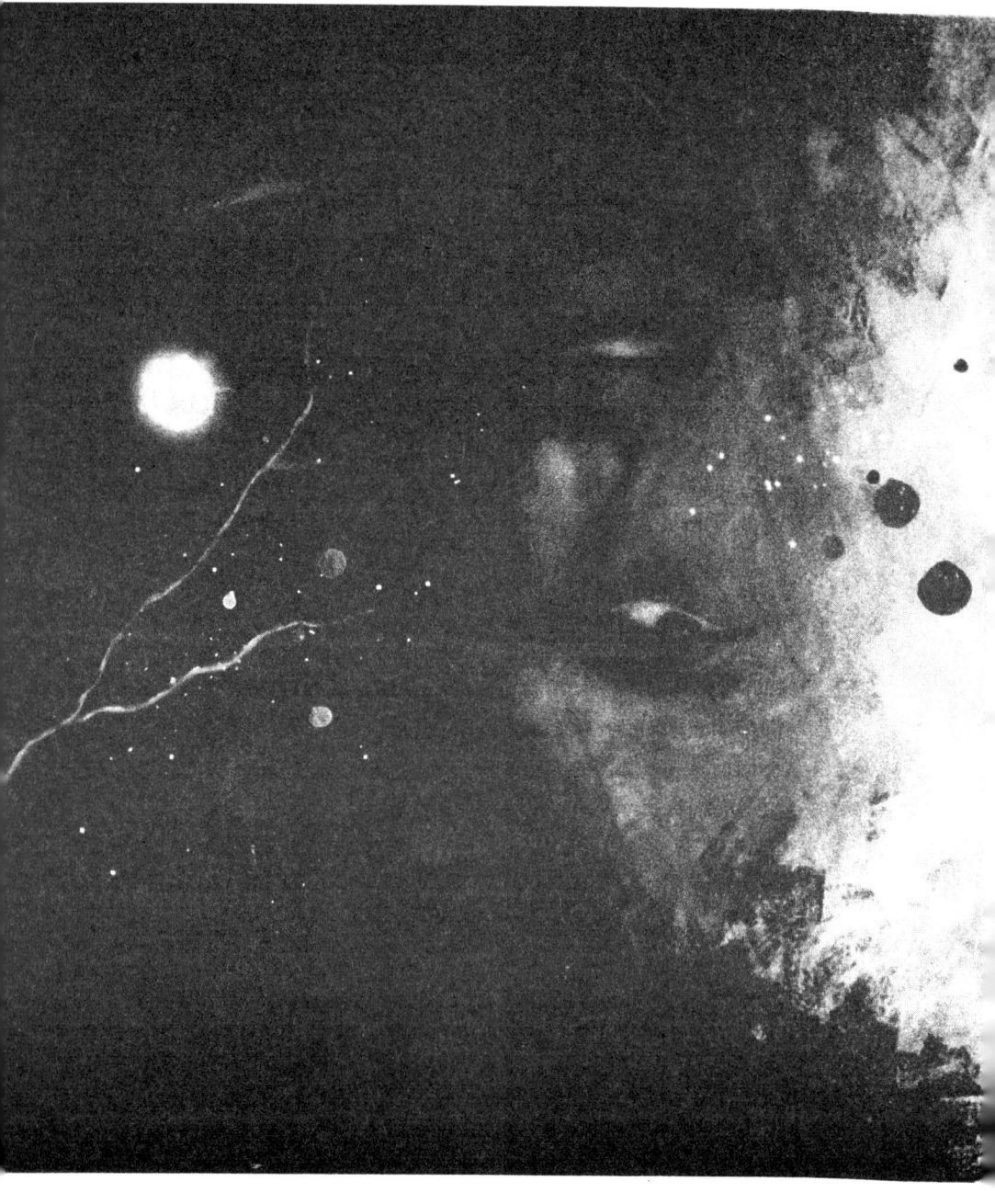

# 제 9 장
# 불가사의한 '우연의 일치'
## ──공시성(共時性)을 알것

우연의 일치로 보더라도, 우주가 우리에게 말해주는
'뜻 있는' 일치점이 아닐런지? 공시성(共時性)체험을
혼(魂)이 성장하기 위한 지침으로 볼 수 있을 것인가?

> Christopher Fazel : *Guidance Through Synchronicity*
> *(Venture Inward* Vol. 4, no. 4, 1988)
> 필자 크리스터퍼 화젤은 ARE 교육개발 코디네이터
> 이다.

## 자주 반복되는 우연한 일치

바바라와 남편은, 저어지 해안에서 휴가를 보내고 집으로 돌아 온 참이었습니다. 여행중에 본 오래 된 등대가 특히 인상적이었으므로 바바라는 등대를 스케치한 그림 이외에도 등대의 모습을 떠오르게 하는 태양광 반사판(太陽光反射板)까지 몇가지 선물을 샀을 정도였습니다.

얼마 후 그녀에게 휴가로 메인주의 항구도시로 떠난 친구에게서 그림 엽서가 도착했습니다. 거기에는 뉴잉글랜드의 등대 사진이 인쇄되어 있고, 〈이 엽서를 본 순간, 당신 생각이 났습니다.〉 이런 첫마디로 글이 시작되고 있었습니다.

이렇게 하여 두번씩이나 등대와 만난다는 일은, 어쩐지 기묘한 일치감으로 생각되었습니다. 이면에 무슨 뜻이라도 있는 게 아닐까, 아니면 그냥 우연한 일치일까…… 바바라는 고개를 갸우뚱거렸습니다. 그날 밤, 어느 집에서 열린 ARE의 공부하는 자리에서, 그녀는 의자 옆의 바닥에 한장의 종이가 떨어져 있는 걸 보았습니다. 무심이 종이를 젖겨보고 눈을 크게 떴습니다. 아니 이럴 수가, 그것은 서투른 붓놀림으로 그린 등대의 그림이었던 것입니다. 바바라의 의아해 하는 얼굴을 보고 모임을 주최한 그 집의 주부가 가르쳐 준 말에 의하면, 그림은 바로 조금 전에 전달된 것이며 혼주라스에 양자로 보낸 아이가 그린 그림이라는 것이었습니다.

'그런데, 어째서 이렇게 자주 등대 그림과 마주치는 걸까?' 바바라의 의문은 풀리지 않는 것이었습니다.

다음 날 아침, 뜻밖의 만남이 또 한차례 있었습니다. 우편물 속에 《데이리월드》라는 작은 책자(최신호)가 있었고, 첫 페이지의 〈길 안내〉라는 제목의 시(詩) 옆에 실려 있는 것이 (예상대로, 바로!) 등대의 사진이었던 것입니다.

기묘하게 거듭되는 우연에 대해 바바라는, 이런 일에 의미를 부여할 필요가 있을 것인지를 생각하는 것은 그만 두었습니다. 그리고 용기를 내서 '이 뜻은 도대체 무엇일까?' 하고 생각해 보기로 하였습니다.

사전을 찾아보니 이런 설명이 나와 있었습니다.

〈등대─강력한 길, 안내용 표지(標識), 등불을 장비한 탑(塔) 또는 그 건물. 배에 대한 경고나 길 안내를 위하여, 위험한 장소 또는 그 근방에 세워진다.〉

바바라는 '강력한 길 안내'라는 말이 순간적으로 가슴에 와 닿는 것을 느꼈습니다. 이 말에서 명상에 대한 것을 연상한 것입니다. 그녀는 오랫동안 명상을 계속해 왔습니다만, 최근 몇년은 휴식기간이 필요한 느낌이 들어 그만 두었던 것입니다. 최근에 바바라는 다시 명상을 시작할 때가 된 것인지, 어쩐지 망설이고 있었는데, 자기 생활에서 놀랄 정도로 연속 등대가 나타나는 것은 뭔가 지침(指針)으로서의 요소가 있음에 틀림이 없다는 결론에 도달하였습니다.

이 일은 또, 전에 하던 명상을 시작하는 것이 그녀에게 있어서 확실히 시기적으로 합당하다 가르쳐 준 것입니다. 바바라는 이 지침에 따라서 다시 명상을 시작하였습니다.

이 이야기는 대부분 사람들이 겪은 일이 있는 그런 체험―
――다시 말해서, 잠재적으로 어떤 의미가 있는 것처럼 사건
이 기묘하게 일치한나――을 말하고 있습니다. 이와 같은 사
건은 공통된 원인이 아무것도 없는데, 일률적으로 하나의 상
황을 나타내고 있거나, 혹은 문제를 제시한다거나, 때로는
문제를 해결하기 위한 지침까지도 주는 일 조차 있는 것입니
다.

스위스의 정신분석학자인 칼 융은, 환자의 인생이나 자기
자신의 인생에 나타난 이같은 현상을 관찰하고, 이것을 '공
시성(共時性)'이라고 이름 붙였습니다.

## 뜻이 있는 일치

쉽게 말하면 공시성(共時性)이란 '뜻이 있는 일치(一致)'
라는 것입니다. 다시 말해서 일정한 기간 안에 신변에서 두
가지 또는 그 이상의 사건이 일어나고 여기에 이미 있는 관
계가 존재하는 것처럼 생각될 경우, 공시성을 체험하는 것입
니다.

여기에 시간적인 제약이 분명히 정해져 있지는 않습니다.
하루일 수도 있을 것이고, 몇주일일 수도 있을 겁니다. 하지
만, 참으로 공시성이기 위해서는, 의미있게 관련된 것으로
보이는 사건이, 인과관계(因果關係)로 설명할 수 있는 것이
어서는 안되는 것입니다.

가끔 표면상으로 공시성(共時性)처럼 보이는 일이, 사실
은 같은 원인에 의한 사건의 연속에 지나지 않을 경우도 있
는 것입니다.

이를 테면, 이런 일이 있었습니다. 어느 날 필자가 ARE의

일로 차를 운전하고 있었는데, 돌연 빨강 신호때문에 우연히 긴 자동차 행렬을 만나 급 브레이크를 밟아야만 했었습니다.

간신히 기회를 보아 좌회전을 하려는 순간, 이번에는 신호를 무시하고 달려오는 자전거를 피하기 위하여 또다시 급 브레이크를 밟아야만 했습니다. 불과 몇분도 되지 않아 또한 차례, 한눈 파는 운전사의 차와 접촉사고를 낼 뻔 하였습니다.

갑자기 의문이 생겨났습니다.

'이것이 공시성일까? 우주는 나에게 뭔가를 가르쳐 주려고 하고 있는 걸까?'

하지만, 그때 겨우 느낄 수 있었습니다. 이것은 진정한 뜻에서 '공시적(共時的)'인 사건은 아니었습니다. 오늘은 길에서 조심하시오, 라는 분명한 메시지가 포함되고는 있었지만, 공통된 원인이 달리 있었던 것입니다. 직장이 있는 버지니어 비이취는 여름의 관광철이 막 시작되어 도로는 관광객으로 혼잡을 이루고 있었습니다. 자동차의 통근 코오스가 갑자기 여름의 교통 혼잡 도로로 바뀌고 말았다는 것입니다. 분명히 이런 사건은 뜻이 있는 것처럼 연결되어 있었습니다만 원인 때문에 연결되었던 것입니다.

한편, 바바라의 인생행로(人生行路)와 몇 번이나 계속적으로 교차되었던 등대에 얽힌 여러 가지 체험은, 분명히 원인에 있어서 연관이 있는 것은 아닙니다. 혼듀러스의 소년은, 자기가 그린 그림으로 인해서 바바라가 등대와 만나는 횟수가 많아졌다고는 생각조차 해보지 못했을 것입니다. 마찬가지로 《데일리 월드》지(誌)도 그녀를 위하여 굳이 첫페이지에 시를 선택한 것은 아닙니다.

바바라의 주변에서 일어난 일이 이상한 일치점을 보여준

것이, 인과관계(因果關係)로는 이해할 수 없지만, 그래도 그녀에게는 뚜렷한 깊은 뜻이 있고 결정을 내리기 위한 지침까지 주었던 것입니다.

바바라가 체험한 것 같은 것은 시간과 공간의 본질에 대해 큰 문제를 제기하고 있습니다. 요점이 되는 것을 간단히 말하면 '개별적으로 일어난 일이 동시에 일어났다고 하여, 정말로 의미있게 연관이 될 수 있는 것인가?' 하는 것입니다.

개인적인 체험의 범위를 넘어서면 경험적, 실험적인 방법에 의해 증거를 확보하는 일은 어려운 것입니다. 하지만, 공시성(共時性) 이론에 관하여 말할 수 있는 게 두 가지 있습니다. 하나는, 그와 같은 법칙이 존재한다는 신념이 역사가 시작된 이래 널리 지켜져 왔다는 것이다,라고 하는 것입니다. 두번째는 최근 소립자 물리학(素粒子物理學)의 분야에서 발견된 일이, 옛날 부터의 사고방식인 전일성(全一性)이나 또는 공시성(共時性)이라는 보편적인 법칙을 지지하는 것으로 생각되는 것입니다.

## 점성술(占星術)과 역(易)의 공시성(共時性)

공시성을 믿은 가장 오래된 실례는 점성술(占星術)입니다. 고고학자가 발견한 기원전 1830년의 옛날에 쓰여진 문서에는 바빌로니아의 제1왕조가 기록한 7000 항목 이상에 이르는 천체(天體)에 나타난 예조(豫兆)와 관측사항이 기재되어 있었습니다. 다시 말해서 고대 바빌로니아 사람은 여러 혹성(惑星)의 움직임과 같은 천공(天空)에서 일어나는 일이, 이 지구에서 일어나는 일과 어떤 뜻있는 관계를 갖는다고 믿고 있었던 셈입니다.

고대 바빌로니아 사람에게 물어볼 수도 없으므로, 이 관계를 어떻게 그들이 이해하고 있었는지는 추측할 수 밖에 없는 일입니다. 점성술가(占星術家)들 사이에서는 오늘날에도 혹성(惑星)의 움직임이 일정한 질서 아래서 인간세계에서 일어나는 사건과 관련되는 이유에 대하여 의견의 일치를 보지 못하고 있습니다. 혹성(惑星)에서 미세한 '우주의 방사(放射)'가 시작되고 있고 그것이 지상에서 일어나는 문제의 원인이 되고 있다고 믿는 사람도 있는데, 이 견해는 분명히 '비공시적(非共時的)'인 것입니다.

오늘날의 점성술가들 사이에서는 '뜻 있는 일치(一致)'라는 견해가 유력해지고 있는 것 같습니다. 고대의 사람들도 이같은 견해를 갖고 있었다고 생각됩니다.

그 까닭은 그들이 분명히 뜻있는 일치나 공시성의 부류(部類)에 속하는 점(占)을 치고 있었기 때문인 것입니다. 이와 같은 점의 한 종류에는 무녀(巫女)나 주술사(呪術師)가 관습대로 지팡이나 돌을 던져 거기에서 생긴 금간 모양을 읽는다는 방법이 있습니다.

이것이 내력이 되어 일반에게 널리 퍼지고 있는 방법에, 타롯트 같은 것처럼 카드를 읽는 점이나, 동전을 던져서 치는 점[유럽이나 미국에서는, 대나무 대신에 3개 동전의 앞면과 뒷면으로 괘(卦)를 본다-역자 주] 등 두 가지가 있습니다.

그런데, 현대에 와서 공시성(共時性) 이론이 사실상 몇가지 연구되고 있는 것입니다.

칼 융은 이 공시성이라는 말을 지어낸 사람일 뿐만 아니라, 그 현상(現象)을 실증하려고 시도한 정신분석 학자였습니다. 어떤 실험에서, 융은 325쌍의 부부를 별점(星占)인 차트[호로스코프(Horoscope), 다시 말해서 십이궁도(十二宮圖)에 출생시의 태양·달 같은 중요한 별의 배치를 써넣은 것—역자 주]로 조사하고 있습니다.

통계적으로 평균을 웃도는 수의 부부가 특정하게 점성술 적과 관계가 있음을 알고 그는 놀랐습니다. 예상 밖의 높은 확률로 아내가 태어났을 때의 달의 위치와 남편이 태어났을 때의 태양이 같은 성좌궁(星座宮)에 있었던 것입니다.

융에게 있어서, 이 결과는 공시성(共時性)이 작용하고 있 다는 분명한 보기로 생각되었습니다.

융은 《역경(易經)》의 사용법도 연구하고 있습니다. 원래 《역경》이란, 고대 중국의 지혜를 모은 책인데, 이 책을 사용 하는 데는 동전을 써서 적당한 페이지를 찾아보지 않으면 안 됩니다.

이 방법에 의해 책이 공시성의 도구로 변하는 셈입니다.

융의 연구 결과는 흥미있는 것입니다만, 최종적인 결론은 나오고 있지 않습니다. 연구에 의해 공시성의 법칙은 '증명 (證明)'되지 않은 것입니다.

## 현대 물리학이 보여 주는 우주의 일체성

도대체 증거는 존재하는 것일까? 일어난 일 상호간에는 인 과율(因果律)을 넘어선 관계가 존재한다는 전제를 조사할 방법은 있는 것일까?

사실은, 공시성(共時性)의 법칙을 지지할 만한 놀라운 증 거가 첨단을 가는 소립자 물리학(素粒子物理學) 분야에서 나온 것입니다.

이 분야의 연구 덕분으로, 많은 물리학자들은 오히려 '호 로그라피적인'[호로그라피라고 하는 것은 물체에 조사(照射)한

레이저광(光)의 진폭과 위상(位相)을 기록하고 입체상(立體像)을 재생하는 기술. 나중에 말하는 D·봄은 우주가 인간의 뇌(腦)나 마음에 있어서 호로그라피와 같은 구조라고 하는 것이다—역자 주] 우주관을 갖게 된 것입니다.

다시 말해서, 최근의 여러 가지 실험은 당연하다고 생각된 인과율로는 설명되지 않는 우주의 일체성 혹은 전체성(全體性)을 논증(論證)하는 것처럼 생각되는 것입니다.

수학이론(數學理論)이나 실험실의 시험에 의해서도, 원자 내부의 미립자(素粒子)가 어떤 식으로 서로의 움직임에 반응하고 서로 관련짓고 있는가 하는 것이 증명되고 있습니다. 설령, 이 관계가 지금까지의 인과율에 바탕을 둔 전문용어를 써서 설명할 수 없다고 하더라도…….

런던대학에서 물리학을 가르치는 데이빗 봄 교수는 이런 것들의 실험이 지닌 의미를 다음과 같이 말하고 있습니다.

"이런 식으로 세계를 분해하고 나가면, 하나 하나 제각각 독립해서 존재하고 있는 구성요소로 나눌 수가 있다고 하는 낡은 생각을 부정하는 '분할할 수 없는 전체성(全體性)'이라는 새로운 생각에 도달하는 것입니다……"

달리 표현한다면, 우주는 개별의 부분적인 사상(事象)으로 분할할 수 없다고 하는 것입니다. 모든 일은 하나로 묶여져서, 나눌 수 없는 전체를 이룩하고 있는 셈입니다.

케이시가 영사한 바로는 '공시성(共時性)'이라는 특별한 용어가 쓰이지 않았지만 영사에는, 봄이 말하는 원칙과 같은 것으로 생각되는 일체성의 법칙에 대하여 기술되고 있습니다. 이를 테면, 어떤 영사에서는 다음과 같은 한 구절에서 생명의 일체성을 말하고 있습니다.

"그리고 그것을 알게 되면 모든 생명을 가진 살아 있는 것은 하나이며, 따라서 모든 상황도 서로 관계를 맺고 있다는 것을 알 수 있을 것이다."

다른 영사의 한 구절에는, 서로가 하나이어야 하는 것의 법칙이 거듭 설명되고, 인간의 체험을 다음과 같이 묘사하고 있습니다.

"우주의 어떤 원자도 모두 제각기 다른 원자와 상대적으로 서로 관계를 맺고 있고, 따라서 인류의 발전도 여러 힘, 모두의 상관성(相關性)에 달려 있다."

## 공시성 체험을 조사한다

물리학자로부터는 얼마 되지는 않아도 흥미를 끌만한 증거가 나왔고, 에드가 케이시의 영사(靈査)에서도 논증될 만한 논평이 있었다고는 하지만, 공시성(共時性)을 증명하는 실제적 증거는 얻을 수 없는 상태였습니다.

아마 이 문제에서 결론을 내릴려면, 개인적인 체험을·통하는 방법을 취할 수 밖에 도리가 없을 것입니다.

이렇게 생각하고 ARE에서는, 공시적인 체험을 한다는 게 현실적으로 인정될 수 있는지 어쩐지, 또한 한 걸음 더 나가서 이를 촉진할 수 있는지를 확인하기 위해 조사 프로젝트를 전개했습니다.

프로젝트에서는 다음과 같은 세 가지 점에 대하여 조사하였습니다.

① 자연의 흐름에 따라서 일어나는 일에 주의를 했을 경우, 몇사람이 그 날에 일어날 공시적(共時的)인 체험을 알아차릴 수 있을 것인가?

② 공시적인 체험의 수효가 명상을 하거나, 마음을 정비할

제9장 불가사의한 '우연의 일치'  195

조용한 음악을 듣거나 관찰력을 높이거나 하는 훈련 같은 것을 함으로써 실제로 증가할 가능성은 있는가?

③ 공시성에는 문제를 해결하거나 결정을 내리기 위한 뜻 있는 지침을 줄 가능성이 있을 것인가?

프로젝트는 3주간에 걸쳐서 행해졌습니다. 첫주째, 공시성의 법칙에 대하여 가르침을 받은 프로젝트의 참가자는, 다만 이상한 일치가 일어나는지 어쩐지를 지켜보고 있을 뿐입니다. 참가자에게는 관찰한 것 외에, 그 일어난 일에 포함되고 있다고 생각되는 의미에 대해서도 기록하도록 하였습니다.

제2주째는, 조사한 사항에 두 가지 요소가 새로 추가되었습니다. 우선 참가자에게 질문을 한가지 생각해서 쓰도록 하였습니다. 이것은 공시적인 사건이, 그 질문에 대한 대답의 지침(指針)이 되는지 어쩐지를 시험하기 위한 것입니다. 이에 덧붙여서, 공시성을 '촉진'하기 위한 과제가 여러가지 주어지고 공시적 체험을 늘리는 효과가 있는지 어쩐지를 시험하게 했습니다.

과제는 마음을 가다듬을 조용한 음악을 들을 것, 코스를 정하지 않고 마음이 내키는대로 산책을 할 것, 도서관에서 책을 닥치는대로 볼 것, 신문이나 잡지를 줏어 읽을 것 등의 4가지였습니다.

이 중에서 적어도 한가지 과제를 매일 매일 하고 어떤 방법을 썼는지, 나아가서 주목할만한 일치를 발견했는지 아닌지도 같이 기록하도록 했습니다. 주말에는, 공시성을 통하여 지침을 발견했는지의 여부를 '예' '아마' '아니요'로 보고하도록 했습니다.

제3주는 또한 《역경(易經)》에 바탕을 두고 쓴 작은 책자의 도움을 얻어 계속하여 지침을 탐색했습니다.

참가자에게는 그 주(週)의 체험과, 자기가 낸 괘(卦)에 대해서 기록된 작은 책자에 있는 말과의 사이에 뭔가 관련이 있었는지의 여부를 조사하게 했습니다. 3주간의 프로젝트를 끝내고 난 다음부터 각자에게 보고서를 완성하게 하고 프로젝트의 책임자인 필자에게 발송하게 했습니다.

발송되어 온 53통의 보고서에 적힌 정보에서 재미있는 통계적 데이터가 나왔습니다.

이 정보의 대부분은 아마도 당신 자신의 개인적인 체험과 공통된 것인지도 모른다. 예를들면 규칙적으로 명상(瞑想)을 해온 분은 공시적(共時的)인 체험이 평상시 보다 빈번히 일어나는 것처럼 생각된 일이 없었을까? 이곳에 발송되어 온 정보에 의하면, 규칙적인 명상에는 공시성을 체험하거나 그 것을 통하여 지침을 발견하는데 있어서, 플러스 효과가 있는 것 같습니다.

또한 꿈을 기억하고 있는 것과 공시성을 체험하는 것과의 사이에는 분명한 상관관계(相關關係)가 있습니다.

공시적인 사건을 통해 분명한 지침을 얻을 수 있었던 사람들은 일주일 동안에 평균 4~5회의 꿈을 기억하고 있었습니다. (이 숫자는 이 조사를 행한 기간 동안에만 한한 게 아니라, 장시간의 평균입니다.)

애매한 지침 밖에 받지 못한 사람은 일주일 정도에서 평균 3~5회의 꿈을 기억하고 있고, 전혀 공시성(共時性)에서 지침을 발견할 수 없었다고 보고한 사람은 일주일 사이에 2회 남짓한 꿈 밖에 기억하고 있지 않았습니다.

이 상관관계가 보여 주고 있는 것은, 진지하게 꿈을 연구하는 일이 일상 생활에서 공시성(共時性)의 발생을 촉진시키는 방법의 하나라고 하는 것이 아닐런지? 틀림없이 참가자의 대부분은, 명확한 꿈과 직접 관계되는 공시적인 체험에 대해 말하고 있습니다.

## 지침(指針)을 읽는다

여기서 당연히 문제되는 핵심은 공시적인 사건을 관찰하거나 해석함에 있어서, '모두 몇 사람의 조사 참가자가 지침을 얻을 수 있었나?'라고 하는 점입니다.

53명의 레포트를 검토했습니다만, 그 가운데 27명(51%)이 이 방법으로 특정한 질문에 대한 분명한 지침을 얻을 수 있었다고 말하고 있습니다.

34퍼센트는 '지금은 분명하지 않으나, 나중에는 아마 보다 더 확실해 질 것이다'라고 말하고 있습니다. 공시적인 체험을 통해 아무런 지침도 얻을 수 없었던 것은 53명 가운데 불과 8명(15퍼센트)이었습니다.

나이, 성별, 초상연구(超常研究)의 경험 연수는 참가자가 공시성을 통해 지침을 얻을 수 있었나 없었나와는 관계가 없었습니다.

그 밖의 요소에서 오로지, 성공률에 영향을 주고 있다고 생각되는 것은 프로젝트 이전의 공시적인 활동에서 나타난 수준의 정도였습니다. 다시 말해서, 만약 각 사람이 과거에 일정한 빈도로 공시성을 체험하고 있으면, 프로젝트의 조사 기간에도 다른 사람보다 쉽게 지침을 발견할 수 있는 것입니다.

이것은 그다지 놀랄만한 발견이 아니고, 오히려 공시성을 관찰하는 기술을 닦기 위해 연습이 필요한 것을 보여줄 뿐일 것입니다.

발송된 레포트의 15%는 공시성에서 지침을 얻을 수 없었다고 보고하고 있습니다만, 그럼에도 불구하고 한 사람을 제외하고 전원이 프로젝트의 기간 중에 제대로 공시성을 관찰할 수 있었다고 보고하고 있습니다.

'호랑이도 제말 하면 온다'는 말과 같이, 옛부터 공시성의 실례는 수없이 있었습니다. 무심히 책이나 잡지를 펼쳐 보았더니 그날의 사건과 직접 관계 있는 일이 씌어 있었다고 몇몇 사람의 참가자들은 말하고 있습니다.

그들의 체험이 지침의 한 요소가 되었으면 하고 생각된 일도 자주 있었습니다. 또한 그 사람이 생각하고 있는 것과 이상한 연결이 있는 것처럼 생각되는 일도 있었습니다.

이 사실은, 공시성에 지침의 측면을 갖추고 있는 것과 그렇지 않은 것의 두 종류가 있다고 하는 것을 보여 주는 것은 아닐런지요? 물론, 이 두 종류의 구별은 확실한 것은 아닙니다. 공시적인 체험에 나타나는 지침은, 그 일이 생긴 후 시간이 잠시 지날 때까지 분명해지지 않습니다. 또한 어떠한 체험에 있어서도 지침을 얼마나 많이 얻을 수 있느냐는 것은 대체로 그 사람의 태도에 달려 있습니다.

또한 이같은 고찰(考察)과는 달리, 공시적인 사건에는 단지 생명이 하나라는 것을 깨닫게만 하여 주기 위해 일어나는 것도 있는 것 같습니다.

하나의 보기입니다만, 어느 여성은 다음과 같은 일치점을 보고하고 있습니다.

"남편과 저는 테이프에 녹음된 조용한 음악을 들었습니다. 저녁 식사 때여서, 우리는 새우를 조리하고 있었습니다. 새우와 굴은 동물일까? 그렇다면 어떻게 번식을 하는 걸까 하고 저는 의문을 품게 되었습니다. 백과사전으로 조사하여 보니, 양쪽 모두 난생(卵生), 다시 말해서 알을 낳는다는 걸 알았습니다. 저녁 식사를 마치고 텔리비젼을 켰더니, 마침 다큐멘터리 프로로 굴이 산란(産卵)하는 장면을 방영하고 있었습니다."

그녀는 이 일치된 사실에 놀라고 완전히 공시적(共時的)이라고 판단하였지만 아무 지침도 찾아낼 수 없었습니다.

이 일치가 공시성(共時性)이기 위해서는 확실한 지침이 분명해지지 않더라도, 그같은 사건에 의미 있는 관계가 있지 않으면 안됩니다. 그녀의 질문은 '자기 영혼의 성장을 더욱 계속시키기 위해서는 어떤 새로운 재능(才能)을 키워야 좋겠습니까?'라고 하는 것이었습니다. 이윽고 그녀는 '부화(孵化)되는 것을 기다리고 있는 무수한'굴의 알에서 '부화되는 것을 기다리고 있는 수 많은' 기회가 자기에게도 있다고 하는 것을 깨달았던 것입니다.

여기서 당연히 생기는 문제는 '이 일치에는 정말로 의미가 있었는가? 그렇지 않으면 그녀의 억지에 불과한 것은 아닐런지?'라고 하는 점입니다. 이 문제는 궁극적으로는 해답이 나오지 않는 성질의 것으로 '의미있는 일치'의 법칙을 증명하거나, 잘못인 것을 증명하거나 하는 것의 어려움을 새삼 느낄 따름입니다. 의미라고 하는 것은 이렇듯이 개인적인 일이기 때문이지요.

하지만 다른 사람들에게 있어서는, 공시적인 체험이 직접 지시한 지침의 의미는 훨씬 분명하고 더욱 극적인 것이었습니다.

어느 남성은 조사 기간 중에 계속 전기 고장이 이상하게 많았다고 보고하고 있었습니다. 프로젝트가 있었던 3주일 동

안  녹음기·카메라·전등, 그리고 아파트의 전기 시설까지
도 고장이 난 것입니다. 그에게 있어서는 이것만으로도 의미
가 있는 것처럼 생각되었는데, 《역경(易經)》을 바탕으로 쓴
작은 책자를 활용한 뒤, 완전히 놀라고 말았습니다. 동전을
던져서 나온 괘(卦)의 가리킨 항목은 '힘(力)〔영어로는 전력
(電力)의 뜻도 있음—역자 주〕의 사용법'을 뜻하는 것이었던
것입니다.

　그 남성은 이 괘(卦)를 해석하고 다음과 같이 썼습니다.

　〈영적인 생활을 향상시키고 전진을 계속시키기 위하여, 자
기에게 원래 갖춰져 있는 힘을 올바르게 쓰는(다시 말해서
스위치를 키는) 일을 나는 배우지 않으면 안됩니다.〉

　이들의 보기가 보여주듯이, 공시성에서 지침을 찾아내는
것은 참가자 측에서 하는 일입니다. 다시 말해서, 공시적인
체험의 해석은 꿈의 해석과 비슷한 것으로 그 사람 자신이
그것에 대처하지 않으면 안된다는 것입니다. 스스로 질문을
만들고 답을 찾아내지 않으면 안됩니다. 또한 꿈과 마찬가지
로 공시성에서 해독한 것을 행동으로 옮기거나 응용하여 성
과를 올려야 합니다.

　에드가 케이시의 영사(靈査)에 의하면 알고 있는 것을 응
용할 경우, 다음에 취해야 할 행동이 나타나게 되는 것이라
고 하는 것을 곧잘 말하고 있습니다. 그러므로, 만약 우주가
일련의 공시적(共時的)인 일을 통해 지침을 부여해 주고 있
다고 느끼면, 우선 이 지침이 당신의 이상에 맞는 것인지 아
닌지를 판단하여 주십시오. 그 다음에, 그것을 행동으로 옮
길 방법을 찾는 것입니다. 그리고 응용하여 지침을 시험해
보는 것입니다.

　공시성(共時性)의 법칙은 아직 증명되어 있지 않지만, 이

해결되지 않은 법칙은 많은 사람에게 지침을 계속 주고 있고, 이 넓고 큰 우주의 질서를 계속 재확인시켜주고 있습니다.

만일 공시성(共時性)을 통해 주어진 지침이 인생에서 더욱 큰 목적이나 희망·평화·기쁨을 찾아내는데 도움을 줄 수 있다면 충분히 당신에게 도움이 된 것이 됩니다.

# 제 10 장
# 의지(意志)의 신비력
## ──윤회를 초월하기 위해

인간은 운명에게 농락 당하는 희생자가 아니다. 이 삶을 보다 잘 살기 위하여, 현대인이 잃어버리고 있는 자유의지(自由意志)의 힘을 되찾기 위하여 무엇을 해야 할 것인가?

> Robert M. Witt : *The Magical, Mysterious Human Will*
>
> (*Venture Inward* Vol. 2, no. 1, 1986)
>
> 필자 로버어트·M·위트는 하와이의 호노루루에 있는 슈타이너 교육으로 유명한 빌톨프학교 교장이다.

## 의지력(意志力)을 상실한 현대인

1831년의 미국 사회에서 활기넘치는 의욕에 가득차 있는 모습을 본 도크빌[《미국의 민주주의》의 저자로, 유명한 프랑스의 정치가·역사가·저술가—역자 주]의 입에서 튀어나온 것은 '민주주의의 나라들이 훌륭하게 번영하기 위해서는 국민들이 각자 어떻게 하겠다는 결의를 가지는 것만으로도 충분하다'는 말이었습니다.

그로부터 150년 뒤, 외국에서 온 또 한 사람의 방문객, 알렉산더 솔제니친[소련의 노벨수상 작가. 체제 비판을 한 탓으로 국외 추방되어 미국에서 다년간 거주하다가 최근에 귀국함—역자 주]은 '외부 사람의 입장에서 볼 때, 가장 주목해야 할 일은 오늘날 서방세계에 있어서 용기가 쇠퇴한 일일 것이다. 현재, 서방 세계가 의지력의 상실을 극복하지 못하는 한, 어떤 강력한 무기로도 서방세계를 구할 수 없다'라고 평하고 있습니다.

서방세계, 특히 미국은 물질적, 기술적 발전이라는 척도로 잰다면 전성기에 처해 있는 것같이 보입니다. 이것이 가능하게 된 것은 우리가 분석적인 사고 능력을 눈부시게 발전시켰기 때문입니다. 하지만, 이런 종류의 능력을 발전시켜 가는 중에, 의지라고 하는 보다 정묘하고 본능적인 힘과의 접촉을 잃고 말았던 것입니다.

미개한 문명사회에 있어서는, 생존(生存)을 보장해 주는 직관력이기도 했던 인간의 의지가 무엇보다 강한 것이었습니다.

현대인에게는 사고력이 최고의 능력으로 인정되고 있는데, 과연 이 사고력이 우리들의 생존을 보장해 줄 것일까?

현대 사회의 이와 같은 경향은, 우리 인생에 대한 설계방식의 밑바닥을 흐르고 있는 것을 나타내고 있다고 솔제니친은 생각하고 있는 것입니다.

"현대사상에는 근본적으로 잘못이 있음에 틀림없다. 지금까지 소리 높이 외치고 실천되어 온 합리적 인간주의, 혹은 인간주의적 자립——다시말해서 인간은, 인간보다도 한층 더 고차원의 힘에 속박 당할 수는 없다고 하는 생각——에 잘못이 있다고 하는 것이다.

이와 같은 사고방식이야 말로, 인간과 인간의 물질적인 욕구를 숭배한다고 하는 위험한 방향으로, 현대의 서구 문명을 향하게 한 원동력이었다. 그러나 미국의 민주주의가 탄생했을 때와 같은 초기의 민주주의 시대에 있어서 개인의 인권은 모두 인간이 하나님의 피조물(被造物)이라는 전제 아래에서 인정된 것이었다."

솔제니친도 에드가 케이시도 루돌프 슈타이너도, 아마 현대인은 자기 스스로의 가치나 업적만을 강조할뿐, 하나님이라든가, 우주 법칙의 존재나 가치라는 것을 가볍게 여기는 위험한 길을 걷고 있다고 하는 점에서 일치된 주장을 하는 것이라고 할 수 있습니다.

중요한 것은, 잃어버린 의지력이나 하나님에 대한 신앙을 되찾게 하기 위하여, 시계의 바늘을 거꾸로 돌릴 수는 없다고 하는 점입니다.

현대의 물질주의나 과학 기술이라는 것을 극복한 다음에, 이들의 힘을 강화시키는 방법을 탐색해야 할 것입니다.

## 자유의지(自由意志)는 인간의 본성 - 슈타이너의 이론

슈타이너는 이것을 '의식혼(意識魂)'의 시대, 다시 말하면 인간이 자기들의 사고(思考)에 활기를 주고 과학이나 예술이나 종교를 인간의 본성이나 의식(意識)의 경계라고 하는 하나의 폭 넓은 관념으로 통합하여 가는 시대라고 했습니다.

그는 의지의 힘을 발달시키는 것이, 이 과정 특히 도덕적인 방향에 따라 의식의 성장을 계속하기 위하여 필요하다고 생각한 것입니다.

오늘날 현대생활에서 스트레스를 해소시키기 위해 몸을 움직일 필요가 있다는 인식이 널리 퍼지고 있는데, 그와 마찬가지로 습관적으로 의지를 단련시킬 필요가 있다는 것도 인정하지 않으면 안됩니다. 사실, 의지란 근육과 같은 것이라고 생각되는 것입니다.

빌톨푸학교[슈타이너가 그의 이념에 바탕을 둔 교육을 실천하기 위하여 1919년에 창설한 학교. 1984년 현재 세계에 300개가 있다 - 역자 주]의 교육자로서 이름 높은 헨리 번즈는 이렇게 쓰고 있습니다.

〈현재 어린이 시절을 겪고 있는 사람들에게는, 장래 신체적 건강과 의지력이 크게 요구될 것이다. 지금과 같은 시대적인 추세로 진행되면, 의지력은 약해지고 육체의 바이탈리티(활력)도 퇴화되어 간다. 인간의 노동력을 대신하는 기계가 다양하게 개발되고 있으므로, 의지는 더욱 소극적이 되어 간다. 지금 이 싯점에서 강력함이 필요하다고 할 때, 우리는 적어도 의지를 강하게 만들만한 힘을 기르지 않으면 안된다. 일단 약해진 근육을 하루 아침에 단련시킬 수는 절대로 없다. 내면적인 의지(意志)의 강도(強度)라는 근육은 육체의 물리적인 근육에 비해 발달시키는데도 시간이 걸리고, 매우 어려운 것이다.〉

슈타이너는 의지(意志)의 자유야말로 인간 본성의 진수(眞髓)라는 생각을 확립시켰습니다.

그는 현대사회가 의지의 자유와 의지의 기능을 취약하게 만드는 경향이 있음을 간파하고, 우리들 시대의 세속적인 물질주의에 대한 해독제로서 의지를 강화시켜야 된다고 말하고 있습니다.

또 한 사람의 빌톨프 학교 교육자인 힐데칼트 켈벨트는 〈분명히 의지는 쇠사슬에 묶여 있고, 교육자가 당면한 문제는 의지를 쇠사슬에서 풀어주어 강력한 것으로 만들어 주어야한다〉라고 쓰고 있습니다. 이 주제는 슈타이너의《영적 활동의 철학》에서 전개되고 있는데, 그 가운데에서 그는 〈이 시대에서 인간의 발전을 위해 목표로 삼을 것은 의지를 자유롭게 창조적인 직관으로 이르게 하는 생각에 까지 변화할 수 있도록 하는 것이다〉라고 말하고 있습니다.

슈타이너가 말하는 인간의 본성(本性)에 대한 이론에 있어서, 혼(魂)에는 3가지의 다른 모습——다시 말해서 사고(思考)·감정·의지——이 있다고 합니다. 이 3가지는 다음과 같은 특성이 있습니다.

◇ 생각하고 있을 때, 우리는 완전히 의식하고 있다.

◇ 느끼고 있을 때는 반쯤 의식하고 있다.

◇ 의지를 작동시키고 있을 때에는, 의식하고 있지 않다.

이와 같은 견해로 인간의 본성이라는 것을 생각해 보면, 생각하는 것은 의지를 작동시키는 것의 반대쪽 극점(極点)에 있고, 감정은 이 두가지의 중간 역할을 하는 것이라는 것이 됩니다.

생각한다는 것은 혼의 3가지 모습 가운데서 가장 의식적인 것입니다. 우리들은 생각할 때, 자기가 생각하고 있다는 것을 알고 있습니다. 나중에, 자기가 생각한 것을 반성할 수도 있습니다. 또한 우리들은 자기의 존재를 의식할 수 있으니까, 시간이 지난후 생각이 얼마나 진보하였는지를 헤아릴 수 있습니다.

사고(思考)보다 더욱 불가사의하고 신비적인 것인 의지는 의식적인 이해를 초월하는 것입니다. 윌리엄 제임스[미국 심리학의 초석(礎石)이 된 《심리학 원리(心理學 原理)》의 저자, 미국 사상의 핵심인 프라그마티즘의 제창자(提唱者)이기도 함 — 역자 주]는 의지가 어떻게 불가사의한 작용을 하는가에 대하여 쓰고 있습니다.

그가 말한 것은, 어느 추운 비오는 날 아침에 침대에서 눈을 뜬 사람의 이야기입니다. 그 사람은 어떻게 일어나 침대에서 나갈까 하고 궁리하고 있습니다.

물론, 사실은 일어나고 싶지 않으므로 생각하면 생각할수록 일어나는 게 귀찮아집니다. 문득 정신이 산란해져서 그의 사고(思考)는 다른 방향으로 흘러가고 맙니다. 이것이 불가사의한 한 순간입니다. 자기가 무엇을 하고 있는지도 느끼지 못한 채, 그는 일어나 침대에서 나와 가운을 입는 것입니다. 어떻게 하여 이와 같은 일이 일어난 것일까요?

사고(思考)와 의지(意志)의 사이에 있는 것은 감정입니다. 감정은 의식할 수 없으나, 노력하면 자기가 느끼고 있는 것과 접촉을 유지할 수 있습니다.

또한, 노력하면 감정이 어떻게 우리의 사고나 행동에 끊임없이 영향을 미치고 있는가를 이해할 수도 있게 됩니다. 이 것에는 훈련이 필요하지만 가능한 일입니다.

이들 3가지 혼(魂)이 작용하는 모습은, 깨어있는 상태와 꿈 꾸고 있는 상태, 잠자고 있는 상태에 해당하는 것입니다. 일상생활에서는 이 3가지 모습이나 혹은 의식의 여러가지 레벨이 모두 동시에 일어나고 있습니다.

이들 혼(魂)이 3가지로 작용하는 형식을 인간으로 비유하여 표현할 수도 있습니다.

의지(意志) 대신에, 벽을 쌓는 석공(石工)이나 기와를 올리고 있는 기술자 같은, 육체적으로 일하는 사람을 상상해도 좋을 것입니다. 그의 눈과 손은 기계적으로 일을 합니다만, 동작은 거의 자동적으로 움직입니다. 그는 자기가 하고 있는 일이나 어떻게 하여 몸을 움직이고 있는가에 대하여 별로 의식하고 있지 않습니다. 만약 동작할 때마다 손은 쉬고 생각만 하고 있다면 작업 속도는 떨어지고 맙니다.

감정 대신에, 의식 밑바닥에 잠재된 인간의 감정을 읽을 수 있는 시인을 상상해도 좋을 것입니다. 그는 감정의 에너지나 패턴을 언어나 이미지로 번역할 수 있습니다.

사고(思考) 대신에, 의식(意識)의 지각(知覺)을 통하여 수집된 데이터를 열심히 조사하고 이론을 세워서, 자기의 이론이 옳은가 어떤가를 시험하는 과학자를 마음 속으로 그려보면 좋을 겁니다.

## 사고(思考)·감정(感情)·의지(意志)의 관계

에드가 케이시의 영사(靈査)를 연구하고 계신 분들은 그 상호관계를 슈타이너가 어떻게 설명하고 있는지 흥미를 가질 것입니다.

사고(思考)는 우리의 뇌나 신경계통에 해당됩니다. 생각하려면 조용한 환경이 필요합니다. 우리는 때로 '걸음을 멈춘 다음 생각'하지 않으면 안됩니다. 사고는 과거와 이어져 있습니다. 그것은 이미 일어난 일들을 연결하기 위하여 과거를 되돌아 보는 것입니다.

감정은 심장이나 폐나 순환기계를 포함하여 주기적으로 율동하는 계통에 해당됩니다. 결코 쉬는 일이 없는 주기적인 동작과 연결되고 있는 셈입니다.

감정은 지금의 한 순간, 한 순간과 관계되고 있습니다. 갑자기 흥분하면 심장의 고동이 빨라집니다. 몸에서 주기적으로 활동하는 계통은 감정과 마찬가지로 반쯤 의식적인 것입니다. 우리가 어느 정도는 감정을 억제할 수 있는 것과 같이, 바이오피드백 장치를 사용하여 이들의 기능에 어느 정도는 영향을 미칠 수 있는 것으로 알려져 있습니다.

의지는 손, 발이나 소화, 대사(代謝)계통에 해당됩니다. 손과 발은 몸의 다른 부분과는 관계없이 필요에 따라서 움직이게 할 수 있다는 특징이 있습니다. 의지는 우리를 미래로 실어다 주는 에너지입니다. 당신들이 의지로써 뭔가를 하려고 한다면 손, 발이 일자리에 데려다 주고, 임무를 마치게 해줍니다.

빌톨프 학교의 교육자 A·C·하웃드는 교묘하게도 이렇게 쓰고 있습니다.

"사고(思考)에 창조성(創造性)을 주는 것은 사고 그 자체

제10장 의지(意志)의 신비력  211

가 아니라, 사고에 작용되는 의지의 기능이다. 지적인 사고
는 그 본질상, 분석적이고 파괴적이며 의식적인 것이다. 하
지만 사고의 과정에는 반드시 의지——혼(魂)의 기능 가운
데 가장 의식되지 않은 것——의 활동이 없으면 안된다. 사
고 활동에서 뭔가가 태어날 때, 창조되는 순간은 의식되지
않는다. 일시적인 수면같은 것에 빠져들고, 의문으로 생각하
고 있던 것이 꿈에서 나타나 갑자기 아이디어가 떠오른다.
사실, 많은 사람들이 매우 실속있는 아이디어를 수면 속에서
얻고 있다."

　마치 심장이 혈액을 밀어내듯이, 의지(意志)가 손, 발과
함께 펌프를 작동하고 있는 장면을 상상해도 좋을 것입니다.
만약 우리들이 사고(思考)하는 동안에 과거로부터의 온갖
지식과 연결되고 있다고 한다면, 이 모든 사고(思考) 내용을
현재와 미래에 관계되는 의의있는 것으로 매듭지어 주는 것
은 의지인 것입니다. 이를 이해하려면, 괴테의 일을 생각해보
면 될 것입니다. 그는 방에서 앞 뒤로 왔다 갔다 하면서 비서
에게 자기의 말을 받아 쓰게 하지 않으면 소설을 쓸 수 없었
습니다. 헤밍웨이도 서 있지 않으면 소설을 쓸 수 없었다고
합니다.

　그는 방안을 돌아다닐 수 있도록, 맨틀피이스(벽난로 장
식) 위에 타이프라이터를 놓아 두었습니다. 발을 움직이는
일은 창조적인 사고(思考)의 과정에 활기를 주고 촉진시키
는데 도움이 되고 있었음을 엿볼수 있습니다.

　아인슈타인도 어려운 방정식에 부딪쳐 쩔쩔 맬때는, 똑같
은 동작을 하였다는 이야기를 들은 일이 있습니다. 이럴 때
그는 잠시 문제를 잊고 쉬기 위하여, 산책을 나가는 걸 습관
으로 삼고 있었습니다. 답은 산책에서 돌아 와서 나오는 수

가 흔히 있었습니다.

## 어렸을 때 형성되는 의지력

의식은 뇌와 신경계 속에만 있다고 하는 생각은 데칼트 때문에 널리 알려졌습니다만, 케이시와 슈타이너의 저서에서는 몸 전체가 우리 의식의 승용차일 뿐이라고 하는 반대의 견해가 반복되고 있습니다.

어린이가 7세까지는, 자신의 손·발 동작을 가장 의식하고 있습니다. 까닭인즉, 우선 맨 처음 발달되어야 할 혼(魂)의 힘은 의지라는 것입니다. 어린 아이에게 있어서, 의지는 모방의 형태를 취합니다. 나중 인생에 있어서 의지의 강도는, 의지가 이 시기에 얼마만큼 훈련되었는가에 좌우되는 것입니다.

7세부터 14세까지, 아이들은 주기적으로 움직이는 동작을 가장 잘 의식하고 있습니다. 이 시기에 발달되는 혼의 힘은 감정입니다. 아이들은, 자신이 주위의 사람이나 사건에 대하여 강한 공감이나 반감을 느끼는 일을 배움에 따라, 도덕적인 생활이 발달되기 시작합니다. 이 나이의 어린이는 자기의 감정을 밖으로 표현하려고 하니까 화가(畫家)이며 음악가인 겁니다. 이 시기에는, 심장이나 폐가 있는 동체(胴體)부분이 완성됩니다.

14세부터 21세까지는, 뇌와 신경계통에 가장 의식이 집중됩니다. 아이는 비판적으로 사물을 생각하기 시작하고, 자기의 의견이나 신념을 만들어내는 일을 할 수 있게 되는 겁니다. 지식욕도 생겨납니다. 이 단계에서 비로소 의지가 사고(思考)에 참여할 수 있게 되고, 만약 빠른 시기에 의지에다

제10장 의지(意志)의 신비력  213

많은 자유와 훈련과 영양을 준다면, 이 과정은 건전하게 진행될 수 있다는 것을 슈타이너는 시사하고 있습니다. 사람의 생활이 목가적(牧歌的)이고 단조로웠던 옛날에는 인간의 손, 발이 지금보다 훨씬 튼튼했고 의지도 강한 것이었습니다. 이 무렵에는 의지가 집중될 수 있도록 매우 잘 훈련되거나 억제되고 있었기 때문입니다.

현대 사회에서는 아이들의 의지를 제한해서는 안된다고 말하고 있습니다. 마치 의지라는 것은 약한 것이므로 보호해 줄 필요라도 있는 것 같습니다. '의욕을 꺾고' 싶지 않다고 말하고 있는데, 훈련도 억제도 되어있지 못한 의지는, 자멸적(自滅的)이어서 방향도 정해져 있지 않은 것입니다.

관용과 속박이 없는 환경에서 자란 젊은이들을 생각해 봅시다. 이와 같은 사람들 중에는 자기가 추구해야 할 목표있는 활동을 찾지 못하는 사람들이 있습니다. 이것 저것 조금씩 손을 대보기는 합니다만, 무슨 일이나 끝까지 완성할 수가 없는 것입니다.

규칙이란 양극단(兩極端)으로 치닫지 않도록 하기 위하여 있는 것인데, 슈타이너 교육을 하고 있는 우리는, 엄격하게 의지를 훈련시킨 빅토리아 시대와 같은 낡은 사고방식은 생각조차 하고 있지 않으며, 그렇다고 의지가 제멋대로 발달되기를 바라는 것도 아닙니다.

빌톨프학교의 교육에서는 어린이가 맨 처음 7년동안에 어떻게 성장하는가 하는 점에 큰 중점을 두고 있습니다. 이 7년 동안에, 특히 의지에 있어서는 인생의 기초가 형성되기 때문입니다. 우리가 권장하는 활동은 다음과 같은 것입니다.

◇ 자연스러운 방법으로 논다── 앞에서 필자는 인간의 노동력을 대신해 주는 기계 장치가 의지를 소극적으로 만들

고 만다고 말했습니다. 시판하는 장난감으로 노는 것은 교실이나 마당에서 구하는 자연의 재료로 장난감을 만드는 것에 비해 매우 쉽습니다. 같은 이유에서, 이 나이의 어린이들이 텔레비젼을 보는 일도 권장할 수 없습니다.

◇ 흉내 내는 것으로 의지의 활동을 활발하게 하는 훈련을 한다──교사나 부모가 모방할 만한 가치있는 활동이나 인물에 대하여 어린이에게 가르쳐 줍니다. 이 나이의 어린이들에게 있어, 모범이 될만한 본보기가 있다는 것은 무엇보다 다행한 일입니다. 이것이 나중에 이르면, 어린이의 선택 능력에 매우 중대한 영향을 끼칩니다.

◇ 생활에 흐트러짐이나 문란함이 적으며, 균형이 잡혀있고 착실한 생활태도는 의지를 강하게 한다──키워드(Key ward)는 올바른 규칙·반복·리듬입니다. 이것들은 건강한 생활방식을 이룩하는데 지침이 되는 규칙인 것입니다.

◇ 목적을 세우고 손, 발을 움직인다──뛰어 다니는 것은 좋은 일이나 그 뿐만이 아니라, 나무 타기, 땅 파기, 집짓기 따위, 흉내 내는 일들에서 부터 발전된 놀이를 합니다.

## 지금부터라도 늦지는 않다

의지(意志)를 강화시켜 보겠다고 바라는 어른에게 있어서도 똑같이 생각할 수 있습니다. 노동력을 많이 활용하도록 권장하고 싶은데, 어느 정도는 일상생활에 있어서도 기계장치 종류를 쓰지 않도록 할것.

많은 시간을 절약시켜 주는 기계장치가 없다면 우리는 속수무책일테니까, 모든 것을 그렇게 하라고 말하는 것은 아닌 것입니다.

제10장 의지(意志)의 신비력  215

이를 테면, 만약 당신이 음악에 흥미가 있다면 라디오나 스테레오를 듣는 것을 그만 두고, 직접 악기의 연주를 배우는 게 어떨까, 하는 것입니다. 또한 텔레비젼의 시청 시간을 줄일 것. 그리고 절약한 시간을 목적있는 활동에 충당하십시오.

모방하기에는 자기가 너무 나이가 많다고 우리는 생각하기 쉬운데 사실 그럴까요? 당신이 선택한 본보기를 머리 속에 기억해 두십시오. 그리고 선택한 경우에는 신중하게 할 것이며, 텔리비젼을 보느라고 보낸 시간을 이용하여 도서관에 가서 좋은 전기물(傳記物)을 독서하기 바랍니다.

생활에서 규칙적이고 반복적인 리듬을 늘리도록 하십시오. 이같은 원칙을 특히 명상하는 생활에 응용하기 바랍니다. 일정한 패턴을 몇번이나 되풀이 하듯이 하루의 계획표를 짜도록 하십시오. 규칙적인 단련으로 신체를 강하게 만드십시오. 이와 같은 활동을 하려면, 그 자체가 의지(意志)의 작용인 결단을 한 번 내리면 되는 것입니다. 자각(自覺)을 위해 끊임없이 노력하려고 생각한다면 지금 처해있는 입장에서부터 결단을 내려야 합니다.

현대사회에서 사는 일은 우리의 정해진 운명이며 목적인 것입니다. 의지력을 자각하게 하고 내면적인 성장을 도와 독창적이고 실제적인 해결 방법으로 어려운 문제에 대처하기 위해 사고(思考)의 활성화를 목표로 삼아야 합니다. 규칙적인 생활을 통해, 우리는 자신이나 인류 전체에게도 도움이 되도록, 의지의 힘을 눈뜨게 하면 세상과 관계를 맺어가는 일이 가능해 집니다.

# 제 11 장
## 차네링 ——
## 미래생(未來生)을 안내하는 사람

차네링이란 무엇인가? 또한 어떤 의미가 있는 걸까? 차
네러는 과연 현대의 '예언자'일 수 있을까? 이야기하
는 것은, 지금까지 한번도 물질계(物質界)에 윤회전생
한 적이 없는 '의식존재(意識存在)'이다 — 라자리스

> Interview : Jach Pursel / Lazaris
>
> (*Venture Inward* vol. 6, no. 5, 1990)

## 차네링의 모습

——우선, 차네러가 되시기 전의 일을 묻고 싶습니다만, 어데서 무슨 일을 하고 계셨습니까?

**쟉 퍼셀** : 태어난 곳은 위스콘신주(州)이며, 자란 곳은 중서부(中西部), 주로 미시건주입니다. 지방의 고등학교에서 미시건대학에 진학하여 법학부의 석사(碩士)과정을 밟아 정치학을 공부하고 있었습니다. 석사과정을 밟는 허가는 받았지만, 대학 4년이 끝나자, 당분간은 공부가 지겹다는 생각이 들었습니다. 졸업한 후, 직장같은 보다 현실적인 세상 경험을 쌓는 편이 더 중요하게 생각되었습니다. 그래서 '내년이 되면' 석사과정에 들어가려고 생각하고, 우선 취직을 하였습니다. 결국은 진학하지 못하고 말았습니다만……

보험회사에 취직했는데, 보험 외교는 아니고——내성적이므로 외교에는 맞지 않다고 생각——인사관리(人事管理)의 일을 맡고 있었습니다. 그러다가 후로리다로 전근하게 된 셈인데, 겨울의 추위를 피해 쾌적한 곳으로 가고 싶다는 오직 그런 이유 때문이었습니다.

이때 까지는 실질적으로 초자연적인 경험을 전혀 한 일이 없었습니다. 출세같은 것 이외에는 관심이 없는 세속적으로 생각하는 인간이었던 것입니다. 한때는, 석사과정을 끝낼 생

제11장 차네링—미래생(未來生)을 안내하는 사람   219

각은 잊어버리고, 보험회사에서 출세나 해야겠다고도 생각
하였습니다. '상사의 눈에 들었기' 때문입니다. 회사에서는
출세가 빨랐습니다. 회사측에서는 나를 관리직의 젊은 사
람이라면 누구나가 바라는 단기 간부 양성 코스에 넣을 계획
이었던 것입니다. 그렇게 되면 본사(本社)로 돌아가서 근무
할 예정이었습니다.

  그런데 후로리다에서 사태가 변하기 시작한 겁니다. 당시
의 아내 페니때문에…….

  —— 그때 결혼 하셨습니까?

  퍼셀 : 아니요, 학생 시절에 결혼하였습니다. 페니와 알게
된 것은 열 네살때 부터입니다. 어릴 때 친구인 셈이지요. 주
위에서는 우리가 제대로 학교나 졸업하려나 하고 염려하였
습니다만, 두 사람 모두 졸업하였습니다. 사실은 그녀도 법
학부의 석사과정을 밟으려고 입학준비를 하고 있었습니다.
우리의 인생은 모두 계획대로 진행되고 있었습니다. 지금 와
서 보니, 계획대로 되지 않아 정말 다행이라고 생각합니다.

  하여튼, 우리는 후로리다에서 각각 새로운 계획과 꿈을 안
고 헤어졌습니다. 저는 회사에서 승진하는데 급급해 정신이
없었고, 페니는 예전부터 정신세계에 흥미가 있어서, 지금은
초심리학(超心理學)에 점점 빠져들고 있습니다.

  그녀가 제스 스턴의 《잠자는 예언자》란 책을 읽었을 때 일
을 기억하고 있습니다. "들어봐요, 굉장해요" 이렇게 말하고
는 여러 대목을 읽어주었던 것입니다. 나는 "그래 —— 재미
있군." 하고 말은 했지만, 나에게는 관계없는 일이었습니다.

  그건 언제쯤 이야기입니까?

  퍼셀 : 1974년이었습니다. 이사한 날이 7월 4일의 독립기
념일이었거든요. 가족이나 과거같은 여러가지에서 멀리 떠

났으니까 우리에게 있어서도 두 사람만의 독립기념일이었습니다. 90일쯤 지나 1974년 10월 3일에, 비로소 라자리스가 나타난 겁니다. 생각해 보니 그때에는 알지 못했습니다만, 스스로 생각해 보아도 이사하는 일에 뭔가 의의(意義)를 느끼고 있었던 것 같았습니다 —— 지금까지의 자신에게서 탈출하고 장래를 위해 여유를 갖지 않으면 안되겠다는, 그와 같은 생각이 있었습니다.

하여튼, 페니는 차츰 정신세계에 흥미가 생겨 곧잘 나에게 소중하게 간직한 재미있는 이야기를 해주었던 것입니다. 하지만 나에게는 해야 할 '보다 더 중요한' 일이 있었던 셈입니다.

## 갑자기 들려온 기묘한 목소리

9월 말경에 페니는, 내가 명상을 하지 않으면 안된다는 것, 명상상태(瞑想狀態)에 들어간 내가 어떤 해답을 찾아내는가를 조사하기 위하여, 나에게 질문을 해야만 한다는 것 따위를 계속 직관(直觀)으로 느끼고 있었습니다.

몇번이나 몇번이나 그런 번개 같은 느낌이랄까 그런 인상을 받았던 것입니다.

그런 것은 정말 어리석은 이야기라고 생각하고 있었습니다. 그런데 아내의 비위를 맞추는데 정신이 없는 남편이었으므로 나는 '아, 좋지'하고 말했던 것입니다. 그래서 눈을 감고 명상상태로 들어갔습니다.

그녀가 몇가진가 질문을 했고, 나는 거기에 엉뚱한 동문서답을 하고 있었습니다. 그 시점에서, 자기는 잠이 깜박 들었다고 생각하고 있었습니다. 그 다음은 전혀 기억하지 못했고

제11장 차네링-미래생(未來生)을 안내하는 사람    221

눈을 뜨고서야 졸아서 미안하다고 사과했던 것입니다.

이 라자리스('라'가 아니라 '자'에 액센트를 붙여서 발음한다) 라는 이름의 실재(實在)가 나를 통해서 나타났다고 페니가 가르쳐 준 것은 그 때였습니다. 라자리스는 2시간 가량 여러 가지 이야기를 했는데, 그 중에는 그가 이야기를 할 수 있도록 트란스 상태에 들어갔을 때, 어떤 테크닉을 쓰도록 하라는 이야기도 있었습니다.

그녀는 계속해서 나의 목청을 파괴시키지 않고 몸도 상하지 않으면서 나를 통해 통신을 할 수 있도록 하기 위해 라자리스는 우리들의 시간으로 말하면 2주일 걸려서 최종적인 조정(調整)을 하였다고 설명해 주었습니다.

아니, 나에게 그건 정말 미친짓 같았습니다…… 그도 그럴 것이, 그런 것은 전혀 모르는 사람이었으니까요. 그녀는 정직한 사람이었으므로 이야기를 믿긴 하였으나, 잘 이해가 되지 않았습니다. 무슨 일인지 몰랐으므로 반대도 할 수 없고 오직 상대하지 않는 것이었습니다.

그 뒤로, 밤마다 일이 끝나면 늘 이 명상을 통해 잠든 상태로 들어갔습니다.(저녁식사 후, 한잠 자는 일은 기분 좋은 일이었습니다.)

이것을 2주일 동안 계속하고 난 뒤, 페니가 녹음 테이프를 준 것입니다. 이 때였습니다…… 기겁을 하게 놀란 것은, 느닷없이 이 기묘한 목소리를 듣고,

"이것이 정말 내 입을 통해서 나온 말이라고?"

하고 물어보았습니다. 몸이 오싹 했습니다 정말. 이런 일이 있을 수 있단 말인가, 하고 생각했습니다. 곧 테이프의 스위치를 끄고 오랜 시간 산책을 하였습니다. 겁이 났습니다.

"도대체 무슨 일이 시작된 거야? 이대로 가면 내 머리가

이상해지는 게 아닐까? 이거야 미친 짓이 아닌가! 묘한 일에 말려든 셈인가?"

하고 고래고래 소리를 질러댔습니다.

냉정을 되찾기까지는 시간이 걸렸습니다.

이윽고, 페니와 내가 믿을 수 있는 정신세계에 정통한 사람들에게, 나를 통해 오는 이 실재(實在)에 대해 의견을 묻게 되었습니다. 모두들 너무나 감탄하므로, 마침내 나도 행동을 시작할 수 밖에 없었던 셈입니다.

일의 시작은 이렇게 된 것입니다. 돌발적이었으니까요. 그리고 이런 일을 시작할 생각은 추호도 없었습니다. 일이 벌어지고서도 그다지 오래 계속되리라고는 생각조차 하지 않았습니다. 회사에서 톱으로 승진하려고 생각하고 있었기 때문이지요. 기껐해야 1주일이나, 아니면 한, 두달 이면 이 '트란스(혼수상태)인가 하는 괴물'이 끝나리라고 믿고 있었습니다. 그런데 멈추지 않았던 겁니다.

## 가족의 반응

——부모님이나 가족들은 이 일을 알고 어떻게 생각했습니까?

퍼셀 : 반응은 여러 가지였습니다. 부모의 반응은 재미있었습니다. 페니와 내가 두분께 이 일을 이야기했던 것입니다. 두 분은 모두 이 방면에 대해서는 지식이 없었으므로, 처음에는 어이가 없어서, '그—래, 참 재미있다'고 말했을 따름이었습니다. 우스웠어요. 지금 생각해도 우습죠. 부모가 후로리다에 오셨을 때, 두분께 라자리스와 이야기를 해보지 않겠느냐고 물었습니다.

어머니의 반응은 이랬습니다.

"우리 아들은 어데로 간 셈인가? 제대로 돌아오는 걸까?"

어머니는 마음 속으로 깜짝 놀랐으면서도 일단 안심하고 는 편안한 자세로, 실제 라자리스와의 이야기를 재미있어 하 기까지 하였습니다. 좀 색다른 방법으로 체험한 일을 확인해 갔습니다. 말하고 있는 상대가 누구이건, 27년동안 함께 있 었던 아들이 아님을 알고 있었습니다. 몸은 나였지만, 말하 고 있는 건 내가 아니라는 걸 알고 있었습니다.

아버지는 전혀 흥미를 나타내지 않았습니다. 하여튼 아버 지 자신은 흥미가 없다는 것이었습니다. 라자리스가 말하기 시작할 때 까지, 아버지는 얼핏 신문을 보는 척하고 있었습 니다만, 이윽고 아무도 눈치채지 못하고 있다고 여긴듯 신문 을 살짝 기웃거리고 있었습니다. 귀엽더군요.

사실은, 두분 다 일어나려고 하면서도, 괴로운 생각을 하 신건 아닐런지요? 아무리 나이를 먹어도 나는 막내였으니까 요…….

—— 당신의 종교적인 소양은 어땠습니까?

**퍼셀** : 프로테스탄트였고, 매우 자유주의적이었습니다. 다 시 한번 곰곰이 생각하면, 종교적인 소양(素養)은 나의 정신 적인 경향의 형성에 있어서 일부라고 생각합니다. 아버지는 세일즈맨이어서 여기저기 담당 지역이 이동되었으므로 우리 는 계속 이사만 다니고 있었습니다. 어데 살던 우리는 집에 서 가깝고, 제일 깨끗한 프로테스탄트 교회에 갔습니다. 그 러므로 나는 일반 대중이 모이는 교회인 감리교회나 장로교 회, 한동안은 침례교회도 갔습니다. 그러니까 나에게는 종 교적인 속박이나 방황같은 것이 없었던 셈입니다.

—— 형제분들은? 그분들의 반응은 어떠했습니까?

퍼셀 : 형제들의 반응도 각양각색이었습니다. 큰 누님은 제가 만나게 된 명사(名士)들이 어떤 사람인가에 홍미가 있었습니다. 유일한 남자 형제인 형님은 차네링의 일을 '나의 사업'이라고 말하고 있었고 '이 명상인가 하는 것'에 호기심을 품고 있습니다. 누이동생도 있지만, 성서를 문자 그대로 믿는 근본적인 기독교신자이므로 이 문제에 대해 일체 말하고 있지 않습니다.

형제들에게 있어서도 또한 대단한 일이었던 것입니다. 나는 가족의 일원이고 형제이었기 때문이죠. '문제'라는 것은 남의 입장에서 오르내리는 것이고, 아는 사람이나 더 더욱 집안 식구에게서 일어나는 것은 아닙니다. 나는 정신세계의 문제를 누구에게도 강요하거나 하지 않습니다. 형제에게도 강요하지 않습니다. 아무 것도 상관하지 않습니다.

모두들 나와 의론하려고도 하지 않으며, 이쪽에서도 이러쿵 저러쿵 말할 생각은 없습니다. 경의(敬意)를 표하고 있는 거겠지요.

## 어째서 지금이 차네링의 시대인가?

——그렇군요. 제스 스턴의 저서가 나온 것은 1970년대였다고 기억되는데, 그 무렵에는 차네링이라는 것이 정말 좀처럼 없는 일이었죠. 그 후에 당신이 차네링을 하게 되었고, 최근 10년 사이에 많은 사람들이 차네링을 시작했습니다.[《미국 종교백과사전》의 J·G·멜튼 박사에 의하면 그 수는 전 미국에 400~500명이라고 하며, LA 지역에만 천명이 넘는다고도 한다—역자 주] 지금에 와서는 바로 차네링 정보(情報)의 홍수라고 할만 합니다. 이것을 어떻게 보십니까?

제11장 차네링 — 미래생(未來生)을 안내하는 사람   225

**퍼셀** : 오랜 시간, 차네링의 문제를 분석한 바가 없었고 나는 아무래도 이 문제에 너무 가까운 사람이 아닌가 생각합니다만, 하여튼 내가 본 바로는 최초가 케이시이죠. 분명히 그 이전에 차네링을 한 사람들도 있었습니다만, 그는 탁월하게 활약한 최초의 차네러였습니다.

그리고 차네링이란 말조차도 들은 일이 없던 시대에, 그는 독보적인 존재였던 셈입니다. 그리고 다음이 제인 로버츠 [1985년 사망한 여류시인, 수필가 《Seth Speaks》등 10여 권의 차네링에 관한 책을 내고 있다 — 역자 주]와 그녀가 차네링했던 세스[지구의 전생(轉生)을 졸업하고 지금은 육체를 갖지 않은 의식 존재(意識存在)로, 600회 이상 교신(交信)을 함 — 역자 주]라고 생각합니다. 라자리스가 나타난 것은 1974년이었습니다.

그 당시, 차네러는 달리 많이 있던것이 아닙니다. 이것은 사실입니다. 1980년 대의 중반에는 차네러의 홍수와 같은, 차네링의 데이터가 풍부하게 나왔습니다. 상당히 열광적이었습니다. 지금에 와서는 진정되어 '진실'만 남은 느낌입니다.

이와 같은 일이 일어나고 있는 원인의 하나는, 우리가 살고 있는 시대때문이라고 생각합니다. 우리들의, 다시 말해서 혹성으로서, 문명으로서, 인류로서의 성장 속도가 빨라지고 있는 것은 아닐런지요. 우리가 파멸을 향해 가려고 하기 때문이 아니고, 멸망하는 운명에 있기 때문이 아니며, 원조나 안내, 지도를 더욱 필요로 하고 있기 때문입니다.

또한 우리가 원하는 것은 우리가 손에 넣을 수 있는 것이라고 생각하고 있습니다. '구하라, 그러면 열릴 것이다'라는 말과 같이, 문이 열렸다고 생각하는 것입니다.

—— 영매(靈媒)가 아니고 '차네러'라고 말씀했는데, 그 정

의(定義)는 무엇입니까?

퍼셀 : 처음에는 나 스스로를 트란스(Trance : 무아경지) 영매라고 부르고 있었습니다. 알고 있는 말이 그 말 밖에 없었기 때문입니다. 그 뒤에 '차네링'이라는 단어를 듣게 되었습니다. 제가 차네링이라는 말을 썼다기 보다는 매스컴들이 나를 그렇게 불렀던 것입니다.

그렇지만, 나도 차이점은 알고 있었습니다. 내가 볼 때, 영매란 온갖 종류의 통신을 매개(媒介)하는 사람을 의미합니다. 영매(靈媒)는 '저편'에 있는 어떤 종류의 통신도 받아들이는 모양인데, 그와는 달리, 나를 통해서 말하는 실재(實在)는 오직 한 사람 라자리스 뿐입니다. 돌아가신 해리 아저씨들의 이야기는 들려오지 않습니다. 그러니까, 이야기를 하고 싶은 어떤 사람을 위해 영매로써 일한다기 보다, 내가 라자리스에게 채널(Channel)을 맞추고 있다는 느낌이 드는 것입니다.

## 라자리스란 누군가?

—— 라자리스란 누굽니까? 어떤 분입니까?

퍼셀 : 그는 자신을, 육체를 지니지 않은 의식(意識), 존재, 지혜와 사랑과 빛의 의식이라고 말하고 있습니다. 그는 육체를 지녔던 일이 한 번도 없습니다. 자기는 한계가 없는 존재이면서도 그러나 자기자신임을 알고 있는 의식이다, 라고 표현하고 있습니다. 나는 그가 친한 친구—— 내가 변화하고 성장하며, 진보하는 것을 도와준 친구—— 라고 생각합니다. 그는 친구, 더구나 진정한 친구입니다.

—— 1985년의 머브 그리핀 쇼에 출연한 뒤, 상당히 유명해

제11장 차네링 – 미래생(未來生)을 안내하는 사람  227

지신 걸로 생각합니다만, 유명해졌으므로 어떻게 달라지셨습니까? 쟉씨 개인적으로도…….

퍼셀 : 별로 달라지지 않았습니다. 이따금 공항이나 레스토랑에서 그런 느낌이 들 때도 있었습니다만……. 대체적으로 모두들 나에게 신경쓰지 않고 있습니다. 정신세계에 몸담고 있는 사람들이란 매우 사려 깊고 '장소'와 '사생활'도 분별할 줄 압니다. 어느 정도 유명해졌다고 해서 그것으로 달라진 것은 없습니다. 나 개인으로서는 전보다 더 행동에 대하여 책임과 도덕적 의무를 느끼게 되었습니다.

이를테면 나 자신을 위해서만이 아니라 내가 라자리스의 차네러라는 이유에서 스스로가 책임을 갖게 되었습니다. 이 '일'을 가볍게 생각하고 있지 않습니다.

나도 전보다는 훨씬 정신세계를 자세히 알게 되었습니다. 자료(資料)도 연구하였습니다. 그러므로, 너무 너무 행복합니다.

더구나 대부분의 사람이 찾지 못하고 있는 것, 다시 말해서 자신의 라이프워크(필생의 사업)를 발견한 겁니다. 나갈 길을 발견하고 아주 만족하고 있습니다.

—— 지금도 개인적으로 영사(靈査)는 하고 계십니까?

퍼셀 : 라자리스는 지금도 사람과 개인적인 이야기나 수다를 떨고 있습니다. 저는 일주일에 20시간 정도 트란스로 들어갈 수 있으므로 라자리스는 여러분과 개인적인 이야기를 계속할 수 있습니다.

—— 대부분의 초능력자들은 이런 종류의 일에서 그 어떤 특수한 분야를 전문으로 삼고 있는듯 합니다만, 라자리스에게도 전문분야가 있습니까?

퍼셀 : 특별히 없습니다. 그는 매우 다재다능 하다고 생각

됩니다. 인간이 자립할 수 있도록 도와주는 일이 전문이 아니겠습니까? 라자리스는 도저히 믿을 수 없을만큼 초능력적이지만, 그 일은 특히 그가 중요하게 여기고 있는 문제가 아닙니다. 우리는 자신들의 현실세계를 만들고 있고 더구나 의식이 힘을 활용해서 그 일을 하고 있습니다. 우리는 연구에 의해, 보다 더 의식의 힘을 발달시킬 수 있는 것입니다. 그는 그 일을 도와주고 있습니다 —— 자기들이 원하는 것을 창조하기 위해 배우는 것을 돕거나, 우리가 의식력(意識力)을 제대로 활용할 수 있도록, 그리고 더욱 그 힘을 갖게끔 도와주고 있는 셈입니다. 그는 예언도 합니다만, 그보다도 많은 것을 가르쳐 주기도 하고 또 통찰력이나 지식을 제공할 때가 훨씬 많은 것입니다. 그가 예언을 할 경우에는, 우리가 어떻게, 어떤 이유에서 '그와 같이' 미래사(未來事)를 만들었는가를 말해줍니다. 더욱 중요한 것은 보다 정확히 건설적인 미래를 만들어내기 위해서는 무엇을 해야 좋은지, 비관적인 미래를 좀 더 나은 것으로 바뀌도록 하기 위해서는 무엇을 해야 좋은가 하는 것을 그가 말해주는 것입니다. 아마도, 그의 전문(專門)이라는 것은, 인간이 원래 가지고 있던 능력을 되찾는데 도움을 주는 일일 것입니다.

## 해답은 모든 사람의 마음 속에 있다

—— 우리 보통 사람도, 차네링뿐만 아니라 어떤 방법으로 지도를 받을 수 있다고 생각하십니까?

퍼셀 : 물론입니다. 우리는 모두 라자리스라고 하는 조언자(助言者) —— 안내인(案內人)이라든가, 수호인(守護人)이라고 부르는 사람도 있습니다만 —— 를 가지고 있습니다. 또

한 우리는 모두 직관력(直觀力)이라는 것을 가지고 있습니다. 그림을 그리는 일은 누구나 할 수 있지만, 화가가 되는 사람은 적은 것과 마찬가지인 셈이죠. 그러니까 이 문제도 사람에 따라 여러가지이고, 모든 건 그 사람의 선택과 희망에 따라 다릅니다.

또한 이 문제는 그 사람의 운명과도 관계가 있다고 생각합니다. 미리 정해져 있는 듯한 운명이라는 뜻은 아닙니다. 그 사람의 혼이 스스로 결정한 운명을 말하는 겁니다. 나는 운명이란 자기가 선택한 무언가에 대해 몸을 헌신하는 것이라고 생각하고 있습니다.

우리는 모두 마음 속에 대답을 가지고 있고, 스스로 대답을 찾는 방법을 누구나 배울 수 있습니다. 사람들이 대답을 찾을 수 있도록 도와주는 사람도 있습니다.

—— 일반적인 방법 가운데 그 재능을 키우는 가장 좋은 방법은 무엇입니까?

**퍼셀** : 스스로 해답을 찾아보기 위해서입니까? 해답은 명상하는 동안에 찾아냅니다. 명상중에, 성공하는 비결이 생생한 이미지나, 뚜렷한 비젼이나 많은 감정이 느낌과 함께 찾아온다고 생각합니다.

우리가 명상중에 너무나 많은 신비스러운 힘을 무시하고 있고, 또한 그 신비스러운 힘을 일상생활에 이용하는 일이 얼마나 적은가, 하는 것에 대해 라자리스는 자주 설명하고 있습니다. 열쇠가 되는 것은 이미지, 비젼, 감정의 세가지라고 생각합니다. 이것이 해답 —— 신비스러운 힘 —— 을 찾는 방법이고, 명상(瞑想)에서 일상생활에 해답을 활용하는 방법입니다.

## 인류는 미래를 선택할 수 있다

—— 당신에게 있어서 가장 중요한 목적은 무엇이라고 생각하십니까?

**퍼셀** : 나에게 있어서 핵심적인 것은 되도록 잡다한 정보를 개입시키지 않고 확실하게 차네링을 하는 일입니다.

라자리스에 있어서의 포인트 말입니까? 라자리스는 이렇게 말하고 있습니다. —— 여기 있는 것은 인류를 구제한다던가, 이 지구를 구하기 위해서가 아니라, 우리에게는 선택권이 있다. 다시 말해서 괴로움이나 아픔을 통하여 성장할 수 있고, 혹은 사랑과 빛과 웃음을 통해 더욱 급속히 성장할 수도 있다고 하는 것을 우리들에게 회상시키기 위해서다 —— 라고. 그가 말해온 지극히 높은 진리란 곧, 우리 자신의 현실 세계를 만들어내고 있는 것은 우리들이다, 그리고 우리는 의식(意識)의 힘을 사용해서 그렇게 하고 있다고 하는 것입니다. 그는 또, 우리를 사랑해 주고 있는 '하나님이고 여신(女神)이며, 모든 존재하고 있는 것' —— '우리들의 이름을 아는 분'이라고 라자리스가 말하고 있는 것 —— 이 정말 있다고 하는 것을 회상시키기 위해 여기 있는 거다, 라고도 말하고 있습니다. 그가 여기 있는 것은 또한 우리가 완전하지는 않더라도 분명히 사랑하고 있는 것, '충분이 만족하게' 사랑하고 더욱 더 사랑하는 것을 배울 수 있다고 하는 것을 다시금 생각 나도록 하기 위해서이기도 합니다.

하지만, 나로서는 라자리스의 가장 중요한 부분을 알고 있다고는 생각하고 있지 않습니다. 우리는 아직 그것을 모른다고 생각하기 때문입니다.

—— 그런 이야기가 나온 김에, 라자리스와 이야기하고 싶

습니다만…….

[이때, 퍼셀씨는 변성의식(變成意識)으로 들어가기 위해 1분 정도 쉰 다음에, 곧 인터뷰를 재개(再開)했다.]

## 차네링의 정보는 어디에서 오는가?

**라자리스** : 좋아요, 됐어요. 오늘은 이야기를 하게 돼서 기쁩니다. 이름은요?

―― 보브 스미스입니다.

**라자리스** : 이름을 물어본 것은 당신의 파동(波動)을 잡기 위해서입니다. 인터뷰를 하신다니까 곧바로 이야기를 시작하지요.

―― 우선 최초로 여쭙고 싶은 건, 당신의 정보가 어디서 오는 것인지 궁금합니다.

**라자리스** : 이곳 저곳 많은 곳에서 옵니다. 어떤 것은, 융(C·G·Jung)이 말하는 집합무의식(集合無意識) ―― 지구와, 과거·현재·미래에 걸쳐 당신네들의 혹성(惑星)에 존재하는 전 인류의 집합무의식에서 옵니다.

우리의 정보는, 또한 당신들이 미래라고 부르는 것만이 아니라 과거에서도 옵니다. 우리는 한때는 알려져 있었으나, 훨씬 예전에 잊혀지고만 정보까지도 이용합니다. 거기에, 우리 자신도 성장하는 과정에 있습니다. 우리는 결코 성장과 성장의 과정을 '완료(完了)'하고 있는 건 아닙니다. 그러므로 우리는 끊임없이 세계로 부터 에너지로 부터, 우주로 부터, 그리고 온갖 이 지구상의 의식의 아득히 먼 곳에 존재하는 무수한 의식으로 부터 정보를 계속 흡수하고 있는 것입니다.

그리고 마지막으로 보브씨, 우리는 자기 자신으로 부터도 정보를 끌어내고 있습니다. 자기들의 지성(知性)과 체험도 끌어내고 있는 셈입니다.

## 차네러는 이렇게 선정된다

── 당신이 특히 쟉씨를 차네러로서 활용하는 이유는?

**라자리스** : 이 질문에도 몇가지 답이 있습니다만, 간단히 말하겠습니다.

우리는 맨 처음, 페니라고 부르는 인물과의 상호 활동── 말로 서로 통신하는 것──을 원하고 있었습니다. 그런데, 그녀를 통해 대화를 하면 통신이 정확하지 못하다는 것을 알았으므로, 늘 페니의 곁에 있는 누군가를 통해 우리들의 통신을 전하려고 희망해 왔었지요. 그래서 통신경로(차넬)로써 쟉씨를 선택했습니다. 그의 미래가 늘 페니의 미래와 밀접하게 연결되어 있다는 것을 알고 있었습니다. 그러므로, 그를 통해 이야기함으로써, 우리는 늘 그녀에게 이야기를 할 수 있었습니다.

또 있습니다. 차네러의 에너지가, 우리가 그를 손상시키는 일도 없고 몸도 손상시키는 일이 없이, 그를 통해 통신할 수 있을만한 파동조화권(波動調和圈)의 범위 안── 우리의 파동과 같진 않지만, 파동의 조화가 가능한 범위 안에 있다── 에 있다는 것입니다. 실제로 우리는 극히 간단히, 육체적으로 그를 조정할 수 있습니다. 정확하게 통신할 수 있도록, 항상 그의 파동(波動)이나 공통된 진동(振動)의 정도를 조정시킬 수 있습니다.

또한 우리는, 당신들이 말하듯이 지구의 햇수로 계산한다

제11장 차네링—미래생(未來生)을 안내하는 사람 233

면 몇년에 걸친 동안, 그의 전도성(傳導性)을 더욱 높이기 위하여, 다시 말해서 보다 더 잘 그를 활용하기 위해, 차네러의 에너지를 조금씩 계속 조정해 왔습니다.

그는 이른바, 전생(前生)에서 활발하게 몸을 부렸고, 육체에 대해서만 몰두하고 있었으므로, 육체에 편중된 균형을 잡기 위한 인생을 그는 준비하고 있었습니다. 그러나 이번 생(生)에서 그는 육체에 눈을 돌리기 보다는, 몸을 움직이지 않고 보다 더 마음이나, 정신적인 문제에 관심을 갖는 것을 배울 필요가 있었습니다. 그 시기(時期)와 에너지가 적당했던 것입니다. 그의 준비는 다 되어 있었고, 우리도 마찬가지였습니다.

끝으로, 이번 생(生)에서 그가 자라난 배경은 매우 자유스럽고 여유만만 하였습니다. 그에게는 지리적, 종교적, 감정적으로도, 또 지적으로도 특별히 큰 편견은 없었습니다. 어떠한 신념이나 태도에도 그는 거의 한쪽으로 기우는 일이 없었습니다. 이렇게 우리들은 분명하고 자유롭게 통신할 수 있는 셈입니다.

## 당신들은 우주의 쓰레기'가 아닙니다

—— 우리들 완고한 사람들을 올바르게 만들려고 하기 위해, 우주에는 정령(精靈) 전체의 공동체(共同體)가 있는 것이 아닌가 하는 그런 생각이 가끔 드는데, 이 생각은 옳은 것일까요?

라자리스 : 분명히 그 생각은 어느 정도 사실이지만, 누군가가 당신들을 믿게 하려고 힘쓰고 있다고 하는 것은 아닙니다. 예를들면, 전원(全員)이 서로 알고 있고 한 덩어리가 되

어 인류를 교육시키기 위해 노력하는, 가족이나 동지 같은 의식체(意識體)의 '공동체(共同體)'는 없습니다. 그와 같은 것은 아무 것도 없습니다. 지구에서도, 당신들은 '인류(人類)라는 가족'이라고 말하지만, 모든 사람이 알고 있는 관계는 아니고 모두가 협조적으로 노력하고 있는 것도 아니지 않습니까?

그렇다고는 하지만 '저 쪽'에는 당신들의 일을 걱정하고 도와주려고 하는 에너지와 의식(意識)의 광대(廣大)한 세계가 있습니다. 이와 같은 관심은, 사랑——깊은 사랑——때문입니다. 당신들의 행동이 늦다거나 무지(無知)하기 때문이 아닙니다. 사랑하고 있기 때문입니다.

또, 많은 사람들이 '완고하다'고 말하는 것은, 당신들 지구 사람들에게만 있는 맹렬한 독립심, 자주성, 지독한 반항심같은 성질일 경우가 많습니다. 분명히 당신들에게는 배워야 할 바가 있습니다. 또한 가르쳐 주는 일도 있는 것입니다.

그렇습니다. 당신들이 가르쳐 주는 것도 있습니다. 지금까지 당신들의 나쁜 점만이 선전되어 왔습니다. 너무나 자주 말을 들었으므로 자신들은 '우주의 쓰레기'이고, 지구는 '우주의 쓰레기통'이다 라고 당신들은 생각하게 되는 겁니다. 비극적으로 지금까지 주위에서, 당신들에게 이와 같은 비판을 믿게 하고, 우주에 대하여 당신들은 아무 것도 기여한 바가 없다 라고 믿게 한 것이 아닐런지요? 하지만 아득히 먼 저 쪽의 영역에서부터 많은 것들을 관찰한 후, 배울만한 것을 당신들은 가지고 있습니다. 그 두 세가지를 보기로 들어 보겠습니다.

① 당신들은 흥미를 끌게 하는, 유례(類例) 없는 것을 발견했습니다. 반드시 균형은 잡혀있지 않다고 하더라도 마음

과 '기술(技術)'의 양쪽을 발달시키는 능력을 얻은 것입니다 ―특히 당신들은 양쪽을 발달시키는 능력을 얻은 셈입니다.

② 당신들은 사랑이라고 하는, 사람을 회복시키는 힘을 발견했습니다. 육체의 병을 고칠뿐만 아니라 감정의 병까지 고치는 방법을 발견했습니다.

③ 당신들은 관대함이라는 힘과 아름다움을 발견했습니다. 많은 것들이 마찬가지로 망각되고 있었음에도 불구하고 당신들은 그것을 찾아내고, 많은 사람들은 이 신비스러운 힘을 이용하고 있습니다.

④ 당신들은 극히 독특한 인간이 되는 능력을 획득하였습니다. 그렇다고 온 인류가 이 마법(魔法)을 발견했다고는 할 수 없습니다. 한편, 인류 전체가 그렇게 하지 않으면 안될 까닭도 없는 것입니다. 특히, '지도(地圖)를 작성한 사람'이고 '공동창조자(共同創造者)'이며, '현실 세계(리얼리티)의 창조자'인 사람들――이들이야 말로 참으로 건설적인 미래를 창조하는, 의식의 힘으로써 그것을 창출하는 일에 흥미있는 사람들입니다.

당신들이 발표해야 할 선물은 또 있습니다. 하지만 이것을 기억해 주십시오. 당신들의 혹성에 가르치러 오는 이가 있듯이, 배우러 오는 이도 있는 겁니다. 당신들에게는 분명히 배워야 할 것이 많이 있습니다. 한편, 기억해 주기 바라는 것은, 당신들이 가르켜 줄 일도 많다고 하는 겁니다. 자기 스스로가 가장 진화(進化)하고 있는 것도 아니겠지만, 가장 진화가 늦은 것도 아니라는 것을 알아두십시오.

## 1990년대, 인류는 이 혹성의 미래를 결정한다

그리고 보브씨, 당신이 말한 바는 지구라는 혹성(惑星) 위에서 당신들은 인간으로써 큰 힘을 가지고 있지만, 그 능력과 대등한 책임을 갖고 있지 않다는 점에서 옳은 겁니다.

이것은 인간으로서 당신들이 현재 다루지 않으면 안될 과제입니다. 세계가 당신들에게 보여주고 있는 것은 이 문제입니다. 1960년대, 사람들은 사랑의 힘으로써, 그것을 해방시켰습니다. 하지만 그들은 그 힘을 다루는데 있어서 책임을 지지 않았습니다.

우리들은 1960년대의 히피족들을 매우 찬미하고 존경하고 있습니다. 왜냐하면, 그들은 용기와 기력(氣力)을 가지고 그 의의를 몰랐던 힘을 잡고서 그 힘을 활용하려고 하였기 때문입니다. 잘 했습니다.

지금 우리들의 세계에 있는 것은, 인권(人權)이라고 부르는 또 하나의 힘을 잡기 위한, 용기와 기력을 지닌 나라들 뿐입니다. 문제는 그들이 1960년대에서 부터 배우고, 힘에 따르는 책임을 통감할 수 있었느냐 하는 점입니다.

같은 드라마가 개인의 수준에서도 공연되려고 하고 있습니다. 당신들은 지금, 건설적인 미래를 창조하는 힘 —— 철학과 영성(靈性) —— 을 지니고 있습니다. 당신들은 미래를 창조하려고 하고 있습니다만, 책임을 지고 그렇게 하려고 하는 것일까요? 당신들은 굉장히 완고하군요. 어이가 없을 만큼 완고한 것인지도 모릅니다. 저 먼 영역(領域)에서는 언제든지 당신들의 자조노력(自助努力)을 원조하여 주려고 하는 이들이 와 있습니다.

1990년대는 전에 없이 중요한 10년입니다. 당신들이 개인으로 인류로서, 이 혹성의 미래를 결정짓게 되는 것입니다.

제11장 차네링 – 미래생(未來生)을 안내하는 사람   237

당신들 중에는 보통사람들이 믿고 있는 악몽을 받아들이는 사람도 있는가 하면, 더 나쁜 악몽을 받아들이는 사람도 있습니다. 마지못해, 평범한 길의 하나를 받아들이는 사람도 있습니다. 미래를 향하여 과감하게 꿈을──기적과 같은 꿈조차도──실현시키려고 하는 사람들도 있는 것입니다.

이와같이 매우 중요한 10년에, 당신들은 인권 문제를 정치적인 수준에서 대처하고 있지만, 또한 혼(魂)의 수준에서도 인권문제에 대처하고 있는 겁니다. 정치적인 꿈을 품은 사람은 정치용어로 자립을 말하고, 우리는 혼의 자립을 말합니다. 당신들은 인간으로서, 자신들의 혼의 미래를 결정할 권리를 갖는 것입니다.

이것은 현재 일어나고 있는 일입니다. 당신들 모두의 주변에서 일어나고 있는 것입니다. 또한 원조(援助)가 있습니다. 당신들의 주위 어디서나 원조가 있는 겁니다.

## 혼(魂)의 자립

──동구권(東歐圈)에서 일어나고 있는 일은 중요하다고 생각하십니까?

**라자리스** : 예, 분명히 그렇게 생각합니다. 소련이나 남아프리카나 아프리카 각지에서 일어나고 있는 일도 큰 충격을 가져다 줍니다. 더욱 가까운 장래, 중국에서 일어날 수 있는 일도 모두, 현재 세계에서 일어나고 있는 것, 등 역사적 의의가 있는 큰 사건의 일환인 겁니다. 또한 당신들 미합중국의 일도 잊지 마시기 바랍니다. 1990년대에 전개되는 변혁의 세계에서 당신들은 큰 역할을 하게 될 것입니다.

이런 장소에 있는 사람들은 모두 인권과 자립이라는 문제에 대처하고 있습니다. 사람들은 모두, 한때 자신들의 것이었던 자립의 힘을 되찾고 있습니다. 과거에 그것을 내버렸지만 지금 그것을 되찾고 있는 것입니다.

하지만 그들은, 다만 정치적인 지도자——한때, 지도자 혹은 공무원이었던 사람들——에게만 그 힘을 내준 것은 아닙니다. 그렇지는 않고, 권위와 과거에 내준 것입니다. 그러므로 정치적인 지도자에게서·뿐만이 아니라 권위로 부터, 과거로 부터 그 힘을 되찾고 있는 중입니다.

동유럽 등에서 볼 수 있는 변혁은, 사람들이 아직 알아차리지 못한 것 같은 갖가지 방법으로 관료나 지도자가 아니라 일반 사람들이 거의 평화적으로 과거를 버리고 있는 새로운 가능성을 선택하는 혁명인 것입니다. 그들은 미래의 가능성을 택하고 과거를 내버리고 있는 중입니다.

넓은 뜻에서, 과거의 예언——에드가 케이시의 예언도 그렇습니다만——은 다시 평가되어야 합니다. 케이시의 예언은 분명히, 다른 많은 예언 보다도 훨씬 정확하다는 게 입증(立證)될 것입니다. 왜냐하면 케이시는 글자 그대로가 아니라, 오히려 비유해서 말했기 때문입니다. 하지만 그의 예언조차도 2000년 정도에서 끝나고 있습니다.

이것은 세계가 종말을 맞기 때문이 아닙니다. 그것이 아니라 과거의 권위가 변해가고 있기 때문입니다. 예전에 미래를 정확하게 예언할 수 있었던 것은, 과거의 권위가 장래의 방침을 계획하였기 때문에 예언이 가능했던 것입니다. 과거를 알면 미래를 예언할 수 있는 것입니다.

사람들이 힘을 되찾고 자립하기 시작하며, 자립에 따르는 책임을 받아들이기 시작함에 따라 과거의 권위는 개인의 권위로 바뀔 수 있습니다. 한 사람 한 사람이 자신의 미래를 창

제11장 차네링—미래생(未來生)을 안내하는 사람 239

조하는 것입니다.

정확하게 '장래를 꿰뚫어 볼 수 있을'만큼 현명한 사람들은, 현명하게 그만 둘 시기도 알고 있습니다. 케이시는 충분히 알고 있었으므로 그만 둘 시기도 판단하고 있었습니다.

——가까운 장래, 이 10년 동안에 무언가 파괴적인 천변지이(天變地異)가 있습니까?

라자리스 : 큰 재해(災害)는 여러 모로 일어날 겁니다. 일어나는 것은 확실하지만, 누군가가 말했듯이 이 세계가 멸망하는 일은 없습니다. 지진이나 화산 활동이 일어나겠지요. 50년 동안이나 없었던 것 같은 '허리케인'이 동해안에 올 것입니다. 온 세계의 기후가 예전에 비해 변화한 것처럼——더 이상하게——생각되겠지요. 이런 일들이 생길 것입니다. 그리고 테크노로지의 재해(災害)——비행기의 추락, 열차 사고, 독극물(毒劇物)의 누출 따위, 그 밖에도 많은 사람들이 죽는 비극이 일어날 것입니다.

그러나, 지구의 일부 밖에 사람이 살지 못하게 되는 괴멸적(壞滅的)인 큰 재해(災害)는 없습니다. 이런 종류의 변화가, 이 10년 동안 내지는 10년 앞으로 다가오는 일은 없습니다. 국지적(局地的)인 재해나 비극은 있겠지만, 큰 규모의 파괴는 없을 것입니다. 당신들은 존속될 것이고, 미래는 있는 겁니다.

지금까지 몇 차례 반복한 말입니다만, 문제가 되는 것은 미래가 없다는 것이 아닙니다. 문제는 미래가 있고, 미래는 그것을 만들어내는 당신들에게 달려있다고 하는 것입니다.

——각지에서 범죄가, 세계에는 폭력이 난무하고 있어서, 우리가 정말 발전하고 있는 걸까 하는 생각이 듭니다. 이 점에 대하여 앞으로의 전망은 어떻습니까? 우리는 발전하고 있

는 것일까요?

**라자리스** : 솔직하게 말하면, 긍정적입니다.

당신들은 놀랄만한 발전을 계속하고 있는 중입니다. 당신들의 세계에는 잘못이나 결점이 많이 있습니다. 그것을 일일이 말할 생각은 없습니다. 당신들의 혹성에는 책임을 느끼고 나쁜 점을 들어서 따지는 사람들이 많이 있는데, 반면에 비극적으로 책임도 느끼지 않으면서 그렇게 하는 사람들은 더욱 많습니다.

당신들이 한 걸음 물러 서서 수천년 동안——수백년이라도 좋습니다만——인류의 역사를 보면, 발전된 것을 알 수 있을 겁니다. 당신들의 세계에는 원대한 희망이 있고 장차 큰 성공을 이룩하게 될 것입니다. 당신들이 기원하는 '주기도문'에도 〈하늘의 뜻이 땅 위에서도 이루어지이다〉라고 하였는데, 분명히 그대로 될 것입니다. 이 말씀대로의 역사가 차츰 나타나기 시작하고 있습니다.

—— 결론에 합당한 이야기가 나온 것 같습니다. 당신과 쟉씨에게 진심으로 감사를 올립니다.

**라자리스** : 천만의 말씀입니다. 오히려 저야 말로……. 그리고 쟉씨 대신으로도 감사를 드립니다. 그럼 보브씨 이쯤에서 사랑과 평화를…….

—— 고맙습니다.

**라자리스** : 안녕히 계십시오.

# 제 12 장
# 괴로움의 의미 ——
## '깨달음'에의 길

고독 · 권태 · 공포 —— 산다는 것은 괴로움인가?  삶의
고통에서 도망치려고 하지 말고 자각적(自覺的)으로
괴로워함으로써 참다운 깨달음에 이르는 길을 찾아내
라.

> Interview : Jacob Needleman
> *How Do We Find Meaning in Life?*
> *(Venture Inward* vol. 3, no. 1, 1987)
> Suffering : *A Step in Personal Growth*
> *(Venture Inward* vol. 3, no. 2, 1987)
> 필자, 제이콥 니들맨은 샌프란시스코 주립대학 철학
> 과 교수. 동서(東西)의 철학, 신비주의에 정통하고
> 그르제프 연구가로서도 저명함.

## 사람은 누구나 무의미하게 살수는 없다

——사는 의미(意味)를 찾지 않으면 안된다고 생각하고 있는 사람이 매우 많은 셈이지만, 우선 마음의 갈증이라는 문제부터 이야기를 시작하려고 합니다. 이 문제에 관심을 갖게 된 계기는?

제이콥 니들맨 : 지금까지 내가 만난 사람 가운데, 진정한 의미에서 위기감(危機感)을 갖고, 나는 무엇 때문에 살고 있는 것일까——또는 나는 이곳에서 도대체 무엇을 하고 있는 걸까——왜 나는 이런 일을 하고 있는 걸까——무엇을 해야 하나——하고 질문하는 사람이 실로 많습니다. 이와 같은 것은 현대 문명에 있어서 몇 십년동안 계속 문제되어 온 것이라고 생각합니다. 빅토르 프랑클[1905년생.《밤과 안개》를 쓴 오스트리아의 심리학자-역자 주]는, 그 자신이 제2차 세계대전중 강제수용소의 체험에서 발견한 것——즉, 믿을 수 없을 만큼 비참한 지옥에 있어도 살아날 수 있었던 것은, 자기가 하고 있는 일에 의미를 찾아낼 수 있었기 때문이다, 라는 것

이었습니다.

그는 그 체험에서, 프로이트와는 전혀 다른 정신병리학적, 심리학적인 견해에 도달했습니다. 인간의 마음 속에서 생물학적, 본능적인 욕구나 요구가 가장 강하다고 프로이트는 말하였습니다만, 프랑클은 사람이 구하는 것 가운데서 가장 큰 요구는 의미(意味)에 대한 욕구가 아닐까 하고 느꼈습니다. 인간이란 의미를 탐구하는 동물이라는 것이지요. 프랑클은 그 결과 로고세라피, 다시 말해서 의미의 요법[산다는 뜻〈로고스〉을 발견하려고 하는 의지를 불러일으키는 것을 목적으로 하는 요법. 실존분석(實存分析)이라고도 한다-역자 주]이라고 부르는 것을 개발했습니다. 이것은 분명히 우리의 마음에서 가장 중요한 핵심이 아니었을까?

나도 프랑클에게 매우 찬동하는 셈입니다만, 이같은 것은 모든 뛰어난 영적인 가르침 속에서도 알수 있습니다. 우리가 의미라고 부르는 것에는 여러가지 이름이 있습니다.

'우주를 만들어낸 커다란 요소란 것이 의미이다.' 이렇게까지 말할 수 있는 건 아닐런지요? 의미를 갈망한다는 것은, 인간의 본질이라는 근본적인 부분에서, 우리는 굶주리고 있다고 하는 것이지요. 최근에 와서 대부분 현대문명이 제공한 것은, 의미 자체보다도 의미의 대용품 같은 것이었습니다.

다른 문명, 다시 말해서 원시문명이나 고대문명같은, 그다지 익숙치 못한 다른 전통에 바탕을 둔 문명에 있어서는, 의미에 대해서도 더욱 무게를 두었던 것입니다——그들에게 있어서는 의미가 중심적인 가치였던 것입니다. 진보라는 것을 우리는 사심없이 '이것 봐, 수세식 변소가 없었던 옛날 사람들에 비해 우리는 얼마나 발전하였는데!'라고들 말합니다만, 물질적인 의미에서 도움이 되는 것만을 가진 것 뿐이고,

알지 못하는 사이에 인생에 대한 의미의 중요함이 사라져가고 있는 걸 못느꼈다는 것이지요. 우리는 지금, 특히 신세대의 사고방식에서는, 이른바 옛날의 미개한 상태, 혹은 과학이 태어나기 전의 고대(古代) 문화에서 볼때, 상향적(上向的)인 진보라고 불리웠던 것도 또한 하향(下向)이었던 것이었다, 라고 하는 것을 알기 시작하고 있습니다.

물질적인 발전에서 본 상승은 어느 것이나 의미라는 견지에서 본 하강에 의해 상쇄되어 왔던 것입니다.

과학기술이나 물질적인 것이 좋지 않다거나 고작 무해무득하다는 뜻이 아니고, 우리가 그와 같은 것에서 만족을 찾으려고 하는 한, 가장 중요한 것으로 부터 멀어지고 만다고 하는 것입니다.

## 자기 자신에의 탐구가 목적의 발견과 연결된다

—— 인생의 목적이나 사명에 대해 지난 번 선생님과 대답했습니다만, 그때 사랑과 사명을 발견하는 것에 대하여 말씀해 주신 것은 매우 중요한 일이라고 생각했습니다. 그 이야기를 다시 한번 부탁드리겠습니다.

니들맨 : 인생의 목적으로서 봉사할 수 있는 것을 찾는 일은 뭔가를 사랑할 수 있는 것과 떼어놓을 수 없다고 나는 생각하고 있습니다. 여기에서 사랑의 참된 의미, 여러가지 많은 사랑의 의미라는 문제가 시작되는 것입니다.

자기 이외의 것과 깊이 관련을 갖는 일은, 아마 목적에 있어서 하나의 중요한 측면(側面)일 것입니다. 내가 흔히 '나 자신'이라고 부르는 것 보다도 더욱 깊게, 높게 가치있는 것과 관련지으면서 알고, 느끼고, 사는 일이 목적을 갖는 일입니다.

또한 관련성을 위하여, 즉 타인을 위해 스스로를 주는 것, 이것도 사랑이라고 부를 수 있을 것입니다. 그래서 최종적으로 도달된다고 생각되는 것이 자기 자신의 본질을 어떻게 포착할 것인가 하는 근본적인 문제입니다.

현재 서방세계에 있는 우리들은 지금까지 기본적으로, 자기란 것이, 원자(原子)와 같이 나눌 수 없는 것이라고 하는 일종의 뉴톤 학설을 신봉하는 사람과 같은 사고방식을 가져왔다고 생각합니다. 우리가 자기 자신에게 깊이 빠져서 겨우겨우 자기가 알고 있는 것을 말할 때 조차도, 자기 자신 속에서는 기본적으로는 분리하고 있지만, 타인이나 신(神)이나 자연과 연결될 수 있는, 훌륭한 개성을 발견하게 될 것이다라고 느끼는 일이 자주 있습니다.

혼(魂)에 대하여 옛부터 전해져 오는 전설이나, 고대의 철학, 여기에다 우리 자신의 문제를 연구한다면, 인류란 원래가 남들과 연관을 갖는──이른바 자기 자신은 본래 뭔가를 사랑하도록 되어 있다──것으로써, 다른 사람을 동정하거나 구애받게 되는 존재다, 라는 것을 알게 된다고 생각합니다. 자기 자신을 깊이 연구하더라도, 원자와 같이 나눌 수 없는 개인이라는 것은 자기자신 속에 없습니다.

자기 자신은 뭔가 다른 것, 다시 말해서 존재하는 것이며, 여기에 존재하고 있다는 것입니다. 하지만, 원래는 남과 관계를 맺어나가는 것이며, 그 사람의 진정한 본성이 나타남에 따라 저절로 남에 대한 배려나 동정도 생겨나는 것입니다. 또한 이것이야말로 목적인 셈입니다. 인간 본질의 기본적인 측면으로서의 사랑이라는 것을, 아주 진지하게 생각해 볼 필요가 있습니다.

인간은 성장할수록 더욱 더 애정을 표현하게 됩니다. 감정적인 뜻에서의 사랑이 아니라, 다른 사람이나 자연이나 생명, 우주 같은 것에 대해 배려해 준다는 관계를 말하는 것입니다.

이를테면, 우리는 이것을 불교도(佛敎徒)의 전승(傳承)에서 찾아볼 수 있습니다. 보살은 자비스러운 불교의 성자(聖者)입니다만, 보살이 자비로운 것은 어떤 해탈(解脫)의 단계에 이르렀기 때문이 아니라, 별로 남에게 자비롭게 하지 않아도 되는 것을 스스로 자진하여 이타행(利他行)을 베풀려고 작정했기 때문입니다. 자비(慈悲)란 우리가 기본적으로 영적인 에너지에 가까이 가면 갈수록 더욱 더 나타나게 되는 것입니다.

다시 말해서, 인간의 본성은 남과의 관계에 바탕을 두는 것입니다. 그러므로 의지뿐만이 아니라, 사랑도 자기 자신의 특유한 것이란 것을 알기 시작한다면, 삶의 목적을 찾는 일이 더욱 쉬울 것이다. 삶의 목적이란 단순히 머리로 생각해 낸 개념이나 이상(理想)을 갖는 일이 아닙니다. 자기의 머리로 생각하거나 주의주장(主義主張)이나 이데올로기나, 스스로 자진하여 봉사하려고 선택한 집단에 의해 해결되는 것은 아닙니다. 그런 것은 겉으로 나타난 것에 지나지 않습니다. 그것이 아니고 자기 자신이란, 원래 남과의 관계에 바탕을 둔 세계의 내면으로 깊이 내려가는 것을 뜻하는 것입니다.

### 삶의 권태(倦怠)

── 현대 문명이 안고 있는 또 하나의 병폐에 대한 말씀입니다만, 선생님께서 《의사(醫師)에의 길》이라고 하는 저서

제12장 괴로움의 의미  247

중에서 삶의 권태, 인생의 허무라는 것이 현대적 특징이라고
말씀하셨는데요?

**니들맨** : 허무(무상)란 관심을 끄는 주제(主題)입니다. 그
것은 실제로, 현대 문명사회에 있어서는 별로 거론되고 있지
않으나 말로 다 할 수 없는 공포의 하나입니다. 우리들의 대
다수는 허무에서 도망치기 위해서는 무엇이든—— 때로는 살
인조차도—— 하는 경우가 있습니다. 현재의 덧없음 뿐만이
아니라, 장차 올 허무에서도 도망치기 위해서입니다. 허무에
대한 공포는, 우리의 최대의 공포라고 말해도 좋을 것입니
다. 그렇다면 도대체 허무란 무엇인가? 그것은 외부의 자극
에 너무 의지하는 것이죠. 유쾌하건 불쾌하건간에, 외부로
부터의 흥분이 없으면 자기 자신이 누구인지 실감할 수 없도
록 우리를 만들어 놓은 사회 문화(文化), 즉, 그런 환경에 우
리가 놓여 있는 겁니다. 허무는 일반적으로 마음을 내면으로
향하게 함으로써 마음을 격려하거나 지탱하거나 하는 능력
이 결핍되었을 때 나타나는 현상입니다.

이 사회는 심사숙고(深思熟考)하기에 적당하지 않습니다.
특히 이 몇년 사이에, 우리는 내면성(內面性)을 이해하지 못
한체 자랐습니다. 특히 아이들에게는 이것이 뚜렷하게 나타
납니다.

우리로서는 어떻게 손을 쓸 수 없게 되었고, 이렇게 된 것
이 이미 우리의 잘못이라고도 할 수 없을 정도에 이르렀습니
다. 눈부시게 변화하고 또한 마음이 끌리는 외부의 자극에,
어린이도 어른도 얼마나 정신을 빼앗기고 있는지 우리는 알
고 있습니다. 그렇기 때문에 우리들 자신의 가장 중요한 것,
최소한 외면성(外面性)과 같은 중요한 인간의 본질을 느끼
지 못하고 있는 것입니다.

친구 중에 아메리카 인디언의 피가 섞인 여성이 있는데, 그녀가 여덟살 무렵의 어린 시절, 작은 트레일러에서 대가족이 살고 있었는데, 그녀는 공연히 짜증나는 일이 곧잘 있었다고 합니다. 어느 날 아침, 아버지는 그런 그녀의 신경질에 참을 수 없어서, 그녀를 데리고 '책 한 권과 담뇨 한 장과 사과 한 개를 갖고서 아버지를 따라 오너라'하고 말했답니다. 아버지는 그녀를 차에 태우고 계곡 가까이에 있는 마을로 나와서 말했습니다.

"자 차에서 내려라. 아버지는 저녁 때 돌아온다. 너는 지금까지 참을성이 모자랐으니까, 아버지가 데리러 올 때까지 여기서 기다려라."

아버지는 그녀를 두고 곧 돌아가 버렸습니다. 그녀는 화가 나자, 미쳐 날뛰었습니다. 큰 소리를 지르고는, 홧김에 책도 사과도 담뇨도 모두 계곡 밑으로 던져버리고, 나무 밑에 주저 앉았습니다. 한 시간쯤 지나서 아버지는 곧 돌아오지 않을 것이고, 자기는 여기서 꼬박 하루를 혼자 있어야 한다는 것을 깨닫고는, 계곡을 내려가 사과와 책과 담뇨를 주워 왔습니다. 이에 대해 그녀가 말한 바로는 '이 날은 나의 일생 가운데 가장 소중한 날이 되었다 —— 고독을 즐기는 것을 발견했으니까.'

아버지가 돌아올 무렵에, 그녀는 자기 자신의 내부에 뭔가가 있다는 것을 발견하고 행복한 기분이었습니다.

그건 그렇고, 이런 일은 우리 주변에서 우선 그다지 일어날 것 같지도 않은 일입니다. 허무란 외부의 힘을 빌려서 자기 자신에게서 뭣인가를 끌어내려다가 하지 못할 때에 느끼는 것입니다. 이것도 어떤 우울한 심리상태를 해결할 수 없을때 나타납니다. 결국 건전한 방법으로 자기 자신에 대하여 흥미를 품을 수 없다는 것입니다. 필요한 때에 스스로에게 맞설 수 없다. 이것이 현대문명의 근본적인 문제라고 생각하는 것입니다만, 이것은 항상 인간성의 근본 문제이기도 했던 것입니다.

옛날의 기독교 신자들에게는 명상하는 습관이 있어서, 일곱 가지 대죄(大罪) 가운데의 하나에 아시디아(acedia)라는 죄가 있었습니다.

적당한 말이 없어서, 태만(怠慢)으로 번역되고 있는데, 이것은 원래 허무라든가 지저분하다는 부정(不精), 또는 게으르다는 태타(怠惰)를 말합니다. 해먹(Hammock : 그물 침대)에 눕고 싶다는 뜻이 아니라, 초기의 교부(敎父)들이 '대낮의 병'으로 부른 것과 관계가 있습니다. 대낮의 병이란 대낮에 승려(僧侶)들에게 엄습하는 것으로, 승방(僧房)에 잘 있지 못하고 명상하는 것에도 견디지 못하고, 밖으로 나가지 않고는 못배기고 마는 것입니다.

"아니 이 승원(僧院)은 아무래도 편안하지 못하군. 옆 방은 좀 더 나은 게 아닐까……. 이런 일을 집어치우고, 뭔가 하지 않으면. 밖에라도 나가 볼까."

하고 생각하기 시작합니다. 이 '아시디아'란 자기의 독방에 있을 수 없게 되는 것, 다시 말하면 자기 자신의 내면에 있을 수 없게 되는 것 입니다. 이것은 매우 중요한 죄였습니다. 초기의 그리스도교의 문서에는, 이 허무라는 악마와의 싸움의 이야기가 놀라울 만큼 많습니다. 하지만 이것은 현대문명에서 특유한 문제가 아닐런지요?

## 고독한 현대인

——크리슈나물티〔인도의 바라문 출신으로 신지학협회(神智學協會)의 지도자 밑에서 수행을 쌓았으나, 모든 사회적 지위를 거부하고, 인간의 해방을 향해 저술(著述)활동에 힘씀 — 역자 주〕는 홀로 있는 것과 고독과의 차이를 알 필요가 있다고 말하고 있습니다만…….

**니들맨** : 고독이란 허무와 쌍둥이 형제 같은 것이 아닐까요? 샌프란시스코 주립대학에서 형이상학적(形而上學的)인 문명비평의 강의를 맡고 있을 때, '현대문명이 안고 있는 큰 문제란 무엇인가?'라는 것을 학생들에게 물어 보았습니다. 전쟁이라던가 가정의 붕괴, 과학 기술의 문제와 같은 그것을 전부 메모하고 있는 도중에, 어떤 사람이 '고독입니다.'라고 말했습니다. 이때, 모두가 그 사람의 말에 귀를 기울인 것을 알았습니다. 그래서 나는 크라스의 사람들——내가 담당하고 있는 반에는 20세 부터 80세 까지 여러 연령층의 사람이 있었고, 인종이나 계층도 각양각색이었습니다——에게 물어 보았습니다.

"자기가 근본적으로 고독하다고 생각하고 있는 사람은?"

손을 들 사람은 기껏 두 세명일 것으로 생각했는데, 전원이 손을 든 것입니다. 더 인원이 많은 다른 반에서도 두 사람을 제외하고 전원이 손을 들었으므로, 이 나라에서는 분명히 어떤 문제점이 있구나 라는 것을 알았습니다. 현대문명 아래에서는 모두들 뜻밖에 고독하구나 하고 생각했습니다.

이 문제에 대해 사회인 학급 사람들과 이야기를 했습니다만, 38세인 나이지리아의 어느 학생은 옥스포드대학에서 공부하기 위하여 20세에 고향을 떠났고, 그 뒤 캘리포니아에 와서 그곳에서 학위를 얻고 사업을 시작하려고 했다는 것입니다.

처음 영국에 갔을 때 '고독하다'는 말을 여러 사람들로 부터 곧잘 들었다고 말합니다. 그 말을 들을 때마다 그는 그 뜻을 물어보았습니다. 그 뜻을 잘 몰랐기 때문이지요. 그는 말했습니다.

"우리나라의 문화에도 언어에도 고독에 해당되는 말이 없었으니까, 어떤 뜻인가 계속 물어보았습니다. '외톨이라는 뜻입니까'라고 물으니까 그것이 아니라는 것이었습니다.

그 후 캘리포니아에 와서 2년 지난 뒤, 그는 말했습니다.

"겨우 그 말의 뜻을 알았다."

이 말을 듣고 나는 매우 감동하였습니다. 고독이란 것을 단순히 그의 모국 문화에서 느끼지 못할뿐만 아니라 살아가는데 있어서 고독해질 가능성도 없었던 셈이지요. 하지만 지금 그는 알고 있습니다. 자기가 현재 고독하다고 하는 것을 …….

## 공포가 만들어 내는 폭력

—— 현대에서 가장 문제가 되고 있는 폭력에 대해 생각해 봅시다. 유럽에서는 테러 사건이 빈번해 그곳에 가기를 두려워하고 있는 사람이 많습니다.

세계에서 일어나고 있는 폭력에 대해, 또한 우리들 자신의 마음에 숨어있는 폭력에 대하여, 우리는 어떻게 대처했으면 좋을까요?

니들맨 : 폭력은 분노나 거절, 그리고 공포와 관계가 있습니다. 폭력의 원인중에서 태반을 차지하고 있는 것은 공포가 아닐까요? 사랑의 반대는 미움이 아니라 공포라고 나는 생각하고 있습니다.

미움이 생기는 것은 공포에서 비롯되는 것입니다. 다음 이 야기는 나의 저서 《우주감각(宇宙感覺)》에서 기술했지만, 유 럽에 갔을 때 돈이 없어서 결국 정말로 음식을 구걸해야 할 형편에까지 이르렀습니다. 여러분들 가운데, 지금까지 남에 게 음식을 구걸하지 않을 수 없는 형편에 이른 분이 몇이나 있는지 모르겠습니다만, 이것은 실로 흥미 진진한 체험이더 군요.

돈을 구걸하는 것과는 전혀 다른 체험입니다. 남과 더한층 친밀한 관계가 됩니다. 며칠 안으로 송금이 도착될 때까지, 우선 배가 고프니까, 남의 집 문을 두드리고 다닐 형편까지 된 것입니다.

"뭔가 먹을게 없습니까?"

하고 말하면 대부분 눈 앞에서 문을 닫고 맙니다.

처음에는 이거 재미있는 모험이구나, 하는 정도로 생각하 고 있었지만, 차츰 화가 나고 견딜 수가 없게 되어 이번에야 말로 진짜 음식을 얻지 않으면 안된다고 생각되었습니다. 이 제 이것은 단순한 학생들의 장난이 아니다 라고도 생각되고 ……. 하여튼 몹시 배가 고팠습니다. 지금도 똑똑히 기억하 고 있습니다만, 고픈 배를 움켜쥐고 거리를 걷고 있으니까, 40세쯤 된 여인이 마당에서 꽃을 손질하고 있는 모습이 눈에 띄었습니다. 울타리 쪽으로 다가서자 그 사람이 얼굴을 들었 으므로,

"죄송합니다만, 먹을 것이 있으면 주실 수 없겠는지요?"

이렇게 말했습니다. 그 사람은 깜짝 놀라서 불안한 듯한 표정을 지었습니다. 갑자기 사람이 다가와서 음식이 있습니 까, 하는 투로 말했으니까 깜짝 놀랐겠지요.

하지만 그 때, 그 사람의 마음에 변화가 생겨서 뭔가 다른

충동이 생긴 것을 똑똑히 알았습니다. 그 사람은 "정말 그렇게 배가 고프냐?" 하고 말했습니다. 마음 속으로 사람을 위로해 주고 싶다. 도와주고 싶다고 하는 기분이 있었습니다. 그래서 나는 예, 하고 대답했습니다. 그 순간 그 사람의 마음 속에는 두 가지 일이 동시에 진행되고 있었습니다 —— 나는 그것을 손바닥 들여다 보듯 정확히 알았으니까 잊을 수가 없었습니다만 —— 이러지도 저러지도 못하는 상태였던 거죠. 자비를 베풀고 도와주려는 충동과, 공포라는 충동 사이에서 ……. 사랑과 용기를 향한 움직임과 공포와 미움을 향한 움직임의 둘 사이에서 꼼짝할 수 없게 된 것이지요. 그때 나는 이 여인에게서 믿을 수 없을 것 같은 애정, 지금까지 경험해 보지 못한 듯한 감정을 느꼈습니다. 그것은 성적(性的)인 것도, 굶주림이나 자신의 이익과도 관계없이, 다만 순간적으로, 그 여인에게 사랑을 느낀 것입니다. 불과 1초도 지나지 않았는데, 공포감에 쏠린 그 사람은 '아니, 아무것도 없습니다.' 하고 화난듯한 몸짓으로 말하더니 집안으로 들어가고 말았습니다.

그 순간, 알게 된 것은 나쁜 사람이란 없고, 다만 깜짝 놀라고 있을 뿐이라는 사실이었습니다. 그 사람도 단순히 놀랐을 뿐이었던 거죠. 나 역시 만약 테러리스트 앞에 서면, 상대를 미워하겠지요, 죽이려고 하겠지요. 하지만, 지금 모든 미움은 공포가 만들어 낸다는 것을 알고 있습니다. 공포에서 폭력이 생긴다는 것을…….

지금 말하고 있는 것은 조직화된 폭력, 다시 말해서 산업적으로 조직된 범죄나 근대 전쟁과 같은 '합리적'으로 조직된 폭력이 아닙니다. 그것은 전혀 다른 것입니다. 내가 말하고 있는 것은 아랍과 이스라엘 사이의 테러이즘이나 전쟁에서 볼 수 있는 것 같은 폭력을 말합니다.

이같은 종류의 전쟁은 현대 문명사회에서 빈번하게 일어나고 있습니다. 다른 종류의, 앉은 채로 단추만 눌러서 몇 백만명이나 되는 사람을 살해하는 것과 같은 전쟁은 꼭 기피해야할 것입니다. 내가 말하고 있는 것은 공포심이 있으면, 실제로 폭력을 쓰지 않더라도 폭력을 활용할 가능성이 있다는 것입니다.

## 고뇌(苦惱)의 자각(自覺)

── 폭력때문에 체험하는 괴로움 뿐만 아니라, 남의 고통을 볼 때, 체험하는 괴로움에 대하여는 어떨까요. 그르제프[1877~1949. 아르메니아 태생의 신비(神秘)사상가. 인간을 속박하는 낡은 사고(思考)와 감정을 떠나서 고차원의 영적인 자유를 얻으려는 '워크'라는 시스템을 개발했다─역자 주]의 가르침을 연구하고 계신 선생님의 식견(識見)에는 저 따위가 미치지 못합니다만, 의식적으로 괴로워 한다거나, 문제를 충분히 이해한 다음에 괴로움과 대결하는 것과 충분히 의식하지 않고 괴로워하는 것과의 차이, 그런 것들을 상상할 수 있습니다.

현대문명은 이런 문제의 취급 방법에 있어서 오늘날 어떻게 대처해야 할 것인지를 말씀해주시지요.

**니들맨** : 그르제프는 자각해서 괴로워 하는 것과 자각하지 않고 괴로워 하는 것의 두 가지에 대하여 이야기했습니다. 자각적으로 괴로워하는 고통은 피할 수 없을 뿐만 아니라, 성장하는 데도 필요합니다.

자각하고 괴로워해야 비로소 혼(魂)의 성장이 가능해집니다. 갈등도 있을 것이고 조바심도 있을 것이 틀림 없습니다만, 이 고통이 결국은 우리의 내부에 뭔가 참다운 모습을 이룩한다는 것이지요. 그에 의하면 참다운 자기, 또는 그가 말하는 참다운 혼(魂)을 녹여서 형태를 만들기 위한 불 같은 것, 그것이 괴로움이다, 라고 말하는 것이죠.

또 하나의 고통은 자동적이고 무자각적(無自覺的)인 것처럼 그는 말하는데, 이 괴로움의 종착역은 어디에도 없다, 어쩌면 정신병원 아닐까, 라고 하는 것입니다. 그러므로 그르제프가 걸어 온 길에는 자각적, 의도적으로 괴로워하는 방법을 배운다는 측면이 있는 셈입니다.

이것은 간단한 일이 아니고 매우 고차원이므로 이따금 오해받기 쉬운 주제라고 생각합니다.

육체적인 괴로움과 심리적인 고통은 비슷하므로, 우리들은 지금까지 이 둘을 구별하지 않은 게 아닌가 생각합니다. 단지, 아픔이라고 하는 육체적인 괴로움을 지금 이야기하고 있는 것은 아닙니다. 어쨌든, 심리적인 괴로움을 만드는 것은 우리의 통증에 대한 반응의 방법인 겁니다. 전혀 부정적이 아닌 괴로움도 구별해서 생각할 필요가 있습니다. 부정적이 아닌 괴로움이라고 말하면 이상하게 들릴지도 모릅니다만…….

진정한 고통 가운데 부정적이 아닌 것에, 이를테면 슬픔이 있습니다. 슬픔은 생각 만큼 길게 계속되지는 않습니다. 자기에게 있어 매우 소중한 사람이 죽었을 때, 자연히 깊은 슬픔이 생깁니다만, 그것은 아픔이며 괴로움입니다. 하지만 이 슬픔은 그 직후에 찾아오는 것과 매우 다릅니다. 뒤에 찾아오는 것은 자기 연민과 죄악감이 섞인 것으로, 전혀 다른 종류의 괴로움입니다. 비탄에 젖는 일은 인간성의 일부이고 감수성의 일부입니다.

생각하기에 따라서는 이것은 사랑의 한 측면입니다만, 그런 종류의 슬픔, 괴로움을 없애려고 생각하는 사람은 아무도 없을 것입니다. 슬퍼하고 싶다던가, 슬픔을 긍정하고 싶어서가 아니라, 슬퍼하는 것이 우리의 참된 모습이기 때문입니다. 또, 슬픔의 충격 정도와 죄악감을 느끼거나 고민하는 시간적인 길이도 전혀 다른 것입니다.

어느 선법(禪法)의 지도자가 생각납니다만, 아주 훌륭한 분이었습니다. 이름은 스즈키도시다카(鈴木俊隆) 선사(禪師) [《초심(初心)·선심(禪心)》의 저서가 있다―역자 주]라고 하는 분인데 일본에서 왔고, 나는 샌프란시스코에서 알게 되었습니다. 스즈키 선생님에게는 친하게 지낸 미국인 여성 제자가 있었습니다. 선생의 일을 매우 잘 도와준 분이고, 분명히 선생님도 그 사람을 소중하게 여기고 계셨습니다. 그 여성은 중병에 걸려 사망했는데, 장례식 때, 승복 차림의 스즈키 선생은 추도사를 하려고 일어섰습니다.

스즈키 선생으로서는 그럴 생각이 터럭만큼도 없으셨겠지만, 청중 쪽을 향하여 일어서더니 다만 오열(嗚咽)을 터뜨렸을 따름이었습니다. ―― 마음 속에서 치솟는 듯한, 모든 사람들의 가슴이 찡해 오는 슬픔의 오열이었습니다. 그리고는 자리에 앉은 것입니다. 단지 그것 뿐이었습니다…….

진정한 슬픔이라는 것은 이 같은 것이겠지요. 무엇을 할 셈이었는지 본인 스스로도 몰랐었다고 생각됩니다. 10분 뒤, 스즈키 선생은 조용한 음성으로 차분하게 이야기를 하고 있었습니다. 슬픔은 폭풍처럼 왔다 사그러지고, 다시 태양이 나온 것입니다. 이같은 괴로움을 부정적으로만 볼수는 없겠지요.

## 윤회의 수레바퀴

심리적인 고통으로 화제를 돌리면, 부정성(否定性)은 주로 에고의 괴로움입니다. 여기에서 말하고 있는 것은 진짜 슬픔에 대한 것이 아니라, 우리가 날마다 살아가는 괴로움, 다시 말해서 근심이나 공포, 죄악감, 자기 연민 같은 것입니다.

대개 이와 같은 것은 육체적인 긴장의 형태를 갖추고 나타나는 것으로, 현대사회에서는 스트레스라고 부르고 있습니다. 이것은 예전에 집착이라고 부르고 있던 것에 대한 새로운 단어인 셈이지요. 의학에서는, 집착(스트레스)이 나쁘다는 사실을 새롭게 발견했습니다.

스트레스란 사물에 집착하여 시야가 좁아져 있는 것을 나타내는 새 단어입니다. 나는 이것을 지옥이라고 불러도 좋을 만한 종류의 괴로움이라고 생각하고 있는데, 우리들의 괴로움은 대개 지옥과 같은 것입니다.

그런데 지옥이란 무엇인가 하면 에고(ego)입니다. 에고에 사로잡히는 일입니다. 강렬한 괴로움이 끝없이 이어지고 또한 끝이 없다——이것이 그르제프가 부르는 무자각(無自覺)의 괴로움, 다시 말해 지옥의 괴로움입니다. 〈이 슬픔의 나라 문을 통과하려는 자는 일체의 희망을 버려라.〉[단테의《신곡(神曲)》중, '지옥의 문'에 이 일절이 나온다─역자 주]라고 기술된 이유는 고통이, 아픔과 비슷한 쾌락이라고 표현되면서도 묘하게 쾌락적인 고통이다, 라고 하는 잘못된 희망이나 잘못된 쾌락, 잘못된 결단, 잘못된 만족과 함께 반복적으로 설명되고 있기 때문입니다.

이것은 또한 불교에서 옛날부터 말하고 있는 윤회(輪廻)

이기도 합니다. 윤회란 시작되고는 끝나고, 시작되고는 끝나면서 계속 반복되는, 간난신고(艱難辛苦)와 탄생과 죽음의 수레바퀴를 말하는 것입니다.

이 대승불교(大乘佛敎)의 훌륭한 사고방식은, 우리들의 그 놓인 상태나 득실과는 관계없이 윤회의 수레바퀴는 계속 돌아간다는 것입니다. 만족이나 실망과 같은 모든 것이, 거대한 회전목마(回轉木馬)처럼 우리를 계속 돌리고 있는 것입니다.

회전목마를 탈 경우, 동물 가운데 뭔가 하나를 선택하게 됩니다. 이를테면 호랑이를 택하여 타면, 자기는 전진하고 있는 것처럼 느껴지지만, 그저 동그라미를 그리면서 돌고 있을 따름입니다. 그러다가 이번에는 '사자 쪽이 좋은 게 아닐까' 하고 생각합니다. 그래서 사자라든가 개라든가, 스컹크 따위를 타게 되는 겁니다.

무엇을 타거나, 다만 동물을 앞 뒤로 바꿔 타고 빙글빙글 돌고 있을 뿐인데, 이것이 윤회(輪廻)입니다. 회전목마란 바로 인간의 사회상황——동물을 바꿔 타고는 빙글빙글 돌고, 금고리를 손에 잡고는 즐거워하는 그런 상황——의 성스러운 상징이라고 말할 수 있을지도 모릅니다. 여기에서 문제는 회전목마에서 내리는 일이지, 다른 동물로 바꿔 타는 일은 아닙니다.

윤회의 수레바퀴를 상징적으로 그린 윤회의 그림[티베트의 육도윤회도(六道輪廻圖)를 가리키는 것으로 생각됨-역주 주]은 수레바퀴 속이 몇가지로 구별되어 있고, 여러 인생의 단계와 갖가지 인생의 상황[지옥(地獄)·아귀(餓鬼)·축생(畜生)·수라(修羅)·인간(人間)·극락(極樂)의 육도(六道)를 가리킴-역자 주]이 그려져 있습니다. 수레바퀴 속에는 온갖 종류의 존재가 있습니다.

그리고 윤회의 수레바퀴 속에 있는 신(神)들이 있는가 하면, 동물도 있고 죽은 것도 아니고 살아 있는 것도 아닌 사자(死者)의 혼(魂)도 있습니다. 중앙에는 3개의 큰 악덕(惡德)을 상징하는 세 마리의 동물[돼지·수탉·뱀이 그려져 있고, 각각 무지(無知)·욕망·공격을 상징한다-역자 주]이 있습니다.

문제가 되는 것은 윤회의 수레바퀴를 만들어 내는 악덕(惡德)인 것이죠.

이 수레바퀴에는 아름다운 측면도 있지만, 아직도 회전목마의 한 부분인 괴로움의 한 부분인 것입니다. 또한 그 윤회의 수레바퀴를 손에 쥐고 있는 것은 이빨을 드러내 놓고 눈을 크게 부릅뜬 사나운 얼굴 모습의 괴물들입니다.

수레바퀴 바깥쪽에는 허공이라고 불리우는 그저 텅빈 공간이 있습니다. 이것은 그 공간이 실체가 없는 것이라고 하는 것을 뜻하는 것이 아니라, 그것이 우리가 쾌락이라고 생각하고 있는 것의 어느 것도 아님을 나타내고 있습니다.

이 수레바퀴는 지옥이며, 단테가《신곡(神曲)》[지옥·연옥·천국의 3부작으로 된 서사시. 인류의 죄를 속죄하는 여행으로 비유해서 시인(詩人)이 삼계(三界)를 순방하는 여행을 그리고 있다-역자 주] 안에서 말한 것이라고 나는 생각하고 있습니다.

## 에고에의 집착과 괴로움

고대 기독교의 지옥은 무의미하게도 괴로워하는 장소입니다. 단테는 인생의 중간 쯤에서, 자기 자신에 대해 아무 것도 모르고 있다는 것을 알게 됩니다.《신곡(神曲)》의 첫머리에 나오는 그는, 자기의 갈 길을 모릅니다. 이《신곡》이라는 것은, 비교적(秘敎的)인 사상을 담고 있어서 읽어 볼 가치가 있는 작품입니다.

숲 속에 깊이 들어간 것을 안 단테가 '길을 잃어버렸다'고 중얼거리자, 안내역인 웰기리우스가 와서 길을 찾아내고 단테는 지옥으로 내려가지 않으면 안되게 됩니다.

그는 한 걸음 한 걸음, 한 계단씩 지옥으로 내려갑니다. 이 것은 내면의 지옥입니다. 이렇게 아래로 내려가는데, 내려감에 따라 자기 자신과 얼굴을 마주치게 됩니다.

자기 자신의 힘이며, 악마와 같은 정염(情念)인 자기 자신의 괴로움과 만나는 겁니다. 그를 안내하는 것은 뛰어난 지식과 이해력을 갖추고 사물을 있는 그대로 보는 힘을 가진 존재입니다.

마침내 지옥 밑바닥에 다다르자, 그곳에서 얼음 속에 갇힌 사탄을 만납니다. 지옥은 불에 타는 듯한 장소가 아니라, 얼어붙어서 움직일 수 없는 장소라는 거죠.

단테는 지옥의 기괴한 지형을 계속 아래 쪽까지 내려가서, 악령(惡靈)이 사는 곳까지 들어갑니다. 그러자, 갑자기 그는 자기가 상승하기 시작하여, 산 높이쯤 되는 곳까지 올라온 것을 알게 됩니다. 계속 바닥까지 내려갔다가 이번에는 연옥(煉獄)으로 올라가는 셈입니다.

연옥은 죄를 순화(純化)시키는 뜻 있는 괴로움의 장소입니다. 순화란, 불순한 것을 제거하고 떼어버린다는 뜻입니다. 연옥에 있는 사람들은 지옥에 있는 사람과 같은 문제를 안고 있지만, 다만 다른 것은 연옥에서는 문제를 알고 있는 것입니다.

단테가 연옥을 지나서 천국으로 감에 따라, 어려움의 원인에 대한 거리감과 자각이 생겨납니다. 중요한 것은 연옥이 지옥과 비슷해도 연옥에 있는 사람은 그 사실을 알고 있다는 그 점이 진보적인 셈이지요.

그 곳에는 움직임과 분리가 있고, 괴로움과의 사이에 간격을 두고 있으니까, 괴로움에 압도되고 마는 일이 없습니다.

불의 작용에 의하여 조잡한 것으로 부터 정묘한 것을 분리하는, 악(惡)에서 선(善)을 분리하는 일을 뜻하는 순화가 그 곳에는 있습니다.

연옥이란 지옥을 관찰하는 것입니다. 불교에서도, 열반(涅槃)은 윤회(輪廻)를 자각하는 것이지만, 한 걸음 물러서서 그것을 관찰하고, 그것에 먹히지 않고 냉정하게 자기 자신을 유지하는 것 —— 그것이 그르제프주의자(主義者)인 것입니다.

고뇌에는 여러 수준이 있습니다만, 우선 괴로움이 있으면, 그것을 관찰해 보고 그것이 에고의 괴로움일 경우에는 그곳에서 후퇴하는데, 다시 말해서 에고에서 떠나는 것입니다. 에고를 죽이려고 하는 것이 아니라, 에고에서 떠나서 최종적으로 에고에게 먹히지 않도록 하는 셈입니다.

이와 같은 의미에서 열반(涅槃)이 윤회(輪廻)를 아는 것처럼, 연옥(煉獄)은 지옥(地獄)을 아는 것입니다. 그것을 넘어버리면 또 다른 수준의 고민이 있습니다만, 이것이 첫 걸음이 됩니다.

'괴로움은 무자각적(無自覺的)인 것이다'라고 하는 것은, 우리는 오로지 괴로움에 압도 당하고 마는 것이므로 고통과 자기 자신과를 동일화(同一化)하거나 고집하거나 하고 만다는 뜻입니다.

정말로 나쁜 것은 집착이며, 자기가 하고 있는 일이 아니라, 그것을 고집하는 일이 좋지 않은 것입니다. 중요한 것은 에고에게 자각의 장소를 제공하는 것 보다도 에고의 고통을 자각하는 일인 것입니다.

## 악(惡) —— 그 에너지를 플러스로 바꾼다

—— 칼 융의 작품에도, 이 점을 꿰뚫어 본 흥미 깊은 통찰이 있다고 생각합니다. 융은 아픔없이 의식에 있어서의 탄생, 의식의 변용(變容)은 없다고 생각했습니다.

최근에 발간된 융파(派)의 심리학자 에드워드 위트몬트의 《여신(女神)의 귀환(歸還)》이라는 책에는 현대 사회에 있어서 폭력의 문제가 논의되고 있는데, 그 속에서 우리는 자신들의 어두운 측면에 대한 관찰을 주저해 왔다고 분석하고 있습니다.

에드가 케이시의 영사(靈査)를 연구하는 우리들 대다수는, 달콤하고 밝은 면만을 보는 경향이 있으므로, 자신들의 어두운 측면을 어떻게 취급하면 좋을지에 대해 잘 모르고 있습니다. 여기에 대해 폭력과 고통이란 점에서 이야기가 진행될듯 합니다만……

니들맨 : 예, 말씀하신대로입니다. 젊었을 때, 여기 저기서 체험한 감상적이며 달콤하고 꿀같은 그리스도교에 나는 알레르기 반응을 일으켰던 거예요. 감상적인 예수의 초상화를 보면, 그야말로 달콤하여 이가 아팠던 겁니다.

"잘도 그럴듯하게 이런 것을 믿을 수 있었던 거야. 어두운 측면이나 폭력적인 측면, 본능적인 측면을 인정하지도 않는 이런 식의 감상주의 같은 것을……" 이렇게 말하고 있었습니다. 그러므로 많은 사람과 마찬가지로, 나도 종교를 거부하고 있었습니다——부자연스러운 생각이 들었으니까요. 그래서 나는 우선 프로이트에게, 나중에는 실존주의(實存主義)에 기울어졌습니다.

어느 쪽이나 훨씬 민감하게, 인간의 내면에 있는 악(惡)이나 동물적인 폭력성을 다루고 있었기 때문입니다. 하지만 프로이트도, 실존주의도 다른 방향으로 지나쳐버리고 말았다고 생각했습니다. 이 점은 무시할 수 없는 문제입니다. 우리가 나쁜 측면이라고 부르는 폭력에는 적어도 그 안에, 우리들 자신의 어떤 부분과 관계를 맺을때 필요한 에너지나 힘이 있습니다.

폭력을 신성한 것으로 바꿀 수 있는 것이 심각한 문제가 되고 있습니다. 인간의 본성에는, 활동하거나 몸부림치거나 싸우거나 하는 것을 요구하는 뭔가가 있고, 그것은 근본적으로 우리들의 나쁜 부분이라는 것은 아니란 것입니다. 좋지 않은 방향으로 활용된 것입니다——특히 젊은 사람들에게 있어서…….

사람을 상처 입히는 도구로 삼을 것이 아니라 선(善)에게 봉사할 수 있도록, 전사(戰士)의 이상(理想), 전사(戰士)의 규범을 다시 고쳐 만드는 일이 문제인 것입니다.

고대 전사들의 이상은 매우 고귀한 이상이었습니다. ——용기와 지성, 자유, 숭고한 선에 대한 봉사였습니다.

몇 세기 동안 일본과 그 밖의 장소에서 일종의 람보이즘〔람보는 인기 영화의 주인공. 그 초인적인 활약은 얼핏 보기에 영웅적으로 보이나 사실은 세뇌되어서 살인 기계로 만들어졌다-역자 주〕으로 뒤바뀐 듯한 수법이 아니고, 이 참된 이상이 뜻하는 바 대로 회복될 수 있다면 좋겠다고 생각합니다만…….

람보는 전투하는 병사가 아니고, 군인도 전사도 아닙니다.

나는 특히 젊은 사람을 위해, 전사(戰士)의 이상(理想)을 다시 고쳐서 정의를 내린다는 것에 매우 흥미가 있습니다.

이 이상의 훌륭함이란, 전사가 확고한 의지를 지닌 인간이고, 노력이나 분투나 규율을 보여주는 사람이기 때문입니다.

얼핏 보기에 부정적인 측면처럼 보이겠지만, 원래의 연관성을 되찾을 수 있도록 젊은이를 위해, 영웅이나 전사라는 것을 다시 정의할 필요가 있습니다.

## 성스러운 노여움과 그 노여움의 올바른 방향 전환

기독교의 서적 속에는, 매우 감상적이어서 그리스도교를 수정할 만큼 깜짝 놀랄만한 문장들이 몇가지 있습니다.

〈……무리가 그 칼을 쳐서 보습을 만들고 그 창을 쳐서 낫을 만들 것이며……〉라고 하는 《이사야》의 한 구절[2장 4절 -역자 주]이 있지요. 또 있습니다. 아마 《요엘》에 있다고 생각되는데 싸울 필요성을 이렇게 말하고 있습니다.

〈너희는 보습을 쳐서 칼을 만들지어다. 낫을 쳐서 창을 만들지어다……〉[3장 10절 - 역자 주]

싸움을 그만 두어야 할 때도 있겠지만, 싸움을 시작해야만 할 때도 있습니다. 농사일을 중단하고 싸우러 나가는 것입니다. 이런 일이 성경 안에는 많이 나옵니다. 성스러운 분노라고 표현하고 있는 중요한 대목도 있습니다.

이것은 성경을 글자 그대로 해석하는 근본주의자가 말하는 불과 유황같은 지옥의 노여움이 아니라, 자기 자신의 연약함, 방황, 집착, 무관심에 대한 분노의 불입니다. 이 분노는 플라톤이 인용한 특별한 이름이 붙어 있었습니다.

플라톤은 인간의 혼(魂)을 세 부분으로 분리했습니다.[플라톤의《국가》제4권 14~15장 참조 – 역자 주〕.

처음에 마음·예지(叡知)·통찰력(洞察力)이 나오는데 희랍어로는 누스라고 합니다. 이것은 혼(魂)의 가장 고급스런 부분입니다.

다음은 가장 저급(低級)인 욕망과 충동입니다. 욕망은 우리 인간에게 필요한 것이고, 성질의 대부분을 차지하는 것입니다. 인간은 욕망으로부터 빠져나갈 수가 없고, 그 수효도 상당히 많습니다.

혼의 제3 부분은 희랍 사람들이 타이모스라고 부르는 것인데, 이 뜻을 적절히 변역하기가 매우 어려운 편입니다.〔일본에서는 '기개(氣槪)'라고 번역되고 있다 – 역자 주〕. 이것은 원기 왕성한 말(馬) 속에 있는 것같은 활발한 요소를 말합니다. 승리에 대한 사랑, 투쟁에 대한 사랑, 싸우고 싶다는 소원, 일종의 노여움 같은 그런 성격이 있습니다.

이것은 가슴에 집중되고 있는, 혹은 가슴에서 방사(放射)되고 있는 특별한 에너지인데 플라톤이 전사(戰士) 타입, 또는 전사(戰士)의 계급이라고 부르는 성격인, 전사의 에너지입니다.

타이모스는 예지(叡知)에 봉사할 필요가 있습니다. 그렇지 않으면 이 강력한 에너지가 저급한 부분에 봉사하게 되어 완전히 파괴적이 됩니다. 인간의 성장을 위해 당연히 봉사해야 할 것인데도 그렇지 않고 악(惡)에 봉사하면 더욱 더 악화되고 맙니다. 이것은 격노했을 때, 사람을 행동으로 유혹하는 힘, 분노의 힘이라고 부릅니다. 이 분노의 힘은 절대로 필요한 것입니다. 이것은 우리들의 연약함과 우매함·방황·집착·주의력(注意力) 등이 부족할 때 동원되어야 합니다.

참된 뜻에서 신(神)의 분노(憤怒)를 반영하는 것일뿐, 악인들을 멸망시키기 위한 것은 아닙니다. 하나님이 노여워 하는 것은 인간 자신의 연약함에 대해서이므로, 노여움이 멸망시키는 것은 우리의 내부에 있는 것입니다.

인간은 자기 자신에 대해 성스러운 노여움을 지니지 않으면 안됩니다——이것은 사실상 이상한 일이지만——그렇지 않으면 인간은 그것을 남에게 돌리게 되기 때문입니다.

인간에게는 일도 있을 것이고, 이와 같은 에너지나 이와 같은 노여움도 있는 것입니다. 그러므로 그것을 제거시켜, 인간을 애정이 풍부하고 다정하게, 또 착하고 감상적인 사람으로 바꿀 수는 없습니다.

노여움은 어떤 형태로나 나타나게 마련입니다만, 만약 그것이 자기 자신에게 향하지 않으면 남에게 향하게 되겠지요. 그렇게 되면 다른 사람에게 상처를 주는 일이 될 것이므로, 분노는 매우 위험한 것입니다.

그러므로, 이같은 요소가 무시될 경우, 위험한 착오가 일어났다고 생각됩니다. 인간에게는 이와 같은 힘 따위가 내면에 지니고 있지 않고 언제나 부드러워질 수 있는 것으로 인정됐습니다만, 그런 일은 기대할 수 없는 것입니다. 이것은 성적(性的) 에너지의 억압도 같은 정도로 심각한, 어쩌면 더 나쁜 일종의 다이모스의 억압입니다.

다이모스를 억압하는, 다시 말해서 이와 맞대면 하지 않고, 다루는 법도 모르고 있으면 결국은 인간의 인간다운 모습의 이미지를 잘못되게 하는, 결국 인간이란 선량하고 수동적이고 감상적이고 부드러운 존재라고 하는 것같은 잘못된 이미지를 갖게 될 가능성이 있다는 것이지요.

이런 까닭으로 지금까지, 이 힘이 지닌 에너지에는 주의를 기울이지 않고, 무의식적으로 다른 것에만 잘못 신경을 집중시켜 온 것입니다. 그러므로 몹시 부드럽게 보이는 사람이, 어떤 순간에 누군가를 상처 입히거나 죽이거나 하는 일이 있는 것입니다.

## 선과 악의 통합을 교육하는 비교(秘教)의 전통

—— 말씀하신 것과 같은 일이 케이시의 영사(靈査)에서도 몇번 언급되고 있습니다. 화를 낼만큼 능력도 없는 사람에게는 별다른 가치가 없고, 화를 억제할 줄 모르는 사람은 더욱 가치가 없다—— 라는 것과 또 한 가지, 나에게 있어 영사 중에서 가장 마음이 끌리는 말은, 설령 격노(激怒)했을 때에도 그리스도교적인 사랑의 본질을 볼 수 있게 되지 않으면 안된다, 하는 것입니다.

**니들맨** : 이것은 그 시대로서는 실로 선구적(先驅的)인 말이었습니다. 이 관념은, 동양에 오래 전 부터 있던 탄트라[힌두교·불교에 있어서 비의적(秘儀的)인 경향을 지닌 경전(經典) —역자 주]라고 호칭되는 존재가 알려질 때까지, 일반에게는 전혀 알려져 있지 않았던 것입니다.

탄트라에서는 우리 자신의 내부에 있는 이른바 부정적인 것을 신성화(神聖化)하거나, 혹은 유효하게 활용하는 것을 다루고 있습니다.

케이시에게는 이것이야말로 바로 혼(魂)이 해야 할 일이며 참된 비교적(秘教的)인 일이라는 것을 분명히 알고 있었음에 틀림이 없습니다. 그도 그럴 것이 지금까지 대부분의 종교는 문화와 연결된 종교였으므로 이와 같은 종교에서는 반드시 선(善)과 악(惡)을 구별하여 악을 배제하고, 악에 주의를 기울이지 않았거나 매장해 버리는 경향이 있었던 것입니다.

그런 한편에서, 비교(秘敎)로서 전해져 온 것은 무엇인가 하면, 악을 선과 연결시켜 그것에 의해 필요한 에너지를 만들어 내는 셈입니다.

기독교 신자들은 전통 속에 있었던 그같은 비교적(秘敎的)인 측면을 잘라내고 말았습니다. 그 이유는, 문화와 연결된 종교의 목표가 선량할 것과 악을 말살하는 일이었기 때문입니다.

이에 대하여 비교적(秘敎的)인 것에서는 악 속에서 하나님을 찾고 악을 신성한 것으로 바꾸는 일이었습니다. 동양의 탄트라나 불교, 힌두교의 전통에는 그것이 있는 것입니다. 이슬람교의 전통 속에서는 스피 [이슬람교 신비주의자-역자 주]의 일부를, 유대교의 전통에서는 유대 신비주의의 가바라나를 볼 수 있습니다. 그 곳에서는 악의 충동을 신성화(神聖化) 함으로써 정통파(正統派)인 기성종교(既成宗敎)에서 본다면 실로 충격적인 것을 말하고 있는 것입니다.

기독교의 전통에서 이것을 찾아내는 것은 어렵고, 초기의 기독교에 까지 거슬러 올라가거나, 연금술(鍊金術)의 전통에 바탕을 둔다고 말해지고 있는 중세(中世)의 비교적(秘敎的)인 그리스도교와 같은 것에 까지 올라가지 않으면 안됩니다.

연금술의 문서에는, 마치 케이시가 말하는 것 같은 종류의 것이 씌어져 있습니다. 연금술사(鍊金術師)는 납을 황금으로 바꾸고 있었습니다. 다시 말해서 이것은 우리의 내부에 있는 모든 힘과 대결하여, 그것을 신성한 것으로 바꾸고, 선(善)이나 숭고(崇高)한 것에 봉사하게 하는 상징입니다만,

이것이야말로 진짜 연금술의 수양 목표인 것입니다.

교회는 그것을 공공연한 사상으로서 인정하지 않았다. ——어떤 도덕적인 이유 때문이라고 생각됩니다만, 인정할 수가 없었던 것입니다.

## 카르마 · 윤회(輪廻) —— 이것을 어떻게 해석하는가?

—— 우리들은 윤회의 입장에 서서 인생에 관여하고 있는 셈인데 그렇게 괴로워하고 있는 사람들을 보고서, 저것은 저 사람들의 카르마인 것이다, 그에 해당되는 보답을 받는 운명인 것이고 시련(試鍊)인 것이다, 이런 식으로 흔히 보게 됩니다. 그런 식으로 사람의 괴로움을 일방적으로 무시하지 말고, 무엇보다도 더욱 윤회에 관련시키려면 어떻게 해야 좋을 런지요?

니들맨 : 아시아에 간 일이 있었는데, 유명한 불교학자인 친구와 공동으로 번역 일을 하고 있었습니다. 아침부터 밤까지 열심히 작업한 뒤, 저녁 식사를 예약한 식당에 자동차로 가려고 했더니, 그 친구가 열쇠를 잃어버렸던 것입니다. 열쇠를 찾으면서 그는 '카르마 탓' 하고 말하더군요. 나는 내 귀를 의심했습니다. '카르마 탓이 아닙니다' 하고 말했더니, 그는 '그런가?' 하고 말하고 있었습니다.

나중에 미국으로 돌아와서, 티베트의 라마승(僧)을 만났습니다. 아주 훌륭한 분으로, 내가 그 이야기를 하고 '그건 카르마인가요?'라고 묻자, 웃으면서 '카르마는 아닙니다. 부주의입니다'라고 말했습니다. 그러므로 윤회라는 말은, 우리들의 혼합된 삶의 반영(反映)에 불과한 것을 한마디로 단정하는데 편리한 말이 아닐까, 하고 이따금 생각하는 일이 있습니다. 우리가 카르마라고 부르는 것의 대부분은, 이런 종류의 필연성과 아무 연관도 없는 단순한 우연입니다. 그러므로 카르마나 윤회와 같은 동양인의 언어 개념들을 볼 경우, 자신들이 그것이 사실은 무엇을 말하고저 하려는 것인지 모르면서 나 자신의 허약성과 함께 해석할 가능성이 있다고 분별하여 생각할 필요가 있습니다. 우리는 이런 개념을 정확히 사용해야 합니다. 꿰뚫어 보려면 우리의 인생에서 그런 것들이 어떤 작용을 하고 있는지 잘 생각해 볼 일이 아닐까요?

예를들면 성 아우구스티누스[354~430, 북아프리카의 주교(主敎)로 초기 그리스도교회의 지도자-역자 주]는 윤회라는 생각을 널리 일반에게 사용하는데 대하여, 단호히 반대했습니다. 윤회사상이 잘못이라고 생각해서가 아니라——필요성에 의해 그렇게 된 것이 아니라고 나는 생각합니다만, 그 사정은 잘 모릅니다——사람들에게 줄 영향을 생각해서 그렇게 한 것이겠지요?

다시 말해서 이 인생, 이 순간에 대한 긴박감을 없애버리기 때문이라는 이유였었지요. 동양의 가르침도 같은 이유에서, 이 생각을 이용했습니다. 그 이유는, 성 아우구스티누스에게 있어서 윤회를 배제하는 것에 효과가 있었듯이, 윤회를 말하는 일에도 같은 효과가 있었기 때문입니다.

중요한 것은 사람에게 깊은 안심감을 주고 더구나 지금 자기의 인생에 정확히 관여해야 한다고 생각하게 하여 긴박감을 줄 효과가 없으면 안된다고 하는 점입니다.

만일 윤회사상을 잘못 사용하면 게으름뱅이가 될 가능성이 있을지도 모르나, 천국이라는 사상도 마찬가지겠지요. 만약 우리들이 모든 것은 이미 결정된 것이라고 생각하고, 자기는 천국으로 간다라든가, 어차피 지옥으로 간다는 식으로 생각하면, 그것 또한 좋지 않은 일이 된다. 어느 방법이 옳다던가 잘못되어 있다고 하는 것이 아니라, 그것이 자기 인생에 어떤 작용을 하고 있는가, 하는 것입니다.

## 깨달음, 죽음, 그리고 탄생

우리들은 때로 윤회를 지나치게 글자 그대로 받아들이려는 경향이 있습니다만, 그 참된 내용을 이해하고 받아들이는 일도 있습니다. 이를테면 플라톤은 《국가》의 대화 중에서 이렇게 말하고 있습니다. [《국가》 제10권 13~16장 참고─역자주]죽지 않고 하늘에 가서, 사후(死後)에 일어난 일을 보고 돌아와서 그 이야기를 공개한 엘이라는 이름을 가진 사나이의 신화에 얽힌 굉장한 이야기입니다.

그의 말로는 혼(魂)은 죽은 뒤, 광대한 들판을 여행해야 하고 혼은 몹시 목이 마른다고 합니다.

그후, '망각(忘却)의 강'에 도착해서, 물을 마시지 않고는 못배기게 되고, 현명한 사람은 필요한 만큼 마시지만 어리석은 이는 벌컥벌컥 마신다. 여행이 끝날 무렵에, 어리석은 이는 자기의 인생을 완전히 잊어버리지만, 어진 사람은 기억하고 있습니다. 그 다음에 그들은 다시 한번 희망의 인생을 택할 기회를 얻습니다.

어리석은 이는 전번과 같은 인생을 택합니다만, 자기 인생을 기억하고 있는 어진 사람은 다른 선택을 하게 됩니다. 엘은 어진 이 가운데의 한 사람으로 영웅으로 돌아갈 것을 선택하지 않은 아키레스의 이야기를 하고 있습니다.

자기 인생을 잊어버린 사람은 몇번이고 같은 일을 되풀이하는 셈입니다. 이것을 보고 있을 때, 그다지 기분좋은 광경은 아닙니다만, 그런 뜻에서 윤회는 같은 잘못을 계속 되풀이 하는, 좋지 않은 것의 부류(部類)에 들어갑니다.

이 이야기가 글자 그대로, 사실을 말하고 있는지 아닌지는 모르나, 사후(死後)에 일어나는 일에는 상상을 넘어선 것이 있다고 생각합니다.

돼지로 환생한다는 것은, 그 사람의 돼지 같은 성격이 더욱더 뚜렷해지고 있다는 뜻입니다. 이 원칙을 깨고 자유롭게 되는 일이 해탈(解脫)입니다. 《티베트의 사자(死者)의 서(書)》[8세기에 티베트에서 쓰인 죽어가는 자를 위한 안내 책자. 죽어서 다음에 환생할 때 까지의 '바르도'의 마음가짐을 말하다 – 역자 주]에 쓰여진 상징적인 것은, 이것은 아마 진실이 아니라고 생각합니다만, 사후(死後)에는 혼이 재생하기 이전의 공간—— 일종의 시간을 초월한 시간이 존재합니다.

이 책에 의하면, 죽음과 재생 사이는 49일인데, 그 사이에 어떤 중대한 선택을 하여야 되고 몇 개의 단계가 있다고 합니다. 충분히 대처하면 돌아와서 같은 일을 되풀이 하지 않아도 좋으나, 그렇지 않으면 다시 한번 태어나지 않으면 안됩니다.

일단 다시 태어나게 되면, 선택의 여지는 없고 끝까지 해내지 않으면 안됩니다. 죽음과 탄생 사이에 선택이 있게 되지만, 일단 태어나면 그 인생을 살아야만 합니다. 여기에도 상징이 있다고 생각합니다.

다시 말해서, 사람은 여러가지 패턴에 알맞게 맞춰져 있지만 죽는 순간이 있는 겁니다. 다시 그것이 시작되기 전에, 어떤 패턴과 다음 패턴 사이에, 잠시 그곳에서 자유로워지는 기회가 있다. 다른 것을 선택할 기회가 있는 거죠. 각각의 사이에 선택이 있지만, 일단 어떤 패턴 속으로  들어가면 아

제12장 괴로움의 의미   273

무래도 그것을 되풀이 하지 않으면 안됩니다.

—— 탄생과 죽음과 깨달음의 연속에 대한 그르제프의 작품에는 중요한 가르침이 있다고 생각됩니다. 우리는 각성할 필요가 있고 그리고 자기를 버리고 바르게 환생한다고 하는 것이 이야기의 주제입니다만…….

니들맨 : 그렇습니다. 각성·죽음·탄생이라는 것입니다. 그르제프의 주장에서는, 기독교의 가르침이 우리에게 전해지는 사이에 깨달음의 필요성이 잊혀지고 말았다. 깨달음· 죽음·탄생이 완전히 연속되어 있지 않습니다.    다만, 다시 태어날 수 없을 뿐이므로 자신이 뭔가 하는 것에 눈뜨고 낡은 가치관을 버릴 필요가 있다. 그래야 비로소 다시 태어날 수 있습니다. 즉시, 다시 태어날 수는 없습니다. 그러기 위해서는 워크[그르제프가 고안한 묵은 감정이나 생각을 버리고, 영적인 해방을 지향하는 수행법 – 역자 주]가 필요한 것입니다.

—— 윤회의 문제라고 하는 것이, 오늘날 기독교의 근본주의나 복음파에게 수용되지 않는 것 같습니다만, 이 상황을 어떻게 보십니까? 또 이 문제가 어떤 방향으로 간다고 생각하십니까?

니들맨 : 인간이 생활하는데 있어서 특히 어려운 것은, 귀를 기울이는 일이라고 생각합니다. 우리가 서로 필요한 것은 귀를 기울이는 것이고, 이것은 중요한 의무이며 우리가 할 수 있는 중요한 일입니다.

이웃을 사랑하고 도와주는 일은 모두 혼(魂)이 성장한 결과 가능하게 되는 것입니다. 그러나 우리에게 가능한 일은 윤회에 대해 말하건, 무엇을 말하건 남이 말하는 것에 귀를 기울일 일입니다. 들을 수 없는 사람들은 도움을 받아서라도 들어야 합니다. 하지만, 우선 처음에 자기가 듣지 못한 것을 이해하지 않으면 안됩니다. 그러므로, 저쪽도 나도 당신의 의견을 듣지 않으면 의견을 교환하는 일은 불가능합니다.

듣느냐, 듣지 않느냐의 어느 쪽이니까요. 이쪽이 저쪽의 말에 귀를 기울이게 되면, 그들이 말하고저 하는 바도 이해할 수 있을 것이고, 그 발언 속에 있는 인간미 있는 요소를 알아들을 수 있으며, 관계가 성립될 것입니다.

배움의 근본은 어떻게 듣느냐 하는 것이라고 생각합니다. 들으려고 하지 않는 것은, 우리의 공통된 생활을 파괴하는 일이니까요. 기독교 신자이건 불교도이건 무엇이건, 귀를 기울이는 일은 사랑의 시작입니다.

그리스도는 '이웃을 사랑하라'하고 말하였습니다. 이 말은, 나는 그가 말하는 것을 들을 수 있다고 하는 뜻입니다. 사람을 사랑하는 첫 걸음은 귀를 기울이는 것부터 시작하는 것입니다.

# 제 13 장
# 우주의 존재는 모두가 가족이다
## —— 달라이 라마의 말씀

티베트 불교의 전승(傳承)에서 볼 때, 윤회 전생을 반복해 온 사람에게 있어서, 목숨을 가진 살아있는 모든 것은 한때 아버지였으며 또한 어머니였었다……. 사랑과 자비(慈悲)와 비폭력을 지지하는 세계관(世界觀)이다.

> Interview : *A Visit With the Dalai Lama*
>
> (*Venture Inward* vol. 2, no.1, 1986)

## 달라이 라마와의 회견

7시에 잠이 깨다. 인도 여행 11일째. 달라이 라마[텐진 갸쏘――달라이 라마 14세(世). 중국의 침략으로 1959년 인도로 망명(亡命). 그 후 세계에 사랑과 비폭력을 설득하고, 1989년 노벨평화상 수상－역자 주]와 회견하는 날이다.

우리는 하(下) 달람사라[인도 북부의 서쪽 티베트에 가까운 마을－역자 주]에 도착했다. U자 모양의 커브를 너덧군데나 돌고 앞길을 가로막는 산양(山羊)과 양떼의 무리와 길동무하며, 우툴두툴한 산길을 도저히 갈 수 없을 것 같은 구형 버스로 14시간이나 흔들린 끝에 어젯밤 도착했다.

오늘 아침은 쾌청, 산 공기는 상쾌하고 맑다. 짧은 안내 말씀이 끝난 뒤 명상을 한다. 아침 식사는 유스호스텔식이었다. 마을에서 쇼핑한 뒤, 망명중인 예하(猊下)의 주택을 향해, 아름다운 히말라야 산맥을 버스로 오른다. 상(上)달람사라 마을에 도착. 티베트에서 온 많은 피난민[1950년 중국의 침략을 받은 티베트는 1959년에 해체되고 10만명이 인도나 네팔로 탈출했다－역자 주]들이 사는 마을이다.

몇명이서 불교 사원을 방문하고 버스로 돌아오니 두사람의 승려(僧侶)가 신기한듯 버스를 보고 있어서, 손짓으로 리크라이닝시트의 레버 조작법을 가르치다. 두 사람은 시종 웃

제12장 괴로움의 의미  277

으며 해보고 있다.

총으로 무장한 경비병 옆을 지나 달라이 라마가 거주하는 주택의 문을 지난다. 대기실로 들어가 수속을 마치고 오후의 회견을 기다린다.

회견 준비가 끝나고, 인도되어 언덕을 올라가 접견실로 들어간다. 바닥에는 깔게가 깔려 있고, 벽에는 여러가지 색깔의 벽걸이가 장식되어 있다.

붉은색 승복(僧服)을 걸친 달라이 라마가 미소를 띄고 인사한다. 악수할 때마다 관광 안내원이 한 사람씩 우리의 이름을 소개한다.

인사가 끝나고, 달라이 라마는 약간 높은 자리에 책상다리를 하고 앉으신다. 우리도 자리 위에 앉다. 보좌역이 몇명 조심스럽게 옆에 서 있다. 우선 우리에게 어디서 왔느냐고 물으시고, 다음에 질문으로 들어간다. 질의응답의 일부를 생각해 낸다.

——지구의 이변(異變)에 대한 티베트의 예언이 없었습니까?

"없습니다. 적어도 내가 아는 한은……"

(웃음)

——귀국을 침략한 중국을 원망하고 계십니까?

"고백한다면, 바른 마음가짐을 유지시킨다는 것은 내게 있어서는 괴로운 싸움이었습니다.(나는 이 고백에 감동이 되었다) 중국측의 입장도 이해하지 않으면 안됩니다. 사고방식을 바꾸는, 다시 말해서 적의 입장에 서서 보면, 우리의 생활이 우리에게 소중한 것과 같이, 그들에게도 그들의 생활이 소중하다는 걸 깨닫게 됩니다. 이것이 적을 이해하는 방법입니다. 적은 우리에게 관용과 인내를 가르쳐 줍니다. 이것이야말로 우리가 참된 이타주의(利他主義)에 도달하기 이전에 필요한 것이지요."

—— 자기 방어나 비폭력(非暴力)에 대해 어떻게 생각하십니까?

"가족이나 국가를 지키려는 충동은 잘 압니다. 하지만 티베트 사람에게 있어서 그것은 자살 행위였습니다. 티베트측에서 반격했던바, 더욱 많은 중국인 병사를 티베트에 '초청한'셈이 되고 말았던 것입니다. 결과는 재난이었습니다. 애정을 무기로 싸우는 일이 보다 바람직한 일인 것입니다."

—— 어떻게 하면 티베트 문화의 존속이 가능해지겠습니까?

"승원(僧院)이나 사원이나 학교를 갖춘 공동체에서, 모두가 함께 생활함으로써 이루어집니다."

—— 인생에 있어서 무엇을 기대해야 하겠습니까?

"누구나 행복을 구하고 있다고 생각합니다. 또한 행복이 가져다 주는 것을 구하는 것도 당연하다고 생각합니다. 물질적인 욕구를 가볍게 여겨서는 안될 것이며, 돈도 필요합니다. 하지만 유감스럽게도 돈은 행복 뿐만아니라 불행도 가져오게 마련인 것입니다."

그는 쓴웃음을 지으며 유감스러운 듯한 표정으로 말했다. 행복의 열쇠는, 주위의 사람 모두에게 대해 남을 아껴 주는 마음을 키우는 일이라고 하는 것이 그의 생각인 것이다. 그는 말한다—"남을 아껴주는 마음은 행복을 가져옵니다. 우리는 관용과 인내를 통하여 사랑하는 것, 남을 동정하는 것을 배우는 것입니다."

이 마음 착한 인물의 이야기를 듣는 사이에 눈시울이 뜨거워졌다. 나중에 안 일이지만 다른 몇사람들도 마찬가지로 감동이 됐던 것 같았다.

질문이 끝나자, 예하는 "밖에 나가서 함께 사진을 찍지 않겠습니까"하고 말씀하셨다. 이에 따라 일행 거의 모두가 일어섰으나, 눈물과 자기의 흥분된 감정이 마음에 걸려서, 나는 잠시 일어서기를 머뭇거리고 있었다.

달라이 라마의 웃음소리에 문득 쳐다보니, 그가 몇명인가 사람 너머로 내게 손을 내밀고 계시다. 내가 손을 내밀자, 그는 나의 다리를 잡아끌고 웃었다. 미소를 강하게 한듯한 웃음이었다. 그의 유우머 감각은 오랫동안 내 마음에 남아 있었다. 웃고 있지 않을 때에도 그 눈은 웃고 있었다.

예하를 선두로 밖으로 나온다. 머리 위를 높이 활공하고 있던 독수리가 건물 너머로 날아 내린다. 드높은 상록수를 배경으로 사진 촬영. 떠나기 전에 우리들 한 사람 한 사람에게 저서인 《세계 평화에의 길》이라는 소책자를 주었다.

그는 시종일관 편안한 모습으로 질문에 즉석에서 답변하시고, 자상한 배려를 해주셨다. 어떤 경우에도 잘난 체 하지 않고——이따금 이런 무리들이 있는 거지만——우리가 이 토지의 고도(2400미터)는, 하고 질문하여 귀중한 시간을 허비하여도, 조금도 싫은 얼굴을 하지 않으셨다.

모두들 작별 인사를 마친 다음, 떠나기 전에 나는 "매우 편안했었습니다."하고 말했다. 그러자 그는 상냥하게, 일행은 저쪽입니다 라고 하기라도 하듯 앞에 가는 일행쪽을 가리키시는 것이었다. 붉은 색 승복을 걸친 이 쾌활한 인물에 대한 경의를 가슴에 안고 일행은 언덕을 내려 갔다.

티베트 아이들의 한떼가 놀고 있는 옆을 지나친다. 일행의 몇 사람이 걸음을 멈추고 가져 온 풍선을 분 다음, 입을 묶지 않고 날려 보낸다. 아이들은 즐거운 듯 그 뒤를 따른다. 달라이 라마의 명랑함을 생각케 하는 아이들의 목소리였다.

## 세계 평화에의 길

버스로 돌아와, 몇 시간 뒤에 도착할 다음 숙박지를 향하여 산을 내려 간다. 달라이 라마의 사상에 대해 여유있게 생각할 시간은 충분히 있다. 창밖의 경치는 아름답다.

언덕 중턱의 계단식 밭에는 바나나, 유카리, 키 작은 소나무 등이 군데군데 있고, 12월이라는 데도 마리골드나 페츄니아가 피어 있다. 다시금 달라이 라마에게로 생각을 돌리고 조금 전에 받은 소책자를 읽기 시작한다.

"아침에 일어나서 라디오를 듣거나 신문을 읽거나 하면 폭력·범죄·전쟁·재해와 같은 슬픈 뉴스를 접합니다. 어디서나 뭔가 가슴 아픈 사건이 보도되지 않은 날을, 난 단 하루도 생각해낼 수 없습니다."

달라이 라마가 아침 뉴스를 듣는다는 것을 알고 깜짝 놀랐다. 그는 세속에서 격리되고, 세상을 버리고 사는 성스러운 인물이라고만 생각하고 있었기 때문이다.

"이 현대사회에서 조차, 사람의 귀중한 목숨이 안전하지 않은 것은 분명합니다. 지금까지의 세대는 오늘날 우리가 직면하고 있는 만큼 많은 나쁜 뉴스를 체험할 필요는 없었습니다. 이와같이 끊임없이 공포와 긴장을 겪지 않으면 안되는 상태를 보고, 민감하고 남을 동정하는 사람이라면, 현대 세계의 진보라는 것에 대해 진지하게 의문을 느낄 게 틀림없습니다.

보다 심각한 문제가 선진 공업사회에서 발생하고 있다는 것은 괴상망측한 일입니다. 과학이나 기술은 많은 분야에서

기적을 가져 왔습니다만, 인류의 근본적인 문제는 해결되지 못한 채입니다. 문맹률(文盲率)이 전에 없이 내려가도, 일반적인 교육이 선(善)을 키워왔다고는 생각하지 않습니다. 그 대신 마음의 불안과 불평을 키웠을 뿐입니다. 물질적인 진보나 기술의 증대는 의심할 여지가 없습니다만, 아직도 우리가 평화와 행복을 가져오고, 불행을 극복하는 일에 성공을 이루지 못한 것을 보면, 이것도 어쩌면 충분하지 않은 것 같습니다.

우리가 할 수 있는 일은 진보와 발전에는 뭔가 중대한 결함이 있음이 틀림없다. 그리고 만약 이것을 속히 멈추지 않으면 인류의 미래에 있어 파국적인 결과가 일어날 게 틀림없다는 결론을 도출해야 합니다.

나는 과학이니 기술이니 하는 것에 전면적으로 반대하는 건 아닙니다——이들은 우리의 물질적 만족이나 행복에 대해서도, 우리가 사는 세계를 더욱 깊게 이해하는 것에 대해서도 인류의 경험 전체에 헤아릴 수 없는 기여를 해 왔습니다. 하지만, 과학이나 기술에 지나치게 중점을 두면 성실성과 이타주의(利他主義)를 바라는, 인간적인 지식이나 이해라는 면과의 관련을 잃어버릴 위험이 있습니다.

과학기술은 헤아릴 수 없는 물질적인 만족을 만들어 낼 수 있었음에도 불구하고 현재 우리가 알고 있는 바와 같이, 각 나라가 각자의 형태로 온 세계의 문명을 널리 이룩한 옛부터의 영적(靈的), 인도주의(人道主義)적인 가치를 대신하는 일은 불가능한 것입니다.

과학기술이 가져 온 물질적인 은혜가 지금까지 없었던 것은 아닙니다만, 인간의 근본적인 문제는 남아 있습니다. 우리는 옛날보다 더한 것은 아니라 할지라도, 옛날과 같은 괴로움이나 두려움이나 긴장감에 직면하고 있습니다. 이와같이, 한편으로는 물질적인 발전을, 다른 한편으로는 영적, 인간적 가치를 놓고 균형을 잡으려고 노력하는 것은 완전히 이치에 맞는 합리적인 것입니다. 이 위대한 조정을 위해서는 인도주의적 가치를 되살리게 할 필요가 있습니다.

오늘날 온 세계에서 일어나고 있는 정신적인 위기에 대하여 틀림없이 많은 분들도 나와 똑같이 걱정하고 계시리라고 확신하고 있습니다.

또한 우리 사회가 더욱 남을 아껴주는 마음과 정의와 공평한 일이 이루어지는 사회가 되도록, 같은 생각을 나누는 모든 인도주의자(人道主義者)와 종교인에 대한 나의 호소에 동참해 주실 것을 확신하고 있습니다. 오직 인간으로서 대승불교(大乘佛敎) 뿐만 아니라, 모든 세계의 위대한 종교의 근본을 이루는 인도주의적(人道主義的) 가치를 주장하는 사람으로서 말씀드리고 있는 것입니다. 이와 같은 시점에서 나는 여러분들과 다음과 같은 개인적인 견해를 나누고 싶다고 생각합니다.

◇ 세계적인 문제를 해결하려면, 보편적인 인도주의가 불가결하다.

◇ 남을 아끼고 동정하는 마음은 세계 평화를 지탱하는 기둥이다.

◇ 이데올로기와는 상관없이 모든 인도주의가 그렇듯이, 전 세계의 종교는 이미 이와 같은 방법으로 세계 평화를 향하여 오고 있다.

◇ 개인은 누구나 인류의 필요에 봉사하는 습관을 갖도록 하는 책임을 갖는다."

## 티베트 불교가 주장하는 사랑과 남을 아끼는 마음

인도주의(人道主義)가 불가결하다, 혹은 세계의 여러 종교가 평화를 위해 이미 준비를 하고 있다고 예하(猊下)가 생각하고 있는 것에 별로 놀라지는 않았으나, 그가 말하는 남을 아끼는 마음은 평화에의 열쇠라는 말에 흥미를 느꼈다. 소책자를 통해 남을 아끼는 마음에 대한 그의 소신을 읽는다.

"불교도의 심리학에 의하면, 우리 괴로움의 대부분은 우리가 불멸(不滅)의 실재(實在)라고 오해하고 있는 사물에 대하여 강한 욕망을 갖거나 집착하거나 하기 때문에 생긴다고 합니다. 욕망이나 집착의 대상을 추구하면, 반드시 침략이나 경쟁을 동반하게 됩니다. ── 다시 말해서, 이것들이 효과적인 방법이라고 단정하기 때문입니다. 이 심리적인 과정은 간단히 행동으로 옮겨지고 당연한 결과로 피비린내 나는 전쟁이 일어납니다. 이같은 과정은 오랜 옛날부터 인간의 마음 속에서 계속되어 왔습니다만, 현대의 상황 하에서 이것이 행해졌을 경우, 그 효과는 한층 큰 것이 되고 맙니다. 방황·탐욕·침략과 같은 '독(毒)'을 억제하기 위해, 우리에게 무엇이 가능할까요? 온 세계에 있는 대부분의 혼란의 배후에 있는 것이야 말로 바로 이런 독이기 때문입니다.

사랑과 남을 아끼는 마음이 세계 평화의 정신적인 기틀이라고 나는 느끼고 있습니다. 우선 먼저, 남을 아끼는 마음이라는 말로써, 내가 뜻하는 바에 대해 정의를 내리려고 생각합니다. 몹시 가난한 사람에게 연민과 아끼는 마음을 느낄 때는 그 사람이 가난하기 때문에 동정의 뜻을 나타냅니다. 아껴준다는 것은 이타(利他)의 정신에 바탕을 두는 것입니다.

한편, 아내나 남편이나 자식이나 친한 친구에 대한 사랑은 대개 집착에 바탕을 둔 것입니다. 집착이 변화하면, 친절도 변화하여 사라지고 말겠지요. 이것은 참된 사랑이 아닙니다. 참된 애정은 집착에 바탕을 둔 것이 아니라, 이타주의에 바탕을 둔 것입니다. 이타주의에 바탕을 둔 참된 사랑인 경우, 남을 아끼는 마음은 사람들이 계속 괴로워하는 한, 남의 괴로움에 대한 인간적인 반응으로서 변함없이 남아 있겠지요.

이런 종류의 남을 아끼는 마음이야말로 우리가 노력해서 키워야 할 과제입니다.

천리 길도 한 걸음에서라고 하듯이, 작은 일부터 시작하지 않으면 안됩니다. 모든 감정이 있는 생물에 대한 차별없는 자발적이고 무조건적인 동정은 친구나 가족에게 품는 무지(無知)와 욕망과 집착이 뒤섞인 보통의 애정과는 분명히 다릅니다. 우리가 제창해야 할 사랑이란, 자기에게 해를 끼친 적에 대해서도 품을 수 있을만한 넓은 애정입니다."

"어째서 남을 아끼는 마음을 주장하는가 하면, 우리는 누구나가 괴로움을 피해 행복을 추구하려고 생각하고 있기때문입니다. 이것은 나아가서는 '나'라고 하는 분명한 감정에 바탕을 두고 있고, 그 감정이 행복을 구하는 보편적인 욕구를 결정합니다. 분명히 누구나 모두 같은 욕구를 가지고 태어나기 때문에 그것을 채우려는 평등한 권리도 있기 마련입니다. 자기 자신과 수많은 남과를 비교하면, 자기는 단 한 사람인데 대하여 남은 인원 수가 많으니까, 자기보다는 타인쪽이 중요한 것이 아닐까요?

또한 티베트 불교의 전승에서는, 온갖 유정(有情)[감정이 있는 것, 생명이 있는 살아있는 모든 것]을 우리의 어머니처럼 생각하는데, 이와같이 그들 모두를 사랑함으로써 감사함을 갖도록 가르치고 있습니다. 그 이유는 불교의 이론에서, 우리는 헤아릴 수 없이 여러 차례나 다시 태어나고 있고 생명있는 살아 있는 모든 것은 어느 것이나, 예전에 한때 우리들의 부모였던 일이 있다고 생각할 수 있기 때문입니다. 그러므로, 우주의 온갖 존재는 모두 가족인 것입니다.

종교를 믿거나 믿지 않거나, 사랑과 동정심을 존중하지 않는 사람은 없습니다. 태어난 순간부터 우리는 부모의 따뜻한 보호 아래에, 늙어서 병고에 직면하면 다시금 남의 친절에 의지합니다. 인생의 최초와 최후에도 타인의 신세를 진다고 할 때, 어찌 인생의 중간에 남에게 친절을 베풀지 않을 수 있습니까?

자비로움(모든 사람에게 친밀한 정을 품는 것)이 돈독하다는 것은, 보통 기성 종교의 실천과 연결시켜 생각할 수 있는 신심(信心)의 깊이를 필요로 하는 것은 아닙니다. 자비심은 종교를 믿는 사람만이 아니라 어떤 민족, 종교, 정당에 속해 있는 것과 관계없이 모든 사람이 지니고 있는 것입니다. 더구나, 자기가 인류라는 가족의 일원이라고 생각하는 사람이나, 이 같이 넓고 장기적인 관점에서 사물을 보려는 사람들은 자비심이 풍부합니다. 이 자비심이란 우리가 키우고 응용해야 할 강력한 감정이지만, 특히 인생의 크라이막스에 있어서 자기와는 무관한 것으로 오해하고 있을 때, 오히려 무시하기가 쉽습니다.

행복하고 싶고, 괴로움에서 도망치는 방법을 모든 사람이 바라고 있다고 하는 사실을, 보다 장기적인 관점에 서서 생각하고, 수많은 남과 비교하여 자기의 중요성이 적은 것을 염두에 두면, 자기의 가진 것을 남에게 분배하는 일은 가치 있는 것으로 결론이 나옵니다. 이와 같은 사고방식에 익숙해지면, 진정한 자비심 —— 남에 대한 진정한 사랑과 존경 —— 을 느낄 수 있게 됩니다. 그래서 개인의 행복이라는 것도 사리사욕을 추구하는 것이 아니게 되고, 남을 사랑하고 남에게 봉사하는 과정에서 자연히 생기는, 매우 훌륭한 부산물이 되는 것입니다.

영적(靈的)인 성장의 또 하나의 성과이며, 매일 매일의 생활에 매우 도움이 되는 것 —— 그것은 평온함입니다. 우리의 인생은 끊임없이 변하고 수많은 곤란한 경우와 계속 부딪치게 됩니다. 조용하고 맑은 마음으로 대처하면, 모든 문제는 잘 해결될 수 있는 것입니다. 반대로 미움이나 이기심·질투·분노 따위로 마음을 조정할 수 없게 되면 판단력도 잃어버립니다. 우리의 마음은 장님이 되고 격정에 잠긴 순간에는 전쟁을 포함한 무슨 일인가가 생길 수 있는 것입니다.

그렇기 때문에 남을 아끼는 마음과 예지(叡知)의 실천은 우리 모두에게 있어서 —— 특히 세계 평화의 기틀을 창조하는 힘과 기회가 그 손에 달려 있는, 국가를 움직이는 중책을 맡은 사람들에게 있어서 —— 도움이 되는 것입니다."

## 모든 종교는 근본적으로 일치한다

달라이 라마의 예지적(叡知的)인 책을 읽는 사이에도, 여전히 구형 버스의 엔진은 소리를 계속 내면서 달리고 있다. 우리의 여행 길은 멀다 —— 찬디갈[인도 북부에 있는 델리 북쪽의 도시 – 역자 주]로 향하는 사정이 좋지 않은 길도, 그리고 세계 평화의 길도…….

제12장 괴로움의 의미   287

달라이 라마의 소책자를 전체적으로 대략 훑어 보았다. 그는 사람들을 불교로 개종시키려고 하는 것일까? 아니 그렇지 않다. 다양한 성품의 사람들을 인도하기 위해서는, 갖가지 여러 종교가 필요하다는 것을 그는 알고 있다.

교의(敎義)의 차이는 결정적인 것이 아니다. 중요한 것은 '모든 종교가 모두 주장하고 있는 선행(善行)의 가르침을 일상생활에서 실천한다'는 것이다. 그는 모든 종교가 근본적인 영적 가치라는 점에서 일치한다고 주장하고 있다.

달라이 라마는 또한 '여러 가지 정치 조직이 있는 것은 바람직한 일로, 인간 사회 내부의 갖가지 성질에 적합한 것이다'라고도 말하고 있다. 공통된 영적 가치에 의해 연결된 각 사회는, 자유스럽게 각자의 정치적·경제적 조직을 발전시켜야 한다. 남을 아끼는 마음과 관용과 인내라고 하는, 사랑하는 사람 뿐만 아니라 적과도 공존(共存)하면서 모든 인류가 함께 평화스럽게 사는 기반이 되는 것은, 우리의 정신적인 강도(强度)를 시험하는 것이다. 이와같은 이상(理想)은 일상생활에 있어서 우리가 실천해야 할 가치를 지니고 있다.

석양이 어둠으로 바뀌었다. 휘황찬란하게 달이 뜬다. 그는 그 이상(理想)을 이렇게 아름답게 표현하고 있다. 그 이상의 여러가지 의미를 달밤을 여행하면서 충분히 음미할 수 있다니 정말 기쁜 일이다. 당신의 적(敵)은 당신에게 인내와 관용을 가르쳐 줍니다 라고 그는 말하고 있다. 열두시간의 버스 여행도 인내와 관용을 가르쳐 주지만, 이 가르침을 배우는 것은 그리 쉬운 일이 아니다.

오전 4시, 찬디갈에 도착했다. 정말 참기 어려웠다. 장소도 그렇고 시간도 그렇고 달라이 라마의 가르침을 실천하기에는 가장 이상적이라고 하는데도 쉬운 일이 아닌듯 하다. '높

는 곳에서 부터 시작하라. 즉 발을 마음속으로 부터 동감하였
다.

# 후  기

　'현재 세계에서 가장 윤회전생에 대해 관심이 높은 나라는
아마 미합중국일 것이다.' 〈벤처 인워드(*Venturd Inward*)〉
편집장인 Ａ·Ｒ·스미스씨의 말과 같이, 이 문제에 대한 미
국인의 흥미는 상당한 것 같다.

　영국인이 켈리포니아에 갔는데, 파티 석상에서 당신의 전
생은 무엇이었느냐는 질문을 받고 당황했다——이런 이야기
를 바로 얼마 전에도 들었다.

　이와 같은 현상을 생각해 볼 때, 착실히 전 미국에 침투하
고 있는 뉴에이지 운동이라고 하는 사회적인 움직임을 무시
할 수 없다.

　1960년대, 켈리포니아에서 시작 된 뉴에이지의 작은 물결
이 지금은 환경보호 운동에서, 뉴에이지 음악에 이르기까지
갖가지 분야를 휩쓸고 하나의 큰 조류(潮流)로 성장하여 미
국인의 생활 형태를 근본적으로 바꾸기 시작하고 있다.

　뜻밖이라고 생각할지 모르나 옛부터 믿어온 윤회전생(輪
廻轉生)은, 미국 사회의 의식혁명이라고 할만한 이 새로운
운동 속에서 매우 중요한 자리를 차지하고 있다.

　이것을 여실히 반영하고 있는 것이 《뉴에이지 백과사전》

에 나오는 다음과 같은 말이다.

〈뉴에이지 철학에 불가결한 것은 윤회전생 및 이와 상관관계(相關關係)에 있는 카르마이다.〉

〈윤회전생(輪廻轉生)이란, 서양 문화에 있어서 널리 지지를 받고 있는 뉴에이지 신념(信念)의 두 가지 요소[또 하나는 점성술] 가운데의 하나이다.〉

두 가지 모두 '윤회전생과 카르마'의 항목에서 뽑은 것이지만, 이 항목 자체가 《뉴에이지 백과사전》안에서 6페이지 반에 걸친 많은 분량으로 취급되고 있다.[참고로, 이 책은 정평있는 게일 리써치사(社)의 《아메리카 종교학 사전》편자인 J·고든·멜튼박사와 그외 편집자들의 편집으로 같은 회사에서 출판되고 있다].

여기에는, 미국에 있어서 윤회사상을 보급하는데 큰 역할을 했고, 또한 뉴에이지 운동의 숨은 원동력이 된 하나의 조직이 있다. '전개되어 가고 있는 뉴에이지 운동의 주요한 조직적 구성 요소가 되었다'라고 같은 책에서 평가한 ARE가 바로 그것이다.

ARE란 이름은 모르더라도, 에드가 케이시[1877~1945]의 이름은 들은 일이 있으리라고 생각한다. 그는 14,000건 이상의 투시(透視)와 예언으로 많은 사람을 도왔고, 2,500건의 '라이프 리딩'이라 부르는 개인의 인생을 투시하는데서, 그 사람의 현재의 성격과 체질이나 질병 같은 것이 과거세(過去世)에 원인이 있다는 것, 인간은 윤회전생을 되풀이 해서 발전되고 개발되는 것들을 말하고 있다. ARE는, 케이시가 남긴 방대한 양의 정보를 보관·연구·홍보하기 위해 1931년에 설립된 것으로, 정식 명칭은 Association for Research and Enlightenment, Inc.(연구와 계몽을 위한 협회)인데, 에드가 케이시 재단이 그 운영을 맡고 있다.

창설 60년이 지난 지금도 출판 활동이나 연구회·강연회 활동 같은 것을 활발히 전개하고 있다.

이 책에 게재된 내용은, 모두 이 ARE의 기관지인 〈Venture Inward—마음의 내부를 탐구(探求)하다〉에서 뽑았다. 그러므로 이 〈벤처 인워드〉지(誌)에 대해서도 한마디 하고저 한다.

미국에서는 현재, 〈뉴에이지 저널〉〈요가 저널〉〈뉴 리어리티즈〉 같은 수많은 뉴에이지 지(誌)가 발행되고 있으나, 이 잡지는 그 중에서도 가장 선도적인 잡지라고 할 수 있는 존재이다.

원래는 〈ARE 저널〉이란 이름이었으나, 1984년에 동명(同名)인 케이시 전기(傳記)의 표제를 따서 지금의 제목으로 바꾸고, 형태도 새롭게 만들었다.

〈ARE 저널〉 시대부터 계산한다면 27년의 역사를 지니고 있는데, 1989년 현재 합중국을 비롯하여 세계 각국의 11만 7천명의 회원에게 직접 발송되고 있다.

그건 그렇고, 윤회전생이 그 중에서도 큰 위치를 차지하는 뉴에이지라는 새로운 움직임에 대하여 앞에서 설명하였다. 그 내용이 너무도 다양하고 본질을 찾기 힘든 탓인지, 우리 나라에서는 그다지 이 운동이 주목되지 못하고 있다. 바로 최근까지도 뉴에이지는 당사국인 미국인의 눈에도, 요령을 알 수 없는 여러가지 잡다한 현상을 집약한 것처럼 비춰 졌던 모양이다.

미국 신사조계(新思潮界)의 대선배인 캔 윌버 박사 조차도 그와 같은 견해를 가진 사람 중의 한 사람이었다. 그는

〈요가 저널〉 81호(1988년)의 인터뷰에서 대답하기를, 차네링, 수정(水晶)을 사용한 심령치료, 피라미드파워, 신비주의(神秘主義), 선(禪), 요가, 셔리 맥레인, 동서의 비교 연구, 에드가 케이시 같은 모두 24항목을 들어, '뉴에이지 라고 하는 것은 모든것에 사용되고 있고…… 매스콤 조차도 간단히 요점을 가진 정의를 내리지 못하고 있습니다. 전혀 무엇이 무엇인지 요령을 알수 없습니다.' 하고 말하고 있다.

하지만, 이 운동이 대중 속에 깊게 조용히 번져감에 따라서 차츰 그 본질이 분명해졌다.

셔리 맥레인에게 전생을 가르쳐 준 것으로 유명한 차네러인 케뷘 라이어슨의 말에 의하면, 뉴에이지란 '여러 가지 오래된 전통에 새로운 활력을 주고 응용하는' 사회 운동이다.

근대 합리주의(合理主義)를 신봉하는 선진 제국에서는 무시되어 왔고, 서구 문명과는 단절된 곳에서만 간신이 살아나갈 수 있었던 주술적(呪術的)·신비적(神秘的)인 전통에 관한 것——그런 것들이 지금, 또다시 이 운동 속에서 각광을 받기 시작한 것이다.

바로, 지금까지 문명의 밑바닥에 가라앉아 있던 것이, 뉴에이지 운동이라는 큰 조류를 타고 한꺼번에 표면으로 되살아난 느낌이다.

이 책의 주제인 윤회전생도 이 움직임 덕분에 바로 과거에서 현대로 '전생(轉生)'한 것이었다.

윤회(輪廻)란 '삼사라(Samsara)'라는 산스크리트어를 한문으로 번역한 것으로 이 말이 최초로 문헌(文獻)에 등장한 것은, 고대 인도의 철학서적《우파니샤트》라고 한다.

하지만 이 사상은 동양에서 뿐만 아니라, 예전에는 고대

켈트나 서구문명의 원천인 희랍에서도 믿어져 왔었다. 또한, 제6장 〈그리스도의 전생〉에 있듯이, 기독교의 내부에서도 믿어 왔었다. 이것은 별로 놀랄 일이 아니다. 참된 종교의 근원은 하나인 이상, 모든 종교의 가르침도 하나인 것이 당연하기때문이다.

자세한 것은 본문을 읽어보기 바라고, 여기에서는 교회가 국가나 권력과의 관련속에서 발전해 가는 과정에서, 윤회전생 사상이 기독교에서 배제되고 말았다——다시 말해서 구노시스파를 비롯한 윤회전생의 신봉자들이 이단으로 처단되고 말았다——는 사실들이 갖가지 자료를 통해 설명되고 있다.

윤회 전생을 믿는 사람은 자기의 존재와 운명도 모두 스스로의 책임과 관계되는 것임을 알고 있었다.

'구원'이란 남에게서 구하는 성질의 것이 아니었다. 그들에게 있어서 인간이란, 원래 신(神)과 같이 있었으나 물질계에 전락하여 육신인 몸에 갇혀서 자기의 본래 모습을 잊어버린 존재이다. 자기자신의 마음 속에 파묻혀 있는 신성(神性)의 빛을 찾아내기 까지, 사람은 몇번이나 윤회전생하여 배우면서 깨달음에 이른다.

'당신들 자신을 출발점으로 하여 궁극적 존재인 그를 찾으십시오…… 슬픔·기쁨·사랑·미움의 원인을 파악하십시오. 당신들이 이와 같은 것을 주의깊게 음미한다면, 당신들 자신의 속에서 그를 발견할 수 있을 것이다'라고 어떤 구노시스주의자가 말하고 있듯이, 인간의 본래적인 자기가 지극히 높은 존재인 하나님과 본질적으로 하나라고 인식하는 일이 구원으로 이어지는 것이다.

이와 같이 스스로의 마음 속에 확고한 의지처를 갖고, 권위에 맹종하는 일이 없는 사람과는 달리, 신(神)의 권위를 등에 업고 권력을 휘두르는 사람들은 차츰 위협을 느끼기 시작한다. 윤회를 믿은 오리게네스의 주장을 받들고, 완성된 때에 인간은 모두 그리스도와 동등하게 된다고 주장하는 '이소그리스토이'라고 불리우는 수도사들이 나타나자, 당시의 위정자는 자기의 권력의 위기를 알아차리고 윤회전생설을 배척하기 위해 한가지 방안을 내놓았다.

이것이 서기 553년에 유스티니아누스 황제가 제5회 종교회의에 내놓은 '오리게네스에 대한 15개조항 이단 선고문'이다.

이 때를 시점으로하여 윤회전생은 기독교의 교의(敎義)에서 빠지게 되었다.

또한 제 3장에 쓴 것과 같이, 무서운 탄압 때문에 윤회를 신봉하는 최후의 그리스도 교도가 된 카다리파(派)가 13세기에 전멸되었을 때 윤회전생 사상은 기독교에서 사라졌다.

카다리파의 원류에 대하여는 제 3장에서 기술되고 있는 보고밀파 유래설 이외에도, 고대 마니교(敎)라는 설, 구노오시스설, 또한 원시 그리스도교의 전통이 변함없이 유지되고 있다는 견해가 있다. 카다리파 자신은 '그리스도로부터 대대로 계승되었다' 고 믿고 있었다고 한다.

그런데, 윤회의 교의(敎義)를 잃기 이전에 기독교는 이미 또 하나의 중요한 논리도 버리고 있다. 325년의 니케아 공의회에서 '신(神)과 성령(聖靈)과 그리스도는 일체(一體)이다'라고 하는 삼위 일체설을 채택하고, '예수 그리스도는 육신의 몸을 지닌 인간으로, 성령의 힘에 의하여 신(神)이 될 수 있었다'고 하는 주장을 배척한 것이다.

이것은 원래 하나님과 같은 본질을 가진 인간이, 같은 인간인 그리스도를 모범삼아 완전성을 획득하고, 하나님에게 가까이 갈 수 있다고 하는 사상을 부정하는 것이며, 내면의 소리에 따라서 하나님의 길을 걸으려고 하는 자기 구원의 길을 막는 것이었다.

완벽하게 그리스도는 인간과는 달리 하나님이라고 하는 새롭게 채택된 주장에 의해, 인간과 하나님과의 사이에는 구별되는 선(線)이 그어지게 되었다.

이 때 부터 교회가 하나님의 권위를 대신하고, 하나님과 인간과의 사이에 서서 사람들의 구원을 맡겠다고 하는 계획을 세우기 시작하는 것이다.

스스로를 정통(正統)이라고 칭하는 것이 주류가 되고 남을 배척할 때, 이단으로 배척된 전통은 문명의 밑바닥에 흐르게 되고 표면에서 사라지고 말았다. 즉, 정수(精髓)를 잃은 기독교만 남은 것이다.

시대가 바뀌고, 그리스도교의 권위가 얼마후 다른 것으로 대체되어도 하나의 권위가 남을 배제하고 사람들을 억압하고, 사람들도 권위에 의지하면서 자기 책임을 회피한다고 하는 패턴에서는 변함이 없었다.

이와같은 정통(正統) 신앙 유지와 이단(異端)을 부정하는 태도는 그 뒤 오랫동안 서방적인 인간의 혼(魂)을 지배하는 강력한 역사적 원점이 되었다. 또한 그것은 얼마후에 세속화된 형태로 비서양세계(非西洋世界)에 대한 유럽 정신의 존재 방법을 규정하기에까지 이르게 된 것이다.

낡은 가치체계(價値體系)를 고집하는 사람들을 '짐승들'이라고 부르면서 노예적인 도덕으로 부터의 탈출을 주장하면서 '모든 신들은 죽었고, 이제야 우리는 초인이 태어나기를 바란다'고 니체가 주장한 것이 지금으로 부터 겨우 100년

쯤 전의 일이었다.

위태롭게 된 하나님의 자리에 이데올로기나 과학과 같은 대리인을 앉히고, 사람들은 니히리즘이라는 아슬아슬한 위험한 길을 걸어 왔다.

그러나 이 대리인도 그다지 의지할 수 없는 존재임을 알게 되자, 늦었지만 우리는 새로운 것을 모색하기 시작했다……그리고 지금, 우리는 잠자고 있던 수맥(水脈)을 재발견하고, 잃어버린 낡은 전통을 새로운 모습으로 되찾으려 하고 있다.

21세기를 예견하고 뉴에이지 운동에 주목하는 미래 예측학자인 쫀 네스빗츠는 "뉴에이지 무브먼트의 첫번째 원칙은 개인적인 책임이다. 이것은 고대 동양의 카르마, 다시 말해서 인과응보(因果應報)라는 가르침의 서구적인 해석이다. 성경의 표현으로 말한다면 '자기가 뿌린 씨는 스스로 거두지 않으면 안되느니'가 된다. 하지만 자신만의 욕망을 만족시키는 '제 멋대로' 식의 개인주의는 아니다. 이것은 개인을 지구적인 수준으로 까지 끌어 올리는 윤리적인 철학이다"라고 말하고 있다.

쟉 퍼셀씨의 '차네링 하는 라자리스'도 제 11장에서 '사람들이 자기 능력을 회복하여 자립하기 시작하고 자립에 따르는 책임을 받아들이기 시작함에 따라 과거의 권위는 개인의 권위로 대체될 수 있다. 결국, 한 사람 한 사람이 자기의 미래를 창조하는 것이다'라고 말하고 있다. 그가 말하는 '영혼의 자립'은 이미 시작되고 있다.

이것을 상징하기라도 하듯이, 한 장면을 나는 지난 번 소련의 쿠데타 사건 TV보도 속에서 볼 수 있었다. 어떤 아나운서가 시민에게 발포할 것인가, 하고 질문한 것에 대해 전차의 병사는 '명령일지라도 같은 국민을 죽일 수는 없다'라고 단호히 말한 장면이다.

결국 이 병사처럼, 자기 내면의 소리에 따라서 행동하는 사람들의 힘이 결집되었으므로 무력을 배경으로 한 군대나 KGB의 권위는 패배당했다.

이 쿠데타의 종결을 전하는 신문 지상에는 '국민이 자각했다' '오직 복종을 받아들일 시대가 아니다' 라는 활자가 크로즈업 되었다.

사람들이 권위나 독단에 복종하는 시대는 이제 끝나고 있다. 외형적인 권위가 아니라, 자기 마음의 목소리에 귀를 기울이는 사람들이 온 세계에서 증가하고 있는 것이다.

이 일이야말로 새로운 시대가 오고 있음을 말하는 것이 아닐 수 없다.

"자기는 원래 뭔가를 사랑하도록 되어 있다…… 원래 남과 연관되는 것이며, 인간은 성장할 수록 더욱 더 애정이 나타나게 됩니다. 감상적인 뜻에서의 사랑이 아니라, 남이나 자연이나 생명, 우주 같은 것에 대해 아끼는 마음의 관계를 말하는 것입니다."──이것은 제 12장의 니들맨 이야기이다.

우리는 윤회 체험을 몇번씩 되풀이하면서 영혼의 성장을 거듭해 왔다. 지금 우리는 자기 내면의 작은 목소리에 귀를 기울이고 있는 것을 알고 있다.

또한 자신들이 이 지구상에 온 것은 배우고 성장하여 사랑을 실현시키기 위해서라는 것도 알고 있다. 지금까지 발전을 거듭해 온 인류의 1990년대의 선택은 무엇인가? 그것은 분명히 사랑에 의한 선택임에 틀림없을 것이다.

1994. 9.
편역자

세계적인 심령연구가 지자경/차길진 법사와 안동민선생이
밝히는 영혼과 4차원세계의 전모!

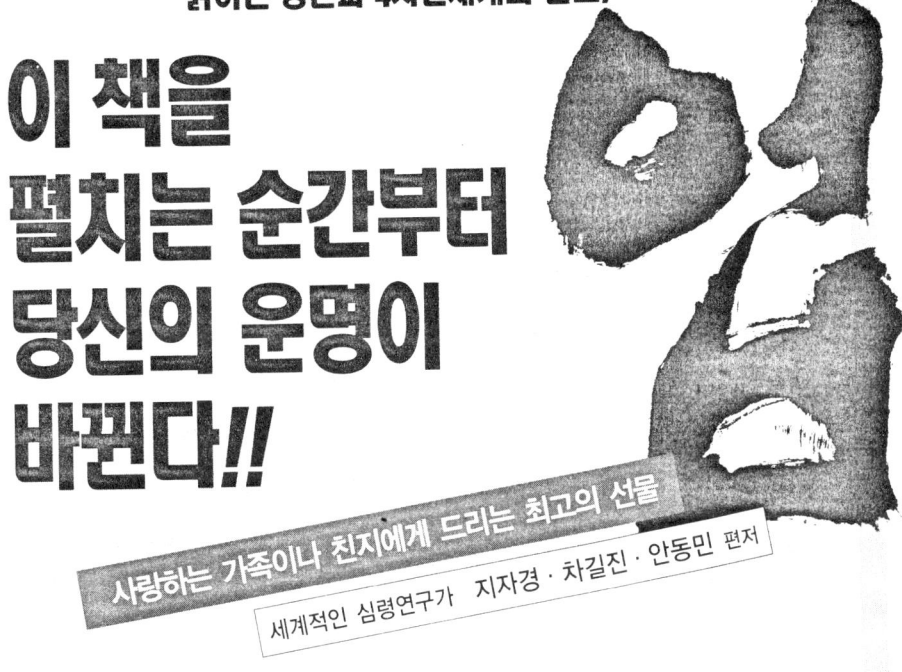

# 이 책을
# 펼치는 순간부터
# 당신의 운명이
# 바뀐다!!

사랑하는 가족이나 친지에게 드리는 최고의 선물

세계적인 심령연구가  지자경 · 차길진 · 안동민 편저

## 나의 전생은 누구이며 사후에는 무엇으로 환생할 것인가?

➡ 버지니아공대 조승희 총기사건은 가정교육과 학교에서의
　　인성교육 부재가 불러온 총체적 비극이다!

➡ 바로 이 책은 자녀들의 정신건강을 위해 부모가 꼭 읽어야 할 필독서다!

## <업> 전9권

1권 전생인연의 비밀　　　2권 사후세계의 비밀
3권 심령치료의 기적　　　4권 내가 본 저승세계
5권 영계에서 온 편지　　　6권 영혼의 목소리
7권 전생이야기　　　　　　8권 빙의령이야기
9권 살아있는 조상령들

서음미디어 02-2253-5292

## 베일속에 가려진 사형장의 전모가 전격공개!
## 원색화보 특별수록

마지막 가는 길목에서 그들은 하늘을 보고 땅을 본다.
세상을 경이와 공포의 도가니 속으로 몰아 넣었던
신문 제3면의 히로인들 - 말만 들어도 무시무시한 흉악범들,
그들에게도 눈물이 있었고 가슴저미는 통회가 있었다.
주어진 생을 채 마치지도 못하고 떠나야 했던
8인의 사형수 - 그들의 최후가 공개!

서음미디어 02-2253-5292

## 역자 약력

서울에서 출생하여 서울대 문리대 국문과를 졸업. 1951년 경향신문 신춘문예에 「聖火」가 당선되어 문단에 데뷔. 그후 일본에 진출하여 「심령치료」「심령진단」「심령문답」등을 저술하여 일본의 심령과학 전문 출판사인 대륙서방에서 간행하여 큰 호응을 얻었으며, 다년간 심령학을 연구함. 그후 「업」「업장소멸」, 「영혼과 전생이야기」「인과응보」「초능력과 영능력개발법」「최후의 해탈자」「사후의 세계」「심령의 세계」등 심령과학시리즈 20여종 저술(서음미디어 간행)

관권
소유

증보판 발행 : 2011년 5월 10일
발행처 : 서음출판사(미디어)
등  록 : No 7 - 0851호
서울시 동대문구 신설동 94 - 60
Tel (02) 2253 - 5292
Fax (02) 2253 - 5295

역  자 l 안 동 민
발행인 l 이 관 희
본문편집 l 은종기획
표지 일러스트
Juya printing & Design
홈페이지 www.seoeumbook.com

*이 책은 저작권법에 의해 보호를 받는 저작물이므로
무단 전제나 복제를 금합니다.
ⓒ seoeum